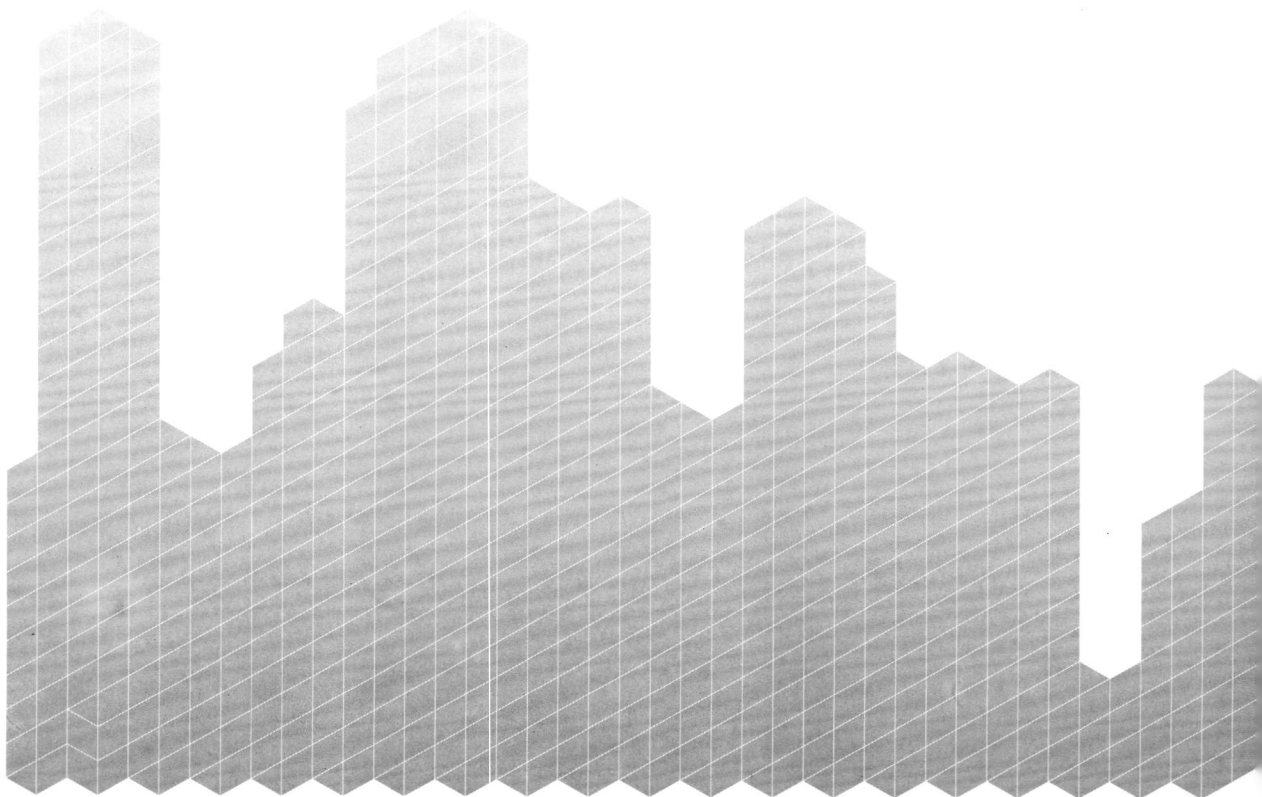

高职高专经济管理类规划教材

企业管理理论与实务

The theory and practice
of business management

林 宏 卢兰万 编 著

ZHEJIANG UNIVERSITY PRESS
浙江大学出版社

图书在版编目（CIP）数据

企业管理理论与实务 / 林宏,卢兰万编著.—杭州：
浙江大学出版社,2011.12(2018.9重印)
ISBN 978-7-308-09066-7

Ⅰ.①企… Ⅱ.①林… ②卢… Ⅲ.①企业管理
Ⅳ.①F270

中国版本图书馆 CIP 数据核字（2011）第 184646 号

企业管理理论与实务

林　宏　卢兰万　编著

责任编辑	周卫群	
出版发行	浙江大学出版社	
	（杭州市天目山路 148 号　邮政编码 310007）	
	（网址：http://www.zjupress.com）	
排　　版	杭州中大图文设计有限公司	
印　　刷	嘉兴华源印刷厂	
开　　本	787mm×1092mm　1/16	
印　　张	11.25	
字　　数	260 千	
版 印 次	2011 年 12 月第 1 版　2018 年 9 月第 3 次印刷	
书　　号	ISBN 978-7-308-09066-7	
定　　价	23.00 元	

FOREWORD 前言

作为一个教师，最不愿意听到的，恐怕就是学生说老师课堂上教的知识没用。或许这种言论不够客观公正，但至少应该引起教师的反省，我们的教育究竟出了什么问题，我们当教什么、怎样教。曾经听说过一个事例。美国小学老师这样上《灰姑娘》一课：首先让孩子熟悉故事情节，然后讨论以下问题：最喜欢谁和最不喜欢谁及其原因、做个守时的人、继母和姐姐自私但不是坏人、灰姑娘努力争取参加舞会的机会、故事有什么不合理之处及如何改进等等。而中国老师上《灰姑娘》，则讲作者介绍、中心思想、段落大意、写作特色等，故事中引人入胜的情节、人与人之间的矛盾冲突、人性善恶的演绎等荡然无存。同样的内容，不同的教学形式，效果差异何等之大。

当然我们的《企业管理》课程教学与上述事例不在一个层次，但也能引起我们的相关思考。一般的企业管理教科书，往往偏重于管理理论的知识性、科学性，文字抽象，甚至晦涩。当然，作为理论教学，如果受众是有一定社会阅历、学习能力和理解能力极强的精英人士，这没有问题。但在高等教育大众化的今天，课本的受众可能是没有足够阅历、阅读和理解能力有一定局限性的年轻人、高职学生，这就不合适了。这样的教材给人高高在上的感觉，容易令人望而生畏，甚至抵触。

本教材的编写试图在这方面有所突破。教材编写的基本原则，除了尊重管理知识的系统性、科学性，我们最主要的指导思想就是"以人为本"。主要体现在两方面：一是尊重教育的人本性，因材施教；二是注重管理工作本身的人本性，在内容编写上对有关内容给予侧重。一方面，我们的教学对象主要是高职高专学生、管理知识的入门学习者，他们以往的教育背景中缺乏必要的人文熏陶，尚未积累一定的社会阅历，最多只有短期打工的经历，同时对未来充满了期许，渴望了解社会，希望自己能够洞察人与人之间的关系并具备协调人际关系的能力，寻求能够引发内心深处的共鸣的道德伦理和价值观念，但对单纯的理论学习缺乏足够的耐心和能力。另一方面，企业管理知识源于实践，其中包含了具体的时代背景、戏剧化的矛盾冲突、当事人微妙的情感心理、不同角色人物之间的博弈与竞合，以及人们心中对理想的追求和对道德伦理的思考，等等，至少是非常精彩有趣并充满人类智慧的。综合以上两点，教学中如果能让学生体会到管理的这种人本性，不仅能引起学生的兴趣和共鸣，学到管理学知识的精髓之一，还能有效地帮助树立正确商业伦理观、提升情商，这对于他们未来的发展是十分重要的。

具体而言，我们在编写过程中主要采取以下措施。第一，内容选择方面，以企业管理基础知识为主，以便帮助学生构建完整的知识体系和进行入门学习。第二，对涉及管理人本性或价值观念的内容，给予强化和一定的引申，帮助学生体会管理的社会性、人本性，并试图对学生进行积极的价值伦理引导，提高人的情商乃至于基本素质。第三，每章开头设置亲切通俗的导入语，帮助学生理解本章基本内容、管理价值、学习的意义等。第四，设计一些特色的小板块，包括迷你案例、Tips、思辨策划 DIY、相关链接等，以体现本教材生动、亲切、人文的特点。

企业管理知识和能力体系庞大、内涵丰富，要对管理有深刻的理解并在实践中游刃有余，仅靠一本教材、一个学期的教学当然不可能实现。我们将本教材的功能定位为：协助授课教师提高教学效果，达到两方面教学目的，第一，使学生构建相对完整的企业管理知识体系，初步培养学生理性、逻辑对待管理的习惯；第二，使学生对管理的人文色彩有一个不一定深刻但发自内心的感受，进而激发学生对管理乃至于对社会有一个积极、向善、理性的思辨态度，并树立诚信意识，对未来充满信心。当然，要达到以上目的，教材只是一个基础，更重要的是授课老师的教学。在此，我们浙江经济职业技术学院《企业管理》课程教学团队全体教师愿与各位同行共勉。通过我们的努力，帮助年轻的学生开启心智，为他们未来的职业生涯发展乃至于追求幸福人生提供一点支持，实现先贤所说"师者，所以传道受业解惑也"。

全书分为三大部分，第一章讲述企业的基本特点及相关知识，第二章、第三章讲述管理学的理论体系，作为后续内容的理论基础，第四章至第十一章讲述各项专业管理职能的基本原理和管理实务，包括企业文化管理、战略管理、人力资源管理、财务管理、信息管理、质量管理、生产运作管理、营销管理等，从而形成一个从理论到实务、囊括企业各项专业管理职能的相对完整的教学体系，旨在通过教学、学习，使同学们对企业管理有一个总体上的认识，理解管理的基本思维方式以及各项专业职能管理的基本理念、方法，初步具备以科学、理性的态度分析对待管理实践的能力。

本教材由浙江经济职业技术学院管理技术学院《企业管理》课程教学团队教师共同编著，其中林宏编写课程导入及第二、三、四、十一章，卢兰万编写第一、九章，廖文娟编写第五章，李海秋编写第六章，蒋智红编写第七章，陈晓宇编写第八章，陈晔武编写第十章。在教材编写过程中，得到了管理技术学院吕超院长和邵雪伟、张星等教师，以及浙大出版社周卫群老师的大力支持和帮助，在此深表感谢！我们还参阅了大量文献资料，在此也向各位作者表示衷心感谢！由于时间仓促、水平有限，错误之处在所难免，敬请各位批评指正，我们将不断改进。

编　者

2011 年 7 月

于浙江经济职业技术学院

目　　录

我们为什么要学企业管理？

我们应当怎样学企业管理？

课程导入　　　　　$\gg\ \gg\ \gg\quad\gg$

　　各位同学，亲爱的朋友们，当你在一个新学期领到这本教材，就意味着你所学专业的负责老师为你们安排了《企业管理》这门课。你会怎样对待它呢？是像完成任务一样地上课、做作业、应付考试，然后扔书本，还是以一个好学生的姿态，认真地听课、记笔记？无论怎样，都请先静一静你的心，来读一读这篇绪言。

一、企业管理的意义

　　　　在人类历史上，还很少有什么事比管理的出现和发展更为迅猛，对人类
　　有更重大和更激烈的影响。

——彼得·德鲁克

　　说到企业管理的意义，有一句话你一定不陌生，那就是"向管理要效益"。这么一句简简单单的话，看上去似乎与我们并没有什么直接的关系，但如果你换一个角度，就会发现这句话简直惊心动魄！假如你是一个创业者或者管理者、被授权者，通过完善的管理，你的企业内或你所掌管的部门内井然有序且蒸蒸日上，那将带给你怎样的成就感和幸福感；假如你是一个股东，你所投资的企业因完善的管理而业绩喜人，股票牛市、红利丰厚，那将带给你怎样的安全感和踏实感；假如你是一个普普通通的员工，你所就职的企业因完善的管理而使你的工作既稳定又具有挑战性，工作的岗位既是谋生的物质保障又是事业发展的舞台，并能在工作中感受良好的企业文化，那将怎样提升你的生活品质；对政府和社会而言，企业通过良好的管理得到稳定的生存和持续的发展，就意味着政府税收的可靠来源和充足的就业机会，意味着国富民强和社会稳定；而对中国人而言，随着中国加入WTO，如果我们的企业能通过提高管理水平，后来居上，与外国企业抗衡，创造出中国籍的世界名牌产品，并创造出有文化内涵的中国品牌而赢得世界的尊重，将怎样振奋我们的民族自豪感、提升我们的民族凝聚力，其影响力毫不亚于奥运会金牌带给中国人的喜悦，甚至更长久、深远！

➭【迷你案例】

海尔吃"休克鱼"

　　海尔总裁张瑞敏这样描述"休克鱼"模式：吃"休克鱼"是一种兼并模式，鱼处于休克状态，身体内脏状态尚好，但呼吸、血液循环不畅，比喻企业的硬件尚好，但

管理、思路、观念有问题，导致企业缺乏活力和竞争力。吃这种"休克鱼"后，只要注入管理文化，它就会活起来。

兼并后海尔并不对企业投资，还是原来的人，还是原来的设备。一般兼并企业第一个去的部门都是财务，而海尔第一次进入被兼并企业的部门不是财务部，是企业文化中心的工作人员，而且人员十分精简。他们先给兼并对象讲海尔的经营理念、管理模式，以改变企业的观念和管理。这样的做法在实际工作中十分成功。

二、学习企业管理的意义

对于企业管理的意义，相信没有任何人会质疑，但有些同学可能会认为管理的意义与自己并没有直接的关系，自己对管理、当官没兴趣，所以就没有必要学习管理知识。这种想法是片面的。对不从事管理工作的人而言，学习企业管理的意义至少可以归纳为以下三点。

第一，作为被管理者，更好地理解管理意图，理解企业其他部门的工作导向，以增强自身对企业（组织）的主动适应性，提高合作能力，从而为自己营造更好的事业发展空间。走上社会后，大部分同学都会在企业内工作并成为被管理对象，接受各种各样的管理措施，有针对人的，包括约束性的和激励性的，也有针对工作和事件的，包括一些工作方法、策略、乃至于战略思想，通过对企业管理的学习，你有可能较好地理解这其中的原理、思维方式，从而主动配合管理，调整心态和行为，对工作目的、方法、问题和矛盾的判断分析更敏锐、准确，增强与领导、工作伙伴的沟通能力和合作的默契性，出色地完成工作任务，进一步为自己营造更宽广的事业发展空间。

⇨【迷你案例】

制度是怎么一回事

在一次期末考试开始前，监考老师要求同学们把书包放在指定位置。一位同学不满地说："我的书包里没有复习资料，即使有也不会作弊。"在老师的强制要求下，他只好服从，但情绪十分抵触。恰巧监考老师任管理类课程的教学，考试结束后，他温和地请该同学留下，告诉他将书包放在指定位置是考场的制度，从管理的基本原理说，制度是建立在对人不信任的基础上，持"人性恶"的假设（事实上人性中本身就具备这一普遍倾向）；同时制度讲求统一性，不考虑人的个性需求，限制人的自由，因此制度遭到人的抵触是很正常的。但制度作为人们的共同行为准则，体现了公平、高效，大大降低了管理的成本，使公共活动得以有序进行，具有很大的必要性，完善的制度建设和人们对制度的服从、敬畏体现了人类的文明。试想如果考场没有制度将是怎样的局面。所以制度化是管理的基本方法之一。况且作为有良好涵养的现代年轻人，对自由的追求应是思想的自由、心灵的解放、活泼大胆的创意，并同时约束自己的行为，以体现对环境的尊重和配合，不妨碍别人，等等。十分钟后，这个同学心悦诚服地离开教室，以后他再遇到制度，不仅是遵守和服从,而且是自觉地、不带抵触情绪地服从,且感到自己的情商也得到了提高。试想他带着自律、尊重制度的心态走上工作岗位,至少会为他省去一些不必要的麻烦和障碍。

第二,提高人们理性分析、处理事务的能力。企业管理千头万绪,从哪里入手,如何对一件复杂且有较大难度的事进行策划,对外如何处理与环境的关系,对内如何处理部门关系、人际关系、项目与项目之间的关系、眼前与长远的关系,怎样看待工作中的矛盾和人际冲突,以怎样的思路、方法协调各方矛盾,如何做计划,这些在企业管理中要学习的内容事实上在个人的日常生活工作中也经常会碰到。怎样理性地、稳妥地、有条不紊地分析和对待个人工作生活中遇到的复杂事件、矛盾,如何协调自己与他人的关系,如何看待自己的理想和目标,怎样实现自己的理想和目标,本教材中的相关内容提供了很好的方法和思维模式。这对提升一个人的素质十分有益。

第三,有助于人格的提升和完善。企业管理作为管理学的一个主要分支,原本就包含了心理学、社会学、哲学、伦理学等学科,当然这些学科的系统化的思想理论体系不可能包含在一本教材或一门企业管理课程中,但这些思想理念却渗透在整个企业管理过程和内容体系中。尤其是上世纪80年代企业文化开始兴盛,以人为本的思想成为企业管理的基本指导思想,通过对企业文化、人力资源管理、行为科学、企业的社会责任等内容的学习,使同学们能更好地了解自己和提升自己,懂得如何尊重自己、尊重他人,承担社会责任,以充分开启人性中真善美的一面,有效培养自己的情商,这不仅对你们今后适应社会、干好工作、搞好人际关系有益,而且还能实实在在地提高思想道德水准,提升人生境界,提高生活品质,这方面的意义也是十分重大的。

　　管理是由心智所驱使的唯一无处不在的人类活动。

——戴维·B.赫尔茨

三、学习企业管理的态度和方法

要达到上述如此好的学习效果,从不旷课、按时完成作业显然是不够的,即使再加上上课专心听讲、考试取得好成绩仍然不够。那么,究竟要以怎样的态度和方式去学习企业管理呢? 一言以蔽之,用心!

首先,当老师在课堂上讲案例时,你应当时刻明确这个案例中包含了什么理论和原理,而不是简单地被案例精彩有趣的情节所吸引;在接受、理解理论和案例时,你应当假设自己是当事人而不是旁观者,用心去体会这些理论和案例的情境,这样才可能逐步把前人的智慧和理论变成自己的思维方式和知识资源,并进一步创新。

第二,在课下也应关注一些企业的报道、案例分析等相关信息。由于企业管理的理论都有较深的内涵,仅靠课堂上的短暂学习是较难有效掌握其中的知识的,你并不一定需要看十分专业的刊物或书籍,而是选择一些优秀而权威的电视节目和短小精悍的网络报道、报刊文摘、企业家博客、企业纪实文学作品等等,这样能比较轻松地接受、理解信息,你甚至可以把它当作一项休闲活动来做。

即使在本学期结束、通过考试后仍然应当关注有关的信息。企业管理作为一门人文学科,与其他人文学科一样,具有既不特别深奥,又不易真正理解感悟的特点,尤其是对于基本没有社会经历、没有真正深入企业工作的同学们来说,理解企业管理就更为困难,因此想要在一学期内就达到我们上面所说的效果,几乎是不可能的。一学期仓促的学习,主要是给大家一种引导、一种感觉、一些印象,在日后的工作生活中,当你遇到相关事件、关系、项目时,如果能够回想起在课堂上讲到的理论,再找回书本阅读、理解、感悟,并尝试用企业管理中的一些原理和方法进行思考、处理,你就会变得越来越理性、稳妥得体、受人尊重和信任。

第三,对于书本中涉及的"思辨策划 DIY"题目,都有一定难度,要较好地理解并给出回答,需要两方面的基础:一是加深理解书中的理论,二是其他大量的信息。所以对于这类题目,不可能在课堂上略加思索就可以应付,而需要同学们课后搜集相关信息,相互讨论和启发,才能给出较圆满的回答。对于书中的迷你案例、相关链接、Tips 等,我们也希望能够起到一个抛砖引玉的作用,我们提到的这些人和事,都有大量、精彩的背景信息,希望同学们在课余能自己去图书馆、网络搜集相应的信息,得到更大的启发。

第四,将本课程的学习与自身道德修养相结合。道德修养对个人、对集体、对全社会而言,对普通员工、对管理者、对企业家而言,都是十分重要的。书中许多章节,如管理者素质、领导职能、企业多重目标、企业文化、人力资源管理等,涉及这块内容。另外,中国目前正处于转型期,由于种种原因,道德教育和社会道德伦理根基显得不足,不少有识之士对此表示担忧,并积极呼吁加强构建全社会的道德伦理基础。青年人是国家和社会的希望,目前中国的发展充满机遇和希望,但同时中国也处在一个十分复杂的国内国际环境之下。能够担当社会发展重任的青年人,首先必须要有良好的道德修养,这种道德修养除了激情和正义感,还需要人类精神文化的浸润,使我们的道德修养散发着真善美的气息、人类文明的光辉! 所以,在书中的相关章节,我们设计了较多相关链接、思辨策划 DIY 题目,希望同学们引起重视、认真对待。

孔子曰"学而时习之,不亦悦乎","学而不思则罔,思而不学则殆"。学习是快乐的,学习也应该是认真而严谨的。实现理想需有良好的知识基础,希望同学们能从企业管理这门内容涵盖面广、集理性和人性化于一体的课程的学习中,体会到学习的快乐和美好!

⇨【思考与练习】

1.请观察日常生活中有哪些制度不完善或人们不遵守制度,以及由此而带来的低效率、混乱和无序。

2.请搜集联想和方正公司的创业背景,并从管理重要性角度分析两企业发展的差异及原因。

3.请选择几家当代中国的优秀企业,并对其发展进行持续关注。

第一章

现代企业概述

>>> >

　　现实生活中,"企业管理"这个词对大家来说应该不陌生,但学习企业管理应该从何入手? 何谓"企业"? 具备什么样特征的组织才是企业? 企业有哪些类型? 企业是如何发展而来的? 企业创立、企业信息发生改变以及企业解散、破产是否需要办理相关手续? 企业管理的对象是企业,因此要系统学好现代企业管理知识,必须了解和掌握有关企业的社会和法律基础知识。

第一节　现代企业基本概述

一、企业的来源、概念及特征

（一）企业的来源

　　社会化劳动程度、生产力发展水平和商品经济发达程度决定了人类社会不同的生产组织形式,企业是人类社会发展到一定阶段的产物。

　　在原始社会,由于生产力水平极其低下,只能以氏族为基本经济单位。进入奴隶社会,生产有了一定发展,自给自足的自然经济占据统治地位,大批奴隶在奴隶主的驱使下进行劳动,奴隶主的庄园、作坊是其基本经济组织形式。到了封建社会,商品经济虽然有了一定的发展,但基本上还是以手工劳动为基础的自然经济占统治地位,一家一户的家庭和手工业者的作坊是基本的经济单位。资本主义生产方式产生以后,特别是 18 世纪 60 年代产业革命的兴起,社会生产力得到空前发展,生产规模日益扩大,市场进一步扩展,出现了资本家出资雇用大批工人和购买其他生产资料、以工人共同劳动为基础、组织高度社会化劳动的生产经营企业。此时,企业成为了基本的经济单位。社会主义社会的生产同样建立在社会化大生产的基础上,因此,其社会生产经营活动的基本组织形式也是企业。

（二）企业的概念

　　企业是指从事商品生产、流通、服务等经济活动,以产品或劳务满足社会需要并获取盈利,实行自主经营、自负盈亏,具有法人资格并依法设立的经济组织,是现代经济社会的基本单位。

（三）企业的特征

企业作为国民经济的基本单位，与其他非企业形式相比较，具有如下特征：

1. 经济性

企业首先是作为现代社会生产经营活动的基本单位而产生的，是由一定数量生产要素在特定组织形式下有机结合而成的独立生产经营体系，企业活动必然以从事物质资料的生产经营或包括提供劳务等第三产业为主要内容。企业作为经济组织这一特征，有别于政治组织、行政组织、群众组织等不从事经济活动的非经济组织。

⇨【思辨策划 DIY 1-1】

学校、医院是否属于企业范畴？超市、商场是否属于企业范畴？

2. 营利性

在市场经济条件下，企业经济行为的一般特征在于利润的极大化，即企业总是力求在若干备选方案中，选择能够给企业带来最大收益的方案，以使其所能获得的经济利益极大化。作为市场经济活动的基本单位和独立的商品生产经营者，企业只有取得利润，一方面使国家财力增长，使宏观经济效益不断提高；另一方面为企业自身的技术创新、产品创新、管理创新奠定良好的物质基础，增强企业的市场竞争能力和市场应变能力，才能保证企业的不断发展壮大。因此，市场经济条件下企业经济行为的利润极大化目标不仅是合理的，而且是十分必要的。可以说，营利性是企业最本质的特征。

我们应对企业的营利性有正确的认识，事实上企业营利目的应更全面地描述为"谋求长远利益最大化"。因此，即使是在商言商，商人也应当树立"慎终追远"的价值观念，不能为了眼前利益而不择手段，杀鸡取卵。而应当着眼于企业长远的可持续发展，以诚信为基本经商原则，以踏实的付出谋求回报。

3. 组织性

企业要采取一定的组织形式，将人、财、物等生产要素有机地结合起来，从而进行生产、流通和服务等活动。也就是说企、业是一个组织体。不管是公司，还是个人独资企业，都有一定的组织形式，都是一个组织体。

4. 社会性

企业既是一个经济组织，也是一个社会组织。一方面，企业的经济行为受到许多社会因素的约束和影响，这些因素包括社会制度、国家的政策和法律、消费习惯、文化差异和传统习俗、竞争对手的竞争策略等，企业必须在一定程度上满足各个社会集团和个人对企业的不同要求，才能生存和发展。另一方面，企业作为社会物质财富的创造者和社会生产力的代表，它对社会经济生活、文化生活和政治生活等方面，都产生了广泛和深刻的影响。

5. 稳定性

企业有合法的企业名称和相对固定的生产经营场所，具有长期性和连续性，而不是流动的、临时的。

⇨【思辨策划 DIY 1-2】

个体工商户是否是企业？它与个人独资企业有何区别？

6. 独立性

企业有明确的股东,实行自主经营、自负盈亏,对自己的投入产出进行独立的经济核算。企业内部车间因不自主经营、不实行独立核算,就不是企业。

二、企业类型

企业类型是根据一定标准对企业进行划分的种类。不同的分类标准,可以得出不同的企业类型。目前,我国企业主要有以下几种划分标准:

（一）按企业组织形式划分

1. 公司制企业

公司是企业法人,有独立的法人财产,享有法人财产权。公司以其全部财产对公司的债务承担责任。公司企业分为有限责任公司和股份有限公司。

（1）有限责任公司。有限责任公司又称有限公司,是依照《中华人民共和国公司法》设立,股东以其出资额为限对公司承担责任,公司以其全部财产对公司债务承担责任的企业法人。

（2）股份有限公司。股份有限公司是指依照《中华人民共和国公司法》设立,股东以其认购的股份为限对公司承担责任,公司以其全部资产对公司的债务承担责任的企业法人。股份有限公司分为上市公司和非上市公司两种。

2. 非公司制企业

非公司制企业,是指不受《中华人民共和国公司法》、《中华人民共和国中外合资经营企业法》、《中华人民共和国中外合作经营企业法》、《中华人民共和国外资企业法》调整,目前仍然依法存续,从事生产、经营、服务的企业。非公司制企业分为全民所有制企业、集体所有制企业和私营企业。

⇨【思辨策划 DIY 1-3】

公司制企业与非公司制企业的有哪些区别？

（二）按财产所有制形式划分

1. 全民所有制企业。全民所有制企业是依法自主经营、自负盈亏、独立核算的社会主义商品生产的经营单位。全民所有制企业的财产属于全民所有,国家依照所有权和经营权分离的原则授予企业经营管理权,企业对国家授予其经营管理的财产享有占有、使用和依法处分的权利。

2. 集体所有制企业。是指以生产资料的劳动群众集体所有制为基础的、独立的商品经济组织。集体所有制企业包括城镇和乡村的劳动群众集体所有制企业。

3. 私营企业。私营企业是指由自然人投资设立或由自然人控股,以雇佣劳动为基础的营利性经济组织。私营企业生产资料归私人所有。

4.混合所有制企业。混合所有制企业是指由公有资本(国有资本和集体资本)与非公有制资本(民营资本和外国资本)共同参股组建而成的新型企业形式。混合所有制企业的出现是伴随着改革开放的深入,现代企业制度的确立以及股份制企业的涌现而出现的新兴企业组建模式。

5.外商投资企业。外商投资企业,是指依照中华人民共和国法律规定,在中国境内设立的,由中国投资者和外国投资者共同投资或者仅由外国投资者投资的企业。其所称的中国投资者包括中国的公司、企业或者其他经济组织,外国投资者包括外国的公司、企业和其他经济组织或者个人。

根据外商在企业注册资本和资产中所占股份和份额的比例不同以及法律特征的不同,可将外商投资企业分为四种类型:

(1)中外合资经营企业。其主要法律特征是:外商在企业注册资本中的比例有法定要求;企业采取有限责任公司的组织形式。故此种合营称为股权式合营。

(2)中外合作经营企业。其主要法律特征是:外商在企业注册资本中的份额无强制性要求;企业采取灵活的组织管理、利润分配、风险负担方式。故此种合营称为契约式合营。

(3)外资企业。其主要法律特征是:企业全部资本均为外商出资和拥有。

(4)外商投资合伙企业。其主要的法律特征是:两个以上外国企业或者个人在中国境内设立的合伙企业,以及外国企业或者个人与中国的自然人、法人和其他组织在中国境内设立的合伙企业。

(三)按企业的行业性质划分

1.工业生产企业

(1)生产加工企业。指生产各种产品或进行产品加工的企业。绝大多数工业企业都属于这一类。

(2)工程与服务企业。指从事建筑、安装、施工、运输、储存及其他工业服务的企业。

(3)工商一体化企业。指集生产与销售于一体的企业。许多现代公司都属于这一类。

2.商品经营企业

(1)批发企业。指将生产企业的产品转售给零售企业用于再销售或供给生产企业用做生产原料的企业。其特点是进行大宗交易。

(2)零售企业。指通过商品销售直接满足消费者需要的商业企业。其特点是零星销售,交易频繁。具体形式有:百货商店、超级市场、专业商店等。

3.服务企业

(1)餐饮服务企业。包括专门从事饮食加工与烹制的餐饮企业,提供洗浴、美发、娱乐等服务的服务企业,以及集餐饮、住宿及其他服务于一体的现代饭店企业。

(2)金融保险企业。指为社会提供金融保险服务的银行、保险公司等企业。

(3)中介服务企业。指专门提供各种智力产品和其他中介服务的企业,如会计师事务所、各种中介公司等。

(四)按企业所使用的主要经营资源划分

1.劳动密集型企业。又称劳动集约型企业,是指生产需要大量劳动力的企业,也就是说产品成本中活劳动量消耗占比重较大的企业。在劳动密集型企业里,工人平均劳动装备不高,比如纺织业、服务企业、食品企业、日用百货等轻工企业以及服务性企业等。

2.资金密集型企业。资金密集型企业是产品成本中物化劳动消耗所占比例较大或资金有机构成较高的企业。资金密集型企业的特点是:投资大,占用资金多,现代化技术装备程度高,容纳劳动力相对少,劳动生产率高。如钢铁、机械制造、汽车、石油化工、电力等,均属于资金密集型行业。

3.技术与知识密集型企业。是指拥有大批高级和中级技术人才,主要依靠综合运用先进的科学技术求得生存和发展的企业,如计算机软件企业。该类型企业的特点是:企业内部员工主要由具有较高专业技术知识与技能的人员构成;拥有大量高、尖、新技术设备;产品具有较高的知识与技术含量;生产与管理内容和环节主要依赖知识与技术活动;企业无形资产占据相当大比重。

(五)按企业资产的构成形式划分

1.个人业主制企业

也称"独资企业",是由个人出资经营的企业,企业主就是企业的出资者,掌握企业的全部业务经营权力,独享企业的全部利润和独自承担所有风险,并对企业的债务负无限责任。它不是法人,全凭企业主的个人资信对外进行业务往来。个人业主制企业是最早产生也是最简单的一种企业形态,流行于小规模生产时期。此类企业具有如下优点:建立与歇业的程序简单易行;企业产权能够较为自由地转让;经营者与所有者合一;所有者的利益与经营者的利益完全重合;财务管理上无法律规范;经营者与产权关系密切、直接,利润独享,风险自担,经营的保密性强且能满足个人成就感。因此,这种企业在现代经济社会中也占到多数。但这类企业资金缺乏,规模不大,寿命有限,对债务承担无限责任,无资信,缺乏必要的形象,因而难以发展。

2.合伙制企业

合伙制企业是指由两名以上企业主按照协议投资,共同经营、共负盈亏的企业。合伙制企业财产由全体合伙人共有,共同经营。合伙人出资可以是资金或其他财物,也可以是权利、信用和劳务等。企业不具有法人资格,各合伙人对企业的债务承担无限连带责任。这种形式在广告事务所、商标事务所、会计师事务所、零售商店和股票经纪行等行业中较为常见。相对于个人业主制企业来说,此类企业规模由于资金来源的增加而获得了一定的扩大,但合伙制企业建立在合伙人相互信任的基础上,合伙人签订的是君子协议,合作经营中易发生矛盾,不利于企业的稳定和发展,而且企业资金及规模仍受到一定的限制。

3.公司制企业

公司制企业是由许多人集资创办的企业。公司是法人,在法律上具有独立人格,这是公司企业与个人业主制企业、合伙企业的重要区别。

公司具有依法规范的特点,适应现代企业大规模筹集资金等需要,内部运作比较科学、规范、有序,对外资信度高。

⇨【思辨策划 DIY 1-4】

公司相对于合伙企业而言,实质性的进步是什么,对企业经营管理有何实际意义?

▷【思辨策划 DIY 1-5】

有些企业并不缺钱,尤其是一些经营良好的民营企业,在国内完全可以筹集到资金,却宁肯花费更高成本到海外融资或上市,为什么?

此外,企业还可按以下标准进行划分:按企业规模划分,企业可分为大型企业、中型企业和小型企业等;按企业隶属关系划分,企业还可分为中央所属企业,省属企业,市、县、乡属企业等;按企业的法律形态划分可分法人企业和非法人企业。

▷【思辨策划 DIY 1-6】

公司是否等同于企业?

三、现代企业制度

（一）企业制度

1. 企业制度含义

企业有其内在的运行规律或运行制度,而企业制度则是运行规律的外在形式。企业制度是指以企业产权制度为核心,包括企业运行制度(经营机制)和管理制度在内的各种制度的总称。企业制度包括企业产权制度、组织制度(或组织形式)、财会制度、管理制度、运行规则,以及所有者、经营者、劳动者之间的关系,国家对企业的关系,企业和社会的关系等方面的内涵。其中企业产权制度是企业制度的基础,它是在一定历史条件下形成的企业经济关系,是一定社会经济制度的重要体现,并受到一定经济管理体制的影响。

产权制度、组织制度和管理制度构成了企业制度的内容。

2. 企业制度的发展

企业制度是动态发展的,大致经历三个阶段。

第一阶段:该阶段是企业制度发展初期,又称为自然人企业制度阶段,其主要特征是产权主体单一、两权合一,即老板兼经理,小农场主、小业主把所有权和经营权集于一身,独资经营。

第二阶段:由于科学的进步及社会分工细化,企业规模及经营范围日益扩大,产权所有者作为经营者已感到力不从心,所有权与经营权开始逐步分离,该阶段的基本特征是产权主体单一、两权分离,即只有一个老板,原始产权所有者通过契约或法律程序有条件地暂时让渡财产的部分经营权。

第三阶段:该阶段一直由 19 世纪末持续至今。由于生产力的发展及生产社会化程度的提高,单个投资者已无法满足为建立大型企业所需的巨额资金,于是开始出现股份制,从而导致原始产权向股权的转化,出现同一企业内部产权主体的多元化。该阶段的特征是产权主体多元化,两权分离日益扩大。

理论界与实践界将第一、第二阶段称为传统的企业制度,第三阶段称为现代企业制度。

（二）现代企业制度

⇨【实 例 1-1】

　　一记者到某民营企业采访时,该公司老板正在监督工人拆迁厂里的旧房子:"嘿,断砖头莫摔了,还有用的,铁架子别扔了,可以卖的……"整个下午,该老板都没有离开现场,而该老板花重金聘请的总经理,则坐在办公室内,无所事事。这位总经理无奈地说:"老板对现代企业制度缺乏认识,我当初给他上了一课,很多东西我们都写成了规章,但到后来却得不到执行。""比如,我的一个部门经理有一个月干得很出色,按照规定,我应该给予奖励。但老板不仅不兑现,而且这个月赚了多少钱,市场占有率是多少,老板都不对我公开。"这是某些民企老板"事无巨细、样样操心"的典型写照。他们生怕自己的资产在总经理的管理下缩水,许多该总经理管的事情,老板都要插手。比如成本核算、进货、销售等环节,总经理有时连账本都看不到。

　　老板这样做的后果是什么? 现在,不少企业的办公室外,都挂满了股东会、董事会、监事会、总经理的牌子,现代企业制度好像一下子就在企业生根发芽,蓬勃发展了,可这中间是否有"叶公好龙"的心理,是否有人在作秀呢? 作为老板或董事长,其工作重心应放在什么地方?

1.现代企业制度概念、特征

现代企业制度是体现企业成为独立法人实体和市场竞争主体的要求,具有独立财产权利和实行有限责任,并以公司企业为主要形式的新型企业制度。它具有完善的企业法人制度、严格的有限责任制度和科学的组织管理制度。

现代企业制度具有产权清晰、权责明确、政企分开、管理科学的特征。

2.现代企业制度内容

（1）完善的企业法人制度

企业法人制度是指依照相关法律建立起来的,使企业人格化和获得独立法人地位的企业制度。在市场经济活动中,企业作为法人,既独立享有民事权利,又承担民事责任。建立完善的企业法人制度,关键是确立企业法人财产权,因为企业法人财产权是企业成为自主经营、自负盈亏的法人实体的内在要求,也是企业进行独立经营和从事民事活动、承担民事责任的前提条件和物质基础。

（2）严格的有限责任制度

实行有限责任制度,企业以全部法人财产为限对企业债务承担有限责任,并在企业破产清算时,出资者只以其投入企业的出资额为限对企业债务承担有限责任。有限责任制度可以消除投资者顾虑从而获得建立大型企业的更多投资,有效适应现代市场经济的发展,降低投资者风险。因此,企业以其所拥有的法人财产承担有限责任,是现代企业制度的核心内容之一。

（3）合理的组织制度

合理的组织制度使所有者、经营决策者、监督者之间通过公司的权力机构、决策管理机构、监督机构形成各自独立、权责分明、相互制衡的机制,并通过法律和公司章程加以确立和实现。在现代市场经济条件下,现代企业的组织形式主要是公司制,形成由股东大会、董事会、监事会及经理构成的组织结构,这种制度使企业的权力机构、决策机构、执行机构和监督机构之间各自独立、权责分明、相互制约,形成一种良好的企业发展机制。

(4)严格的管理制度

为适应市场经济发展及社会化大生产要求,企业必须有一套科学的管理制度。包含能保障企业整体利益、有利于实现企业经营决策科学化、民主化、专业化的企业领导制度;客观准确反映企业经营状况及促进企业提高经济效益的财务会计制度;公平有效的激励制度等。

3.现代企业制度的主要组织形式

股份有限公司和有限责任公司是现代企业制度的主要组织形式。

⇨【思辨策划 DIY 1-7】

有限责任公司与股份有限公司有哪些异同点。

第二节 企业设立、合并、分立、解散及清算

一、企业设立

市场经济条件下,每个企业的出现及终结都要受到法律体系的影响与制约。设立新企业必须要到政府相关部门办理企业设立登记手续,取得营业执照后方可开业。

(一)企业设立登记的类型

1.按照企业是否取得法人资格,企业设立登记可划分为企业法人登记和营业登记。

2.按企业性质,企业设立登记可划分为内资有限责任公司登记、股份有限公司登记、外资投资企业登记、非公司制企业登记。个体工商户也必须进行设立登记。

(二)企业设立登记步骤

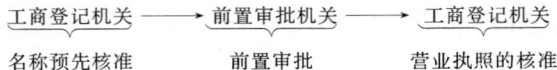

工商登记机关 —————→ 前置审批机关 —————→ 工商登记机关
名称预先核准　　　　　　　前置审批　　　　　　营业执照的核准

图 1-1　企业设立基本步骤

企业设立登记大致有以下步骤:

1.在工商登记机关进行名称预先核准。企业名称应当由行政区划、字号(商号)、所属行业或经营特点、组织形式依次组成,如杭州紫竹湾食品有限责任公司。

2.生产经营项目涉及前置审批的,到相关主管部门进行前置审批。如从事食品生产与经营要到卫生系统进行前置审批,从事烟花爆竹销售要到公安系统进行前置审批。

3.在工商登记机关进行营业执照核准。

在刻公章、银行开户并划转资金、办理税务登记及组织机构代码后，企业即可开始营业。

（三）有限责任公司的设立

1.有限责任公司应具备下列条件：

（1）股东符合法定人数。有限责任公司股东的法定人数为1个（含1个）以上50个（含50个）以下。

（2）股东出资达到法定资本最低限额。有限责任公司注册资本的最低限额为人民币3万元，一人有限责任公司的注册资本最低限额为10万元且股东应一次足额缴纳公司章程规定的出资额。法律、行政法规对有限责任公司注册资本的最低限额有较高规定的，从其规定。

（3）股东共同制定公司章程。

（4）有公司名称，建立符合有限责任公司要求的组织机构。公司的名称应符合名称登记管理有关规定，标有"有限责任公司"或"有限公司"字样。公司的组织机构为股东会、董事会（执行董事）、监事会（监事）、经理。

（5）有公司住所，即有固定的生产经营场所和必要的生产经营条件。

2.注册成立有限责任公司的程序

设立有限责任公司，一般要经过以下步骤：

第一步：咨询后领取并填写《名称（变更）预先核准申请书》，同时准备相关材料；

第二步：递交《名称（变更）预先核准申请书》及其相关材料，等待名称核准结果；

第三步：领取《企业名称预先核准通知书》，同时领取《企业设立登记申请书》等有关表格；经营范围涉及前置许可的，办理相关审批手续；到经工商局确认的入资银行开立入资专户；办理入资手续并到法定验资机构办理验资手续（以非货币方式出资的，还应办理资产评估手续）；

第四步：递交申请材料，材料齐全，符合法定形式的，等候领取《准予设立登记通知书》；

第五步：领取《准予设立登记通知书》后，按照《准予设立登记通知书》确定的日期到工商局交费并领取营业执照。

（四）股份有限公司的设立

1.股份有限公司应具备以下条件：

（1）发起人符合法定人数。发起人应当有2人以上200人以下，而且必须有半数以上在中国境内有住所。

（2）发起人认购和募集的股本达到法定资本最低限额。股份有限公司注册资本最低限额为500万元人民币，法律、行政法规对股份有限公司注册资本的最低限额有较高规定的，从其规定。

（3）股份发行、筹办事项符合法律规定。

（4）发起人制订公司章程，采用募集方式设立的经创立大会通过。

（5）有公司名称，建立符合股份有限公司要求的组织机构。

（6）有公司住所。

2.注册成立股份有限公司的程序

股份有限公司的设立,可以采取发起设立或募集设立的方式。发起设立是指由发起人认购公司应发行的全部股份而设立公司。募集设立是指由发起人认购公司应发行股份的一部分,其余股份向社会公开募集或者向特定对象募集而设立公司。

设立股份有限公司,一般要经过以下步骤:

第一步:咨询后领取并填写《名称(变更)预先核准申请书》,同时准备相关材料;

第二步:递交《名称(变更)预先核准申请书》,等待名称核准结果;

第三步:领取《企业名称预先核准通知书》,同时领取《企业设立登记申请书》等有关表格;经营范围涉及前置许可的,办理相关审批手续;

第四步:准备材料,涉及国有股权设置的报财政主管部门或国有资产监督管理部门审批(募集设立的股份有限公司[包括定向募集]应经中国证监会审批);

第五步:凭《企业名称预先核准通知书》到经工商局确认的入资银行开立入资专户,办理入资手续并到法定验资机构办理验资手续(以非货币方式出资的,还应办理资产评估手续及财产转移手续);

第六步:递交申请材料,材料齐全,符合法定形式的,等候领取《准予设立登记通知书》;

第七步:领取《准予设立登记通知书》后,按照《准予设立登记通知书》确定的日期到工商局交费并领取营业执照。

二、公司合并、分立

(一)公司合并

公司合并可以采取吸收合并或新设合并方式。

一个公司吸收其他公司为吸收合并,被吸收的公司解散。两个以上公司合并设立一个新的公司为新设合并,合并各方解散。

公司合并,应当由合并各方签订合并协议,并编制资产负债表及财产清单。合并各方的债权、债务应当由合并后存续的公司或者新设的公司承继。

(二)公司分立

公司分立,其财产作相应的分割,并应编制资产负债表及财产清单。除非公司分立前与债权人就债务清偿达成书面协议另有约定,公司分立前的债务由分立后的公司承担连带责任。

⇨【思辨策划 DIY 1-8】

公司分立或合并后的债务应如何处理?

三、公司解散和清算

(一)公司解散

出现以下情形之一,公司即行解散:

1.公司章程规定的营业期限届满或者公司章程规定的其他解散事由出现。该情形可以通过修改公司章程来使公司存续。

2.股东会或者股东大会决议解散。

3.因公司合并或者分立需要解散。

4.依法被吊销营业执照、责令关闭或者被撤销。

5.公司经营发生严重困难,继续存续会使股东利益受到重大损失,通过其他途径不能解决,持有公司全部股东表决权 10%以上的股东请求人民法院解散公司。

(二)清算

除因公司合并或者分立产生的解散,应当在解散事由出现之日起十五日内成立清算组开始清算。有限责任公司的清算组由股东组成,股份有限公司的清算组由董事或者股东大会确定的人员组成。

清算期间,公司存续,但不得开展与清算无关的经营活动,公司财产在依照规定清偿前不得分配给股东。

清算组在清算期间行使以下职权:

1.清理公司财产,分别编制资产负债表和财产清单;

2.通知、公告债权人。

3.处理与清算有关的公司未了结的业务;

4.清缴所欠税款以及清算过程中产生的税款;

5.清理债权、债务;

6.处理公司清偿债务后的剩余财产;

7.代表公司参与民事诉讼活动。

清算组在清理公司财产、编制资产负债表和财产清单后,应当制定清算方案,并报股东会、股东大会或者人民法院确认。

公司财产在分别支付清算费用、职工工资、社会保险费用和法定补偿金,缴纳所欠税款,清偿公司债务后的剩余财产,有限责任公司按照股东的出资比例分配,股份有限公司按照股东持有的股份比例分配。

清算组在清理公司财产、编制资产负债表和财产清单后,发现公司财产不足以清偿债务的,应依法向人民法院申请宣告破产。公司经人民法院裁定宣告破产后,清算组应将清算事务移交人民法院。

四、企业破产

破产是指企业因不能清偿到期债务或出现资不抵债,而通过法定程序清偿财产、偿还债务而终止其法人资格的一系列活动。实行企业破产制度,有利于强化企业风险意识,促使企业改善经营管理,提高企业竞争力。通过企业破产,及时淘汰落后企业,有利于社会资源的合理配置和产业结构的合理调整。

1.公司破产程序

(1)破产申请。

符合以下条件应向人民法院提出破产申请:

①企业法人不能清偿到期债务,并且资产不足以清偿全部债务或者明显缺乏清偿能力

的,可以向人民法院提出重整、和解或者破产清算申请。

②债务人不能清偿到期债务,债权人可以向人民法院提出对债务人进行重整或者破产清算的申请。

③企业法人已解散但未清算或者未清算完毕,资产不足以清偿债务的,依法负有清算责任的人应当向人民法院申请破产清算。

(2)破产受理。人民法院在接到破产申请后应在法定期限内裁定是否受理。

(3)破产和解协议。破产和解,是指在人民法院受理破产案件后,在破产程序终结前,债务人与债权人之间就延期偿还和减免债务问题达成协议,中止破产程序的一种方法。

(4)破产宣告。法院对债权人或债务人提出的破产申请进行审理,确认其具备法定条件的即可宣告破产。

(5)破产清算。公司因不能清偿到期债务,被依法宣告破产的,由人民法院依照有关法律规定,组织股东、有关机关及有关专业人员成立清算组,对公司进行破产清算。

(6)破产终结。即指法院裁定破产程序的终结。

2.破产财产清偿顺序

(1)破产费用和公益债务;

(2)破产企业所欠职工工资和医疗、伤残补助、抚恤费用,所欠应当划入职工个人账户的基本养老保险、基本医疗保险费用,以及法律、行政法规规定应当支付给职工的补偿金;

(3)破产企业欠缴的除前项规定以外的社会保险费用和所欠税款;

(4)破产债权。破产财产不足清偿同一顺序的清偿要求的,按照比例分配。破产财产分配完毕,由清算组提请法院终结破产程序。破产程序终结后,未得到清偿的债权不再清偿。

破产程序终结后,由清算组向破产企业原登记机关办理注销登记。

五、公司变更登记

公司名称、住所、注册资本、实收资本、经营范围、法定代表人姓名等事项发生变更时,应当办理变更登记。

公司合并或分立,登记事项发生变更的,也应当依法向公司登记机关办理变更登记。公司解散的,应当依法办理公司注销登记。

⇨【复习题】

1.企业的含义及其应具备的特征是什么?

2.企业发展经历了哪些阶段?

3.为何个人独资企业在现代经济社会中还普遍存在?

4.现代企业制度的涵义及特征是什么?

5.现代企业制度包含哪些内容?

6.现代企业制度的主要组织形式有哪些?

7.试述企业设立登记的步骤。

8.分别阐述设立有限责任公司及设立股份有限公司的必要条件。

9. 在何种情况下企业需要解散？

10. 实行企业破产制度对社会有何意义？

11. 试述企业破产的程序。

12. 试述企业破产财产的清偿顺序。

13. 企业在何种情况下需要进行变更登记和注销登记？

第二章

管理学概述

> > > >

本章讲授管理学基本理论。有同学可能会想,管理实践性极强,又受到很多不确定因素的影响,是否存在逻辑性较强的理论体系呢,或者是否有必要花力气去学习这些理论呢?你认识的一个老板,没学过管理理论,生意照样做得挺好,而一个 MBA,管理能力也未必强。又或者管理理论一定很晦涩枯燥吧。如果是这样,我为你高兴,因为你是带着真诚探索和批判性思维的态度在学习了!我们也期待着通过老师的讲解、你自身的认真学习和思考,在学习了本章之后,你不仅形象地认识、认可了管理科学,更体会了社会科学的人文魅力,由此激发你更多地学习社会科学,并逐步养成以理性态度观察社会、解决问题的习惯。

不同行业、不同部门、不同性质的组织,其具体管理业务的方法和内容很不相同,由此形成了许多专门性的管理学科。这些学科除了企业管理外,还有学校管理、行政管理、城市管理、工业管理、农业管理、科技管理、财政管理、社团管理、国民经济管理等等。这些管理学科的基石就是管理学。管理学是一门研究一般管理理论和原理的科学,它所提出的管理基本原则、基本思路是各类管理学科的概括和总结。在管理学界,有一句名言:"管理的精髓是思想。"近一百年来随着企业的扩张、经济的发展、社会的进步,管理学、企业管理思想也发生了突飞猛进的发展,它不仅是实践的理性总结和升华,也是进行企业管理实践不可缺少的指导思想和思维方式,所以,切不可片面强调管理的实践性而忽视管理理论的价值。尤其是作为现代社会的青年一代,更应对此有一个正确的认识。

第一节　管理的性质和特点

一、管理的概念和性质

（一）管理的概念

什么是管理?目前尚无被普遍认可的、较权威的概念,最近七十多年中有许多人根据自己的研究对管理进行了定义,我们选取一些比较有代表性的观点。

1.管理是由计划、组织、指挥、协调、控制等职能为要素组成的活动过程。

2.管理是通过其他人的工作达到组织的目标。

3.管理就是协调人际关系,激发人的积极性,以达到共同目的的一种活动。

4.管理就是决策。

综合前人的研究,本书将管理作如下定义:管理是通过信息获取、决策、计划、组织、领导、控制、创新等职能的发挥来分配、协调包括人力资源在内的一切可以调动的资源,以实现单独的个人无法实现的目标。

▷【思辨策划 DIY 2-1】

管理概念多元化这一现象说明了什么?

(二)管理的属性

管理的性质包括自然属性和社会属性、科学性和艺术性。

1.自然属性和社会属性

我们可以把管理的自然属性和社会属性简单地定义为:管理中表现出的不因国家、民族、社会体制不同而不同的共性是管理的自然属性,管理中表现出的因国家、民族、社会体制不同而不同的差异性是管理的社会属性。产生管理二重性的原因是因为生产本身具有二重性,生产过程是生产力(自然属性)和生产关系(社会属性)的统一,生产过程中涉及技术、原材料、工具等,对这些因素进行协调的思路和方法在不同国家、不同社会体制下都是相同的,表现为自然属性,同时生产中还涉及人与人的协调、人与物的协调,其协调的思路和方法在不同国家、不同社会体制和民族文化背景下会有所区别,表现为社会属性。

▷【实 例 2-1】

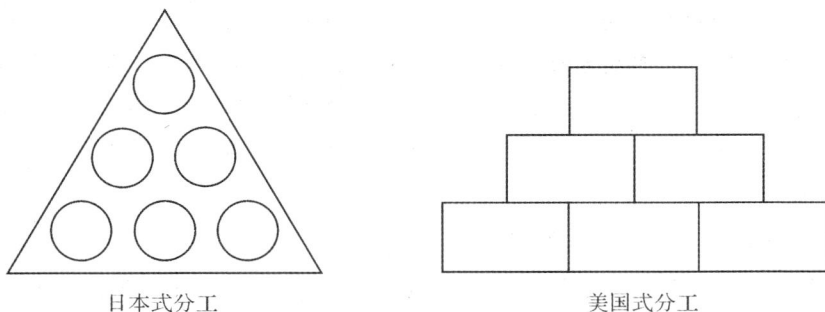

日本式分工　　　　　　　　美国式分工

图 2-1　美国、日本企业分工模式

日本企业分工方法和美国企业分工方法的区别

图 1-1 表示日本企业的分工较模糊,有一些工作游离于部门之外,因为日本人受到家族式传统文化的影响,民族凝聚力极强,以厂为家,分工模糊能较好地均衡各部门的工作量,避免资源浪费、忙闲不均,按时完成工作。而美国是一个崇尚个

性、注重契约的国家,因此企业的所有工作都有明确的责任部门,员工都会与企业签订细致的劳动契约,工作过程中如果上司要求员工干劳动契约之外的工作,员工可以拒绝。美国人注重明确工作责权利,确保理顺内部关系,使企业有序运作。

此外,由于受民族家族文化的影响,日本员工对企业十分忠诚,视跳槽为背叛,于是日本企业的管理者在企业内采用轮岗的办法,使员工在满足忠诚于企业的心理需要的同时,也感受到工作的新鲜感、乐趣,学到多种技能,并加强了部门间的理解和沟通。日本企业在业务不景气、人员过剩时一般不轻易解聘员工,而是采用员工轮流工作等办法,大家与企业共渡难关。美国企业则在业务收缩时解聘员工,但会按照契约给予赔偿,美国企业对跳槽员工的态度是"既不当朋友也不当敌人"。

在世界文化大同的趋势下,美、日企业也相互学习、借鉴,但管理的社会性始终存在,管理者应足够重视。

⇨【思辨策划 DIY 2-2】

日本的管理和美国的管理孰优孰劣?

中国在国门开放、世界经济一体化形势下,认识管理二重性有重要的现实意义。它一方面使我们从思想上摆脱包袱,认同国际惯例,积极大胆地学习西方先进管理思想和方法;另一方面,结合中国国情进行扬弃和吸收,以提高我国企业的管理水平。此外,正确认识管理的二重性对跨国公司的管理也能进行有效的指导。

⇨【实 例 2-2】

沃尔玛在中国的城市布局

世界最大的连锁超市沃尔玛自 20 世纪 80 年代进入中国市场以来,一直十分低调,主要选择中国的商业竞争不十分激烈、又具有较强购买力的西南地区城市发展其连锁超市,直到 2005 年才进入中国商业竞争的制高点上海。这种战略性部署究其原因当然是复杂的,但我们从中也可以看到沃尔玛公司对管理社会性的重视。

2. 科学性和艺术性

科学往往意味着共性、必然性、可重复性,讲求严密的因果逻辑、推导。如数学,只要给出足够的条件或函数关系,就能按一定的法则进行运算并得到确定的结果。艺术往往意味着个性、偶然性、不可重复性,讲求直觉、灵感、感悟。

管理具有科学的属性,管理过程中存在现象背后的本质、规律、因果关系,管理学就是研究这些客观规律,由一整套的原则、主张和基本概念组成,具有普遍的指导意义。从这个意义上讲,管理是一门科学,可以学习和传授。但另一方面,管理中又不存在纯粹的必然性。因为管理中不仅涉及的因素多,而且许多是对未来的预测和假设,是不可控因素,每一个因素系统下的子系统又有极强的个性和不确定性,尤其是在以人为本管理中,人具有十分丰富的情感、极强的个性差异、极微妙的心理活动,实践中应根据具体情况使一般的原理、规则有较大的灵活性和变通性,这就是管理的另一重属性——艺术性。

由于管理同时具备了科学性和艺术性双重属性,所以管理不是一门严格意义上的科学。因为管理是一门科学,所以我们能通过学习掌握其基本原理并据以指导实践;而又因为管理的艺术性,所以运用时要具体情况具体分析,不能生搬硬套。

⇨【思辨策划 DIY 2-3】

有人说管理、当官就是弄权、人际斗争。你如何看,为什么?

⇨【思辨策划 DIY 2-4】

如果你想成为一名管理者,现在应做何准备? 管理的科学性和艺术性为你的职业生涯规划能提供哪些指导?

⇨【实 例 2-3】

自以为是的 A 先生

A 先生四十有余,是一名智商、专业水准极高的 IT 技术人员,且为人诚信。上世纪九十年代创办了自己的公司,从事工业自动化控制业务。经过十多年的努力,公司发展似乎不错,但熟悉他的朋友都说,凭借公司的技术水平和商业信誉,加上 IT 技术的行业机遇,公司本应有更好更大的发展,但 A 先生个人的局限性制约了公司的发展。因为 A 先生有着中国技术型知识分子共有的特征,即对包括管理科学在内的社会科学的无知与轻视。早年他甚至说过,管理科学没什么意思,自然科学和技术才有价值。后来在实践中他虽然认识到管理及管理科学的重要性,但却不能静下心来认真地学习研究管理科学,因而也不具备系统、理性对公司管理进行分析、决策的能力。即使高薪招聘了专业的管理人员,也很难与之对话,公司内部的管理一直处于混乱状态。为此,聪明的 A 先生也有意无意地控制着公司的扩张,以保全公司的安全。因为他知道,凭他自己的管理水平,大规模发展对公司而言可能是一个极大的风险。

从这个案例中我们至少可以看到,缺乏对管理科学性的充分认识的负面影响,也可以看到一个高智商、诚实守信的科研人员,因为对人文思想的无知而阻碍了企业的发展。

二、管理学的特点

(一)管理学是一门综合性科学

管理涉及多项因素以及因素之间的动态平衡与协调。这些因素包括人、财、物、信息、技术、环境等,同时管理过程的动态性、复杂性和管理对象的多样化决定了管理所需要借助的知识、方法和手段的多样化,因而管理学的研究必然涉及众多学科,主要有哲学、经济学、社会学、心理学、生理学、人类学、伦理学、政治学、法学、数学、计算机科学、系统科学等等。

因此,管理学是一门综合性极强的科学。

(二)管理学是一门实践性很强的科学

理论的作用在于指导实践。再好的理论如果不融入人们的行为方式,不指导人们的实践活动,它就没有价值或没有实现它的价值。而管理恰恰体现了这一点,管理科学不仅来源于实践,而且对实践十分尊重,管理讲求实效。另一方面,由于管理对象的复杂性和管理环境的多变性,很难用陈规或原理把它禁锢起来,因此管理具有极强的实践性。学校里是培养不出"成品"的管理者的。要成为一个合格的管理者,除了要掌握管理学基本知识以外,更重要的是在管理实践中不断地磨练,逐步感悟,逐渐积累管理经验,才可能较好地把握管理。

(三)管理学是一门发展中的科学

管理学是一门与社会经济发展联系特别密切的学科,其建立和发展,有着深刻的历史渊源。管理学发展至今不过百年历史,已经历了许多不同的历史阶段,在每一个历史阶段,由于社会背景的不同,产生了各种管理理论。尤其在当今社会加速度发展态势下,管理学必将随着社会生产力、技术水平、社会组织结构、人们观念的发展变化而不断地发展、完善。因此,管理学又是一门处于不断发展中的科学。

三、管理者的素质

关于管理者的素质是一个很大的话题,涉及多方面因素,而且需要根据具体情况进行分析。以下只是对管理者应具备的素质进行概括性叙述。

(一)品德素质

品德素质体现了一个人的世界观、人生观、价值观、道德观和法制观念,持续有力地指导着他对现实的态度和行为方式。作为一名管理者,应具有全方位的完善的品德素质,包括责任感、公正、无私、诚信、爱心、远大理想等等。

管理者只有具备了良好的品德素质,才能有足够的自律能力,合理、公正地使用权力、调配所掌管的资源;才能以德服人,发挥管理者的权威与魅力,在企业中具有感召力,尤其是在知识经济时代,面对知识员工,这一点更为重要;也只有具备足够的品德素质,才能抗拒眼前利益的诱惑,权衡好眼前利益和长远利益、自身利益和他人利益的关系,从而谋求企业的长远发展。

> 生意人,创造钱;商人,有所为,有所不为。企业家,为社会承担责任。
>
> ——马云

Tips

事实上对管理者、普通员工,乃至家庭主妇而言,要扮演好自己的社会角色,品德素质都是居首位的。请反思你是否受到了良好的品德教育、具备良好的品德素养。你认为有效的品德修炼途径和方法有哪些?

品德培养的途径当然很多,比如环境潜移默化的影响、生活阅历的积累等,但作为学习能力极强、对未来有着种种梦想和期待,并且也应准备接受生活对你们的考验和磨砺,准备以健康的心态参与二十一世纪激烈竞争的青年学生而言,我们应更强调塑造品德的文化涵养根基,通过对古今中外经典作品的阅读,体会价值观念的丰富内涵,从而构建自身既个性化又符合真善美普世价值的道德观系统。

我们还建议同学们注意观察当代中国优秀企业家的精神气质,尤其是那种基于文化内涵的品德素养,相信你会受到启示和激励。

(二)知识素质

知识素质是提高管理水平和管理艺术的基础与源泉。知识素质对于管理者而言意味着良好的思维方式、逻辑、理性、信息量以及较好的分析判断、预测、谋划、创新等能力。

一般来说,管理者应掌握以下几方面的知识、能力:政治法律知识,以便把握企业的发展方向;经济学和管理学知识,懂得按经济规律办事;心理学、社会学方面的知识,善于协调人际关系,调动员工积极性;工程技术等方面的专业知识;等等。

知识就是力量(Knowledge is Power)。

—— 英国科学家、哲学家弗兰西斯·培根

(三)心理素质

心理素质包括心胸宽广、韧性等,它使人能承受各种困难、挫折、不公平、责难、非议等等,这对于管理者而言显然是十分必要的。因为管理者处在一个众多因素交错在一起、又伴随着复杂的利益纠葛的关系网中,要从容面对、协调其中的矛盾,并有效调动各方资源和积极性,共同完成企业的事业,对管理者的心理素质提出了很高的要求。

在命运的颠沛中,最容易看出一个人的气节。

——莎士比亚

每一种挫折或不利的突变,是带着同样或较大的有利的种子。

——爱默生

(四)能力素质

能力素质是指管理者把各种管理理论和业务知识应用于实践,进行具体管理,解决实际问题的本领。能力与知识、品德、心理是相互联系、相互作用的,是一个十分综合的概念。管理学家卡特兹将管理者的管理技能分为技术技能、人际技能和概念技能三方面。

【思辨策划 DIY 2-5】

管理究竟是经验和方法还是一门完整的科学?为什么有人没有念过 MBA,不是管理专业毕业,甚至文化水平很低,也能胜任管理工作,成功地创业、守业;而有些人拿着管理专业的高级文凭,也未必能成为优秀的管理者?

【思辨策划 DIY 2-6】

请思考"优秀员工"和"有管理能力的人"之间有何区别。

第二节 管理思想和理论的演变

管理思想是在一定的历史条件和一定的民族文化背景下产生和发展起来的。尽管人类管理思想的发展可以追溯到人类最初试图通过集体劳动来达到一定目标的年代,但系统化的管理思想,一直到 19 世纪末 20 世纪初,才随着生产力的高度发展和科学技术的进步,在西方形成并蓬勃发展起来。

当社会发展到资本主义阶段,机器大工业逐步代替了工场手工业,尤其是 18 世纪下半叶从英国开始发生的工业革命,使商品生产日益发达,以机器大生产为特点、以盈利为目的的生产经营单位工业企业的发展,使企业管理日益受到重视。在企业生产中,成百上千乃至成千上万的员工在一起进行共同劳动,需要合理细致的分工和紧密的合作,要使技术复杂、工艺要求严格、连续性强的生产过程顺利进行,就需要进行一系列的管理协调活动,因此,管理是社会化大生产的客观要求和直接产物。共同劳动规模越大,分工越细,技术劳动手段越复杂,社会经济联系越广泛管理就越复杂、越重要。

▷【思辨策划 DIY 2-7】

为什么西方管理理论在世界上处于绝对优势,而作为文明古国的中国没有系统化的管理思想?

西方的管理思想史可大致分为传统管理、科学管理、行为管理、管理理论丛林、现代管理等几个阶段。

一、传统管理阶段及特点

传统管理阶段大致从 18 世纪中期到 19 世纪末,持续时间相对较长。在 18 世纪中期及下半叶,有一些人为了解决工业革命所带来的管理难题,从各种角度对管理进行了一些理论研究,其中有较大影响力和贡献的有罗伯特·欧文、亚当·斯密、查尔斯·巴贝奇。但这些早期的研究并未形成系统化的理论体系,在管理实践中,主要体现为两个特点:

(一)师傅带徒弟的经验管理模式

管理上没有统一规范的工作标准和规程,管理效果取决于管理者个人的水平,生产效率取决于个人的技能和责任心,工人的技能培养、产品工艺、质量控制也缺乏规范和标准。

(二)企业管理往往由资本家直接担任

当时管理事务的决策处理一般是家长式的专制和独断。而随着企业的发展,工厂主开始意识到单凭自己的经验和直觉已难以胜任整个企业的生产经营管理工作,最好的办法是让那些有经营管理才能的人替自己分担一些管理工作,在后期出现了一些厂长、监工、领班等"特种雇佣人员",但总体管理还是由资本家亲自掌握,这显然制约了管理水平的提高。

⏵【思辨策划 DIY 2-8】

　　请将西方经验管理模式与我国民营企业发展初级阶段的管理模式作一对比，会得出怎样的结论？

二、科学管理阶段

科学管理阶段时间大致从 20 世纪初到 40 年代，包括泰罗、法约尔、韦伯及其学派，其中最有影响力的是泰罗的科学管理理论。

⏵【任务驱动学习】

　　如果请你负责一间大厦的卫生保洁，你将如何对清洁工及其工作进行管理？
（提示与要求：以泰罗制为理论指导）

（一）泰罗制产生的背景

泰罗（1856—1915）出生于美国富裕的律师家庭，从小醉心于科学研究和试验，后因眼疾从哈佛大学辍学，十八岁进入钢铁厂当工人，在二十几年的工作生涯中，由于工作努力、勤奋好学，逐步被提升为小组长、技师、总工程师。泰罗在工作中看到了经验管理的许多弊端，如由于缺乏科学合理的约束和激励手段，工人存在"故意偷懒"、"磨洋工"现象，"人治"式管理无章可循，有很大的随意性和不公平性，使工人十分不满，劳资双方存在较大的对立情绪。特别是管理者不懂工作程序、劳动节奏、疲劳因素对生产效率的影响，不能用科学的方法进行管理，而新工人跟着师傅学习，也有很大的随意性，没有正确的操作方法和合适的工具，大大影响了劳动生产率的提高。

（二）泰罗的理论出发点和做法

泰罗决心对管理中的不合理性进行改进。例如泰罗曾经进行一项"铲科学"试验，首先研究铁锹上的负载应为多大，其次研究各种材料能达到标准负载的锹的形状、规格，还研究各种材料装锹的最好方法，并对每一套动作的精确时间进行统计，从而计算出"一流工人"每天应完成的工作量，这一研究取得了出色的成果，堆料场的劳动力从 500 人左右减少到 140 人，平均每天的操作量从 16 吨提高到 59 吨，每个工人的日工资从 1.15 美元提高到 1.88 美元。

泰罗研究的理论出发点主要是以科学统一的工作方法进行生产现场管理，谋求工作的高效率，泰罗的试验集中于时间、动作的研究，以及工具、机器、材料、工作环境的标准化，并根据这些成果制定了比较科学的日工作定额和为完成这些定额的标准化工具（以前工人根据自己的习惯、爱好进行工作）。此外，泰罗还实行了刺激性报酬制度，细致地挑选工人并按科学统一的方法进行培训（以前是师傅带徒弟），等等。虽然由于当时复杂的历史背景，泰罗制的推行并不十分顺利，在此不做详述，但泰罗制实施后使资本家和工人的需求都得到满足，取得较好的效果，劳资关系从对立走向合作。

（三）对泰罗制的评价

对泰罗制的评价应当从历史的角度客观地进行，主要包括以下两点：

1.进步和贡献

泰罗冲破了百多年沿袭下来的落后的经验管理办法,将科学引进管理领域,创立了一套科学可行的管理办法来代替单凭个人经验进行作业和管理的旧办法,并使生产效率成倍提高,适应了资本主义经济在这个时期的发展需要,既是管理理论上的突破性进展,也为管理实践开创了新局面。泰罗被誉为"科学管理之父"。

2.局限

泰罗把工人当"经济人",否定了人的精神需求,缺乏人道主义精神。泰罗认为人的一切活动仅仅出于个人的经济利益动机,是机器的附属,是会说话的工具,要求工人完全按管理者的指示、命令工作,工人在工作过程中体力、精神都十分紧张、疲劳,在企业和社会中的地位进一步下降,引起工人极大反感,被称为"胡萝卜加大棒",引发了新的劳资对立;此外泰罗研究管理的内容和范围比较狭窄,只涉及生产现场,对管理职能、人事、财务等没有涉及。

⇨【相关链接 2-1】

美国电影《奔腾年代》片首旁白:"当福特第一次生产 T 型车时,光装配就花了十三个小时,后来的五年,他每九十秒就能生产一辆车。当然,真正的创造不是这汽车,是他建立的生产装配线。很快,其他产业也借鉴了同样的技术,女裁缝变成了钉纽扣的,木匠成了做把手的,既是想象力的开始,也是它的终结。"

Tips

我们还可以更朴实的心态来认识泰罗制。泰罗制首先包含了对科学规律的好奇心、充分尊重,对"科学"一词的平民心态,以及工作时对工艺规范的近乎刻板的诚实与遵守,所谓德国人的"傻劲"造就了"德国制造"。当然,从辩证角度看,事物都有两面性,尤其在对经济利益贪婪追求的企业中,一种原本很好的管理思想也产生了将人当做工具的负面影响。试想,如果你发现自己被人当做工具,会是怎样的心态呢?

三、行为科学管理阶段

科学管理思想虽然在提高劳动生产率方面取得了显著的成绩,但它以机器和工艺科学为中心,而且片面强调对工人进行严格的控制和规范化,忽视了工人的精神需求和情感需求,引起了工人的不满和社会的责难。在这种情况下,科学管理已不能适应新的形势,需要有新的管理理论和方法来进一步调动工人的积极性,从而提高劳动生产率。因为企业是由一群人组成的,管理者是通过他人的工作来完成既定的目标。尤其是随着技术进步,企业内脑力劳动增多,无形的脑力劳动看不见摸不着,其劳动强度和效率很大程度上取决于劳动者的主观态度和心理状态,泰罗的时间动作研究、外部控制毫无用处,而且脑力劳动者特别需要尊重、宽松的环境,加之社会的进步,人的地位日益上升,泰罗的严格规范、控制、监督,忽视人的精神需求,与这些环境因素的发展趋势背道而驰,因此有一些研究人员把管理的角度调整到了对人的工作行为的研究,而同时期社会科学、心理学等学科的发展也为管理学创新提供了支持,于是产生了行为科学管理理论。

（一）梅奥和霍桑试验

较早开始行为科学管理研究并产生较大影响的是梅奥,他进行了著名的霍桑试验。梅奥在电话继电器装配实验室分别按不同的工作条件进行试验,开始先逐步增加休息、供应茶点,以及将集体奖励改为个人奖励,然后又取消这些待遇,结果发现不论条件怎样变化,产量都在增加,而且工人的劳动热情还有所提高,用原来的思维方式难以解释。工人们则认为生产效率提高的原因是由于没有工头的监督,工人可以自由地工作,试验过程中比较尊重工人,试验计划的制定、工作条件的变化,事先都征求工人的意见,工人与研究小组人员建立了较好的感情,同时工人之间增加了接触,也滋生了一种团结互助的感情。

后来研究小组又进行另一组试验,这个组根据集体产量计算工资,根据组内情况,完全可能超过他们原来的产量,可是产量始终维持在一定的水平。经过观察,发现组内存在一种默契,当有人超过日产量时,旁人就可能暗示他放慢或停止工作,原因是不让管理者提高定额,等等。研究小组还取得了其他大量材料和成果。

通过试验,梅奥得出的主要结论是,生产效率不仅受物理、生理因素的影响,而且受心理、社会环境因素的影响,这种观点与泰罗的科学管理完全不同。梅奥进一步提出企业员工是"社会人"、满足工人的社会性欲望和提高工人士气是提高生产效率的关键、企业中存在"非正式组织"、企业应采用新型的管理方法等观点。这是早期的行为科学管理理论。

行为科学学派的代表人物及理论还有马斯洛的需求层次理论、赫兹伯格的双因素理论、道格拉斯·麦格雷登的 X-Y 理论等等。

（二）马斯洛的需求层次理论

美国心理学家马斯洛的需求层次理论把人的需求归结为五个层次,由低到高依次为生理需求、安全需求、社交需求、尊重需求、自我实现需求。通过对人的需求的分析理解,在管理中给予满足,从而调动工人的工作积极性,使人的行为方式是积极主动的而不是消极被动,以提高工作效率。表 2-1 是根据马斯洛需求层次理论提出的相应激励措施。

表 2-1　马斯洛需求层次及其相应的激励措施

需要的层次	追求的目标	管理措施
生理需要	工资 健康的工作环境 各种福利	待遇,奖金 医疗保健制度 工作时间多少 住房等福利设施
安全需要	职业保障 意外事故的预防	雇佣保证 劳保制度 退休金制度
社交需要	友谊,良好的人际关系 团队的接纳 组织的认同	团队活动计划 互助金制度 群众组织 利润分享计划

续表

需要的层次	追求的目标	管理措施
尊重需要	地位、荣誉 权力、责任 与他人收入的比较	人事考核制度 晋升制度 表彰制度 选拔进修制度 参与制度 奖励制度
自我实现需要	能发挥个体特长的环境 具有挑战性的工作 成就感	决策参与制度 提案制度 革新小组

⇨【思辨策划 DIY 2-9】

为什么同一个人在不同的企业可能会有完全相反的表现?

⇨【实 例 2-4】

富士康事件

号称世界最大的代工企业深圳富士康公司的员工福利,在硬件方面,比如薪酬、住宿条件等,在国内企业中属于较好的水平,它的新员工招聘现场长年处于火爆状态。但在 2010 年上半年,富士康公司连续发生 12 起员工跳楼事件,引起社会关注。对其原因人们众说纷纭,但人们普遍认为,企业内部强硬的军事化管理、员工刻板的生活方式,比如同一寝室的员工甚至相互叫不出名字,员工在工作中犯错误就有可能被上司辱骂等,使人承受巨大压力,精神处于紧张状态,是促使此类事件发生的重要原因之一。

(三)赫兹伯格的双因素理论

⇨【任务驱动学习】

如果你有过实习工作的经历,是否发现这样的现象,一些员工工作中似乎火气很大,常常怨天尤人,甚至把不良情绪带给顾客,给企业造成很大损失。又或者一些员工,虽然没有怨言,但工作懒洋洋的,是否消极,令老板很头疼。请你解释其中原因并提出解决方案。

20 世纪 50 年代末,美国心理学家赫兹伯格提出了双因素理论。主要观点是:

1.保健因素和激励因素

影响人的工作动机的主要因素可分为两类,即保健因素和激励因素。能够使员工感到满意的因素叫激励因素,会使员工感到不满意的因素叫保健因素。激励因素包括成就感、得到认同、工作本身的挑战性和趣味性、责任感、个人的成长与发展;保健因素大多属于工作之外的因素,包括公司的政策、监督、人事关系、工作条件、薪金等。给予赞赏、责任和发展机会(有激励因素),员工会感到满意;不表扬、不授权(无激励因素),员工也不会感到不满意,只是没有满足感。如果工作有报酬、较好的工作条件(有保健因素),员工不会感到满意,而只是没有不满意感,但若光让干活却无好的报酬、无好的工作环境和条件(不具备保健因素),员工就会不满意。

2.激励因素的作用

并不是所有的需要的满足都能激励起人的积极性的,只有那些激励因素的满足,才能激发起人们的积极性。保健因素的满足只能防止人们产生不满情绪,而难以起到激励的作用。因此,激励的确要以满足需要为前提,但并不是满足需要就一定能产生激励作用。

双因素理论就如何针对需要激励员工进行了更深入的分析,提出要调动和保持员工的积极性,必须首先具备必要的保健因素,防止员工不满情绪的产生;但只是如此还不够,更重要的是针对激励因素,努力创造条件,使员工在激励因素中得到满足,通过尊重、信任、放权、培训等激励员工的工作积极性。

需要注意的是,对于哪些属于激励因素,哪些属于保健因素,赫兹伯格是根据对美国50年代末部分工程师和会计师的调查得出的,并不一定符合各国的实际。而且对于每一个人来说,激励因素和保健因素也会各不相同,某一因素对一个人来说是激励因素,对另一个人可能是保健因素,在实际运用时应因人而异。这也是管理艺术性属性的体现。

(四)道格拉斯·麦格雷登的 X-Y 理论

X-Y 理论是道格拉斯·麦格雷登关于人性假设的理论,X 理论又称性善论,Y 理论又称性恶论。

X 理论认为人生来就是懒惰的,他们厌恶工作并尽可能地逃避工作;普通人没有什么抱负,他们对生理和安全的需要高于一切;人们不愿承担责任,而宁愿让别人领导。

Y 理论认为一般人都是勤奋的,如果环境条件有利,工作就如同游戏或休息一样自然;控制和惩罚不是实现组织目标的唯一手段,人们在执行任务中能够做到自我指导和自我控制;在适当的条件下,一般人不仅会接受某种职责,还会主动寻求职责;大多数人在解决组织的困难和问题时,都能发挥高度的想象力、聪明才智和创造性;有自我满足和自我实现需求的人往往以达到组织目标作为致力于实现目标的最大报酬;在现代社会条件下,一般人的智能潜力只得到了一部分的发挥。

X 理论和 Y 理论显然都极端、偏激,人性中本来就是善恶并存的。从表面看,X-Y 理论自相矛盾,难以对管理实践形成有效指导,但事实上两种截然相反的思维方式及相应的措施是能很好地在实践中相融的。即所谓的一手硬一手软的管理,一方面通过严格的科学合理的规章制度对员工进行必要的约束,以抑止人性中"恶"的一面,只要员工守住了这个底线,就完全可以假设人都是善的,通过赞赏、沟通交流、参与管理、提案制度、培训制度、提升、授权等方式,将人性中善的一面充分发挥出来。

⇨【思辨策划 DIY 2-10】

如果一位部门领导向你抱怨,下属工作不负责任,经常出差错,你将怎样从建设性的角度为他分析问题、提出建议?

(五)行为管理思想的特点

总而言之,行为管理思想的特点在于它改变了人们对于管理的思考方法,它持"社会人"观点,把人看作是宝贵的资源,强调从人的作用、需求、动机、相互关系和社会环境等方面研究其对管理活动及其结果的影响,研究如何处理好人与人之间的关系,做好人的工作、协调人的目标、激励人的主动性和积极性,以提高工作效率。但是,由于个人行为的复杂性,使得对行为进行准确的分析和预测十分困难,因此行为管理思想要在实践中得到规范应用,尚有待于理论的进一步完善和发展,以及现实中永无止境的实践和探索。

⟹【思辨策划 DIY 2-11】

以行为科学为指导的管理对管理者提出了怎样的要求?

君之视臣如手足,则臣视君如腹心;君之视臣如犬马,则臣视君如国人;君之视臣如土芥,则臣视君如寇仇。

——《孟子·离娄下》

四、现代管理理论丛林阶段

第二次世界大战之后,随着国际政治局势的稳定、经济的复苏以及现代科学技术日新月异的发展,企业规模迅速扩大,生产社会化程度日益提高,引起了人们对管理理论的普遍重视。在美国和其他许多国家,不仅从事实际管理工作的人和管理学家在研究管理理论,而且一些心理学家、社会学家、人类学家、生物学家、哲学家、数学家、军事学家等等也都从不同的角度和各自不同的背景用不同的方法对现代管理问题进行研究,这一现象带来了管理理论的空前繁荣,同时出现了各种各样的管理学派,美国著名管理学家哈罗德·孔茨把这种现象形象地称为"管理理论丛林"。这些学派都是从各自背景出发,以不同的理论为依据研究同一对象——管理过程,在概念、原理、方法上众说纷纭。

而在管理理论逐渐相互融合,走向统一的过程中,先后出现了两种有代表性的新的探索。一是系统管理理论,即把一般系统理论应用到组织管理中,运用系统研究方法,兼收并蓄各学派的优点,融为一体,建立通用的模式,以寻求普遍适用的模式和原则。二是权变理论,强调随机应变,灵活运用各学派的学说,并根据内外环境的不同采取不同的组织管理模式或手段,进而建立起一套管理理论。

五、现代管理热点

20 世纪五六十年代以来,随着社会、经济以及科学技术的发展和企业环境的变化,又产生了一些新的管理热点,包括战略管理、企业文化管理、企业流程再造、知识管理等。具体内容会在本教材相关章节中详细讲述。

六、管理学发展的趋势

从管理学发展历史可以看出,管理思想是随着社会经济、技术、文化的发展而发展的,而人类社会的发展进步呈加速度态势,因此未来管理必将不断丰富和发展,这些变化会涉及社会的许多方面,变化程度也难以精确把握,但根据目前对未来社会发展的预测,管理思想的发展大致会有以下特点:

（一）更注重企业社会责任感和管理伦理的研究

在未来社会中，人们会发现社会中的许多问题单凭法制是无法完全解决的，如环保、企业诚信等等，最终有赖于企业社会责任感的提高，企业的决策、行为不能只考虑企业的利益、股东的利益，还要考虑是否对社会有利；而且随着社会进步，社会各界，包括管理者、员工、消费者、社会公众的道德意识、自律意识日益强化，要求企业顺应这一趋势。企业作为一个经济组织，如何协调社会效益和经济效益之间的关系问题，如何从哲学高度提升管理理念并具有可操作性，是学者和企业界人士关心的问题。

（二）更注重对企业环境的研究

企业不是一个封闭的系统，它必然与环境因素发生相互影响，管理者的工作成效（尤其是重大战略决策）通常取决于他们对环境的认识、了解和掌握程度，取决于他们能否对环境变化做出正确、及时的反应。目前的权变思想已提供了较好的思路，但随着环境的日益复杂化、企业与环境关系的日益密切，这方面的研究尚需大大深入。

（三）国际性企业的管理将有较大发展

世界经济一体化已成为必然趋势，跨国公司的管理日益重要，如何在不同文化、风俗、语言、宗教和法律制度下进行管理和协调，如何处理跨国经营中遇到的特有的管理问题的研究将会有较大发展。

（四）管理方式将随着科技进步发生很大变化

随着计算机技术、网络技术的发展及其在管理中的应用，企业内的生产运作方式、组织结构、人际关系及人的观念都将发生相应的变化。管理上如何积极主动地调整，提升企业竞争力，也将会受到特别的重视和发展。

➪【复习题】

1. 管理有何基本性质？
2. 认识管理的基本性质有何现实意义？
3. 学习管理者的素质对你有何影响，你是否感到心灵有所触动？
4. 如何评价泰罗制？
5. 行为管理思想是在怎样的背景下产生的，有何特点？
6. 保健因素和激励因素对员工的工作状态会产生怎样的影响？
7. 依照 X-Y 理论，管理上应怎样认识人性并采取相应的管理措施？
8. 管理学发展有哪些趋势？

第三章

企业管理的职能与方法 ≫ ≫ ≫   ≫

　　初次接触"管理职能"一词让人在直觉上感到难以理解,但同学们大可不必对其害怕、抵触,实际上管理职能只是管理学家对千头万绪、纷繁复杂的管理工作系统的概括分类,包括计划、组织、领导、控制。作为初学者,对四个职能的整体的、逻辑上的深刻体会或许较难,但同学们完全可以做到对每一项职能的内涵、实际操作的基本原理和方法有一个基本而切实的理解。而第二节管理方法的内容,则形象得多,企业、政府、学校的管理方法大抵如此。在学习中,同学们不仅可以针对职能、方法理论,对其实践中的表现举一反三,甚至可以在教师的引导下,尝试策划一些简单的计划、控制方案,以及基于不同方法的管理方案,相信这个程度的结果已经能给你实实在在的学习成就感了。

第一节　企业管理的职能

　　管理职能是指管理者为实现有效管理所应具备的功能。20 世纪初期,法国工业家亨利·法约提出,所有的管理者都履行着五种管理职能,即计划、组织、指挥、协调和控制。到了 20 世纪 50 年代中期,加利福尼亚大学两位教授哈罗德·孔茨和西里尔·奥唐奈,采用了计划、组织、人事、领导和控制五种职能作为管理教科书的框架,并一直影响至今。现许多教科书将五个职能精简到四个基本职能:计划、组织、领导和控制。

一、计划职能

(一)计划工作的含义

　　计划工作有广义和狭义之分。广义的计划工作是指制定计划、执行计划和检查计划执行情况三个紧密衔接的工作过程。狭义的计划工作则是指制定计划,也就是说根据实际情况,通过科学的预测,权衡客观的需要和主观的可能,提出在未来一定时期内要达到的目标,以及实现目标的途径。它是使企业组织中各种活动有条不紊地进行的保证。计划工作还是一种需要运用智力发挥创造力的过程,它要求有远见地制定目标和战略,严密地规划和部署,把决策建立在反复权衡的基础上。

（二）计划工作的重要性

计划职能在管理各项职能中居于首要地位。这是由于:一方面计划职能在时间顺序上是处于计划——组织——领导——控制四大管理职能始发位置;另一方面计划职能对整个管理活动过程及其结果施加影响具有首要意义。

1.计划是管理者指挥的依据。管理者带领下属实现组织目标首先必须进行科学的筹划和周密的安排。

2.计划可有效规避风险、减少损失。管理者在做计划时首先要对未来的因素深入分析,进行预测,做到有备无患。

3.计划有利于在明确的目标下统一员工思想行为。

4.计划有利于合理配置资源,取得最佳经济效益。

（三）计划的种类

计划可以按不同的标准进行分类。

1.按计划制定的层次,可分为战略计划、战术计划和工作计划。现代企业生产社会化程度高,部门之间、员工之间的分工协作越来越细,如果没有统一的指挥规划,企业活动将陷入一片混乱,因此需要制定统一的计划来指挥企业的各项活动。

企业中有许许多多种计划,按计划的层次,这些计划可分为战略层计划、战术层计划和作业层计划三种。如图3-1所示。

战略层计划是一种十分重要的计划,由企业战略层制订,关系到企业未来兴衰,为战术层计划提供依据。

战术层计划是确定在现有资源条件下所从事的生产经营活动应该达到的目标,如产量、品种、产值、库存、员工和利润。战术层计划为战略计划提供支持,并为作业层计划提供依据。作业层计划是对企业日常生产经营活动的安排,如任务分配、负荷平衡、作业排序、生产和订货的批量确定、计划层次进度控制等。作业层计划为战术层计划提供支持。

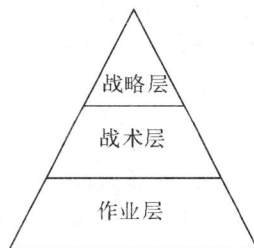

图 3-1

从战略层到作业层,它们的特点分别如下表:

表 3-1

	战略层计划	战术层计划	作业层计划
计划期	长（≥5 年）	中（1 年）	短（月、旬、周）
时间单位	年	季、月	班次、日、小时、分
涉及单位	企业	分厂、部	车间、工段、班组
详尽程度	高度综合	综合	详细
不确定程度	高	中	低
计划的主要制定人员	企业高层领导	中层、部门领导	低层、车间、工段领导
涉及范围	资源获取	资源利用	日常活动

2.按计划的时间,可分为长期计划、中期计划和短期计划。战略计划、战术计划、作业计划分别对应长期计划、中期计划和短期计划。

3.按计划的重复性特征,可把计划分为持续性计划和一次性计划。持续性计划是为重复行动制定的计划,包括政策程序和规则等;一次性计划主要包括规划(方案)预算等。

4.按计划的范围,可把计划分为整体计划和职能计划。整体计划是以整个组织范围进行全面计划;职能计划是以某个部门业务范围进行的计划。

（四）计划的内容

计划工作的主要内容可以通俗地概括为六个要素,即"5W1H"。

1.做什么(what)

即要明确计划工作的基本内容,比如生产计划、培训计划、促销计划、联欢会计划等等。

2.为什么(why)

此要素是指计划的缘由、进行此项工作和活动(即计划的对象,上述的 what)追求的效果和目的。明白了为什么做,原因是什么,就有助于在计划工作中发挥人的主动性和创造性。why 要素是计划六要素中的核心要素,以下要素的计划和策划皆以此为依据。

3.何时做(when)

选定计划实施的时机,以及规定计划中各项工作开始和完成的进度,以便进行有效的控制和对资源进行平衡。

4.何地做(where)

规定计划实施地点或场所,了解计划实施的环境条件和限制,以便安排计划实施的空间布局。

5.谁去做(who)

规定计划中每个阶段由哪些部门负责,哪些部门协助,落实人员、部门、责任。

6.怎样做(how)

制定实施措施以及相应的政策和规则,对资源进行合理分配和集中使用。对人力、物力、财力等进行综合平衡。

Tips

计划六要素可以成为实际工作中制定计划十分有用的指导方法。同学们首先必须明确其中 why 的核心地位,具体有两方面:一是 why 的界定是建立在决策者的价值观念、胸襟、视野基础上;二是 why 引领了 when/where/who/how 的策划,why 与其后的计划要素是因果关系。

（五）计划的程序与编制方法

任何计划的编制都是一个过程,其基本程序是:

1.估量机会

即对未来可能出现的变化和预示的机会进行初步分析,形成判断,根据自己长处和短处搞清自己所处的地位,列举主要的不肯定因素,分析其发生的可能性和影响程度,以利于扬长避短。

2.确定目标

在估量机会的基础上,再为组织及其下属单位确定计划工作目标,为整个组织及下属单位指明方向,描绘组织未来的状况。

3.建立计划工作的前提

计划是要在未来计划环境中执行。这一步要解决的是,组织的计划将在什么样的环境中执行,哪些环境因素对计划的执行有利,哪些又是不利的。

4.拟订和选择可行的方案

这步骤主要是拟订备选的各种可行计划,然后评价各种备选的计划,衡量它的经济效益和社会效益,然后遵循一定的原则选择一个最优的计划方案。

5.制定主要计划

制定主要计划就是将所要选择的计划用文字形式正式表达出来。作为管理文件,计划要清楚地确定和描述 5W1H 的内容。

6.拟订派生计划

派生计划就是总计划下的分计划。总计划要靠分计划来保证。

7.编制预算

就是把计划转化为预算,使计划数字化。预算实质上是资源的分配计划,一方面是为了计划指标体系更加明确,另一方面是使组织更易于对计划执行进行控制。

计划工作效率的高低和质量的好坏在很大程度上取决于计划所采用的方法和技术。以往人们都采用定额核算、系数推导以及经验平衡等方法制定计划。现代组织面对更加复杂和动荡的外部环境,未来的各种不确定因素日益增加。这就要求采用现代数学工具和以计算为基础的各种新的计划编制方法与技术。主要有滚动计划法、网络分析法、运筹学方法、投入产出分析法、计量经济学方法等。

二、组织职能

组织职能是通过全体成员设计一个基本的组织框架,在这个基本的管理平台上集合全体成员的努力以有效地完成目标。一个良好的计划,常常因为管理人员没有适当的组织管理予以支持而落空。有效、灵活的组织结构是组织适应环境变化,谋求生存发展机会,在日益激烈的竞争环境中取胜的保证。

(一)组织工作内容

1.组织工作的内容

组织工作是指为有效实现组织目标,建立组织结构,配备人员,并使组织协调运行的一系列活动。

具体地说,组织工作的内容包括以下六个方面:

(1)明确为了实现目标所必需的各项业务工作或活动,并加以分类。

组织工作的第一步是明确组织的目标和由目标派生出来的各类业务活动,并进一步进行归类。

(2)根据工作归类设置各部门科室,总体分为两类,即业务部门和管理部门。业务部门根据企业所从事行业的具体业务活动进行设置,如采购部门、生产部门、销售部门等;管理部门一般有人力资源管理部门、财务管理部门、行政部门等。

（3）配备人员。根据企业战略、工作需要等因素对各部门进行人员配备,包括人员数量、人员素质等。

（4）明确各部门职责和权力。即授予执行有关各项业务工作或活动的各类人员以职权和职责。

（5）协调配合。协调各部门之间的关系,使各部门紧密配合、协同工作。包括选择确定组织结构模式、明确部门之间的关系(合作、服务、指挥等)、制定部门沟通制度、部门矛盾的调解等。

（6）组织创新。根据组织内外部要素的变化,对上述各项组织工作进行调整、变更。

2.组织设计的原则

（1）目标原则。组织设计的目的要保证组织既定目标的实现,必须明确做什么事,怎样从组织上提供保障与支持才能做好。既定目标又有两个层面:一是从组织上维持日常业务活动的顺利进行,实现企业短期目标;二是从组织安排上促进企业中长期战略计划的实现。

（2）分工与协作原则。一方面要搞好分工,解决各部门、各岗位干什么的问题;另一方面应注意各项专业管理工作之间存在的内在联系。在分工的基础上加强协作配合,妥善处理好专业管理和综合管理之间的关系,要做到分工合理,协作明确。

（3）权责对等原则。它要求职责与职权保持一致,在得到某种职权的同时,应承担一种相应的责任。职权是指一定职位在其职责范围内为完成其责任必须具有的权力,具体表现在工作中的决定权、命令权和审查权,这些应与所负的责任相适应。职责与职权不对等,就会影响管理人员的责任心,降低工作效率。

⇨【思辨策划 DIY 3-1】

如果责权不对等,会出现什么问题?

（4）统一指挥原则。统一指挥就是指一个部门或员工所接到的各项指令不能相互矛盾,以免引起不必要的麻烦。统一指挥原则又可以表述为“组织中的任何成员只能接受一个上司的领导”。要做到这一点,需从两方面入手。第一是将企业内从最高层到最基层的各层次管理职务形成一条连续的等级链,明确链中每个职务之间的责任、权利关系。第二是逐级指挥,不能越级指挥,以避免直接领导和越级上层领导之间指挥的不一致而造成下级无所适从。有关这一点,将在以下职能制、直线职能制组织结构中反映出来。

（4）合理幅度原则。管理幅度往往决定了组织管理层次和管理人员的数目,它是一个权变因素。在确定的环境下,管理幅度增大可使管理层次减少,加快信息传递速度,同时还会降低管理费用的支出。所以,在保证管理有效性的前提下应尽量扩大管理幅度。

（5）稳定性和适应性相结合的原则。应在保持组织结构一定稳定性的基础上,提高其适应性。为保证组织各项工作正常进行及秩序连贯性,组织结构应保持相对的稳定性,不应频繁调整,但并不意味着一成不变,而应随环境和战略目标的变化做相应的调整。

⇨【思辨策划 DIY 3-2】

组织僵化不变固然不好,但如果一个组织频繁地进行调整和创新,如经常对机构进行设立、撤销、合并,经常调整机构的责任和权利,经常进行人事的调整,会出现怎样的负面影响?

(二)组织结构的类型

1.直线制组织结构

直线制是一种最早和最简单的组织结构模式。以企业为例,其结构如下:

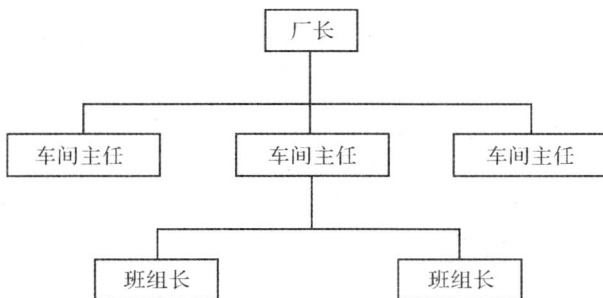

图 3-2　直线制组织结构

这种组织结构形式不设职能机构,从最高管理层到最低管理层,实行直线垂直领导。它结构简单、权责分明、指挥统一、工作效率高。但这种结构缺少专业的管理分工,管理者负担较重,每日忙于日常业务,无法集中精力研究重大战略问题。因而,这种结构只适宜于产品单一、工艺技术较为简单、业务较少的组织。

2.职能制组织结构

职能制是指在组织中设立若干职能部门,各职能部门在自己范围内都有权向下级下达命令和指示,下级要同时听从上级直线领导和职能部门的指挥。以企业为例,其结构如下:

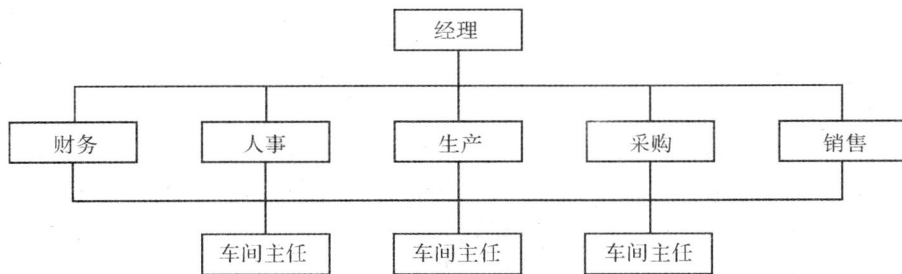

图 3-3　职能制组织结构

这种组织形式管理分工较细,便于充分发挥职能机构的专业管理功能。但这种结构容易出现多头领导,政出多门,破坏统一指挥原则。

3.直线职能制组织结构

这种组织结构又称"U"型结构,它是直线制的统一指挥思想和职能制的专业化分工思想的结合,在组织中既保持了纵向的直线指挥系统,又设置了横向的职能管理系统,即在各级领导之下设置相应的职能部门分别从事专业管理。以企业为例,其结构如下:

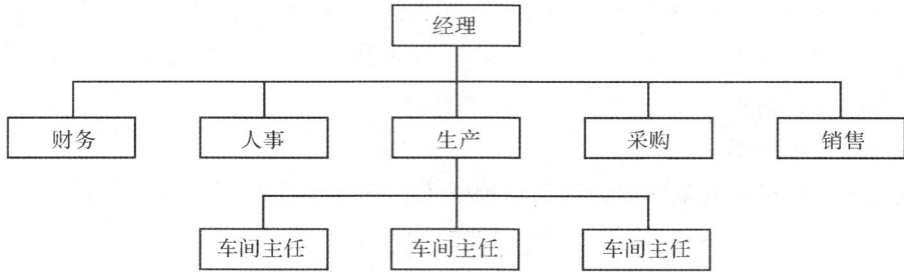

图 3-4　直线职能制组织结构

　　这种组织结构的优点是，整个组织既保证了统一指挥，又有利于强化专业化管理，因而在企业中被广泛采用。但这种组织结构也有不足之处，即下级缺乏必要的自主权，职能部门之间联系不紧密，易于脱节和难以协调等。

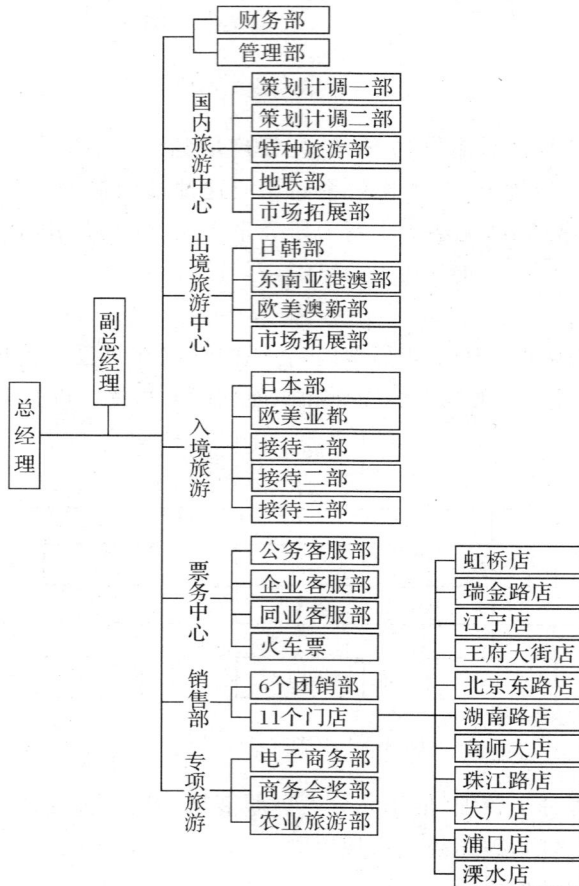

图 3-5　江苏海外旅游公司的组织机构

☞【思辨策划 DIY 3-3】

　　请你判断它是什么形式的组织结构，将它转化为理论上规范的杂志结构图。

并请你将管理部应有的职责罗列出来。

⇨【思辨策划 DIY 3-4】

一位同学在超市服装部卖场实习,一天遇到一位防损部负责人巡视卖场。防损部负责人看到几件服装随意地放在椅子上,容易发生失窃,有些恼火,责令实习生立刻将服装摆放好。实习生以超市实行直线职能制结构、"统一指挥"为由,声称自己只听服装部负责人的指挥,而拒绝服从防损部负责人的命令,结果一件原本很小的事闹得双方都很不愉快。你如何看待这一形象? 如果你是这位实习生,你会采取什么态度和行为?(提示:请从管理科学和年轻人应有的工作态度两方面加以考虑)

4. 事业部制组织结构

这种组织结构又称为"M"型结构,它是美国通用汽车公司总裁斯隆于 1942 年提出来的,目前已成为大型企业普遍采用的一种组织结构形式。其结构如下:

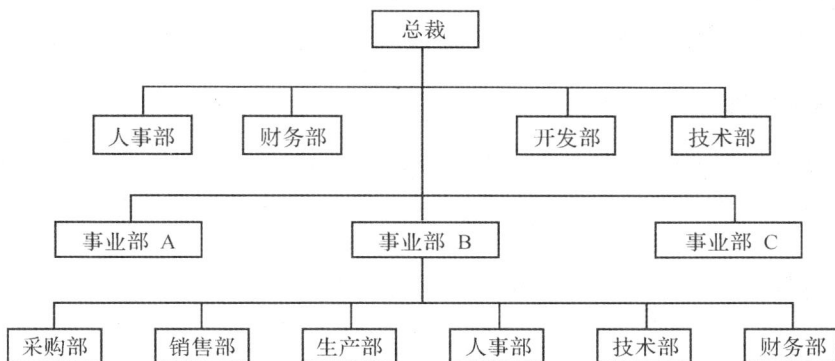

图 3-6　事业部制组织结构

事业部制是组织实行分权管理的结构形式。它一般按地区或所经营的产品来划分事业部,各事业部独立核算、自负盈亏,是独立的利润中心,组织总部按照"集中政策,分散管理,集中决策,分散经营"的原则来对事业部进行有效管理。其关键在于最高层和下级经营机构之间的集权和分权关系。

事业部制的优点是:它能够促进集权与分权的有效结合,有利于组织最高管理者摆脱日常行政事务而专心致力于组织的战略决策和长期规划;有利于调动各事业部的积极性和主动性,增强各事业部管理者的责任感;有利于锻炼和培养高级管理人才。其缺点是:内部机构重叠,机构臃肿;资源重复配置,管理费用较高;各事业部独立性较大,很容易产生本位主义,只关心自己利益,相互之间协作性较差。

5. 网络结构

网络结构是指一个小的核心组织,通过合作(以合同方式)依靠其他组织执行制造、营销等经营功能,强调企业之间的联合,进行资源共享,企业不必拥有所有职能。网络组织的核心只是一个小型管理机构,许多重要职能不是由本组织来完成的,组织管理者的主要任

务之一,就是在各地寻求广泛合作和控制。其结构如下:

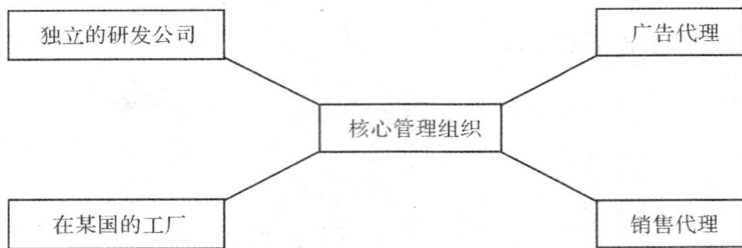

图 3-7　网络组织结构

对于小企业来说,小企业在资金、技术、规模上无法与大企业相抗衡。然而小企业结构简单、组织灵活,容易形成自身优势。将这些小企业组成网络,优势互补,单个小企业保留自身关键功能,其他功能由网络中的其他企业承担,可以创造出很大的网络经济性。小企业同大企业联合同样可以起到类似效果。当然,网络结构也适用于一些大型组织。网络组织结构的最大优点是获得了高度的灵活性,便于适应动态的环境。它的缺点是与传统组织结构相比,缺乏对一些职能部门的有力控制(特别是制造部门)。

⊟▷【思辨策划 DIY 3-5】

尝试以你所在学校或系部为对象,画出它的组织结构图,并根据组织原则对其合理性进行评估。

三、领导职能

(一)领导的内涵

对"领导"的定义,很多学者从各种角度进行了大量的探索,但美国管理学家哈罗德·孔茨和西里尔·奥唐奈给领导下的定义更具代表性,即领导"是一种影响力,是对人们施加影响的艺术或过程,从而使人们情愿地、热心地为实现组织或群体的目标而努力"。它包含三层含义:

1. 领导的本质是影响力。通过这种影响力,领导者在组织或群体中实施领导行为,能把组织成员吸引到他的周围,并获得成员的信任,促使成员的行为指向组织的既定目标。

2. 领导是一个过程。它是对人们施加影响的过程,同时也是一种艺术。

3. 领导要有目标。一切领导行为必须指向组织或群体目标,促使人们情愿地、热心地为实现组织或群体的目标而努力。

领导与管理是有区别的。管理的对象包括人、财、物、时间、信息等,而领导的对象只有人,这就决定了领导具有不同于其他各项管理职能的特性和内容。领导者不一定是管理者,但管理者应该成为领导者。虽然管理通过周密的计划、严密的组织、严格的训练,也能取得一定的成效,但如果管理者在他们工作中实施有效的领导,则收效更大。

(二)领导者权力的构成

领导者权力的构成也就是领导者影响力的来源。其来源主要来自两个方面,即职位权力和非职位权力。

1.职位权力

职位权力是由组织正式授予管理者的一种法定权力。这种权力与特定的个人没有必然联系,它同职务相联系。职权是管理者实施管理行为的基本条件。没有这种条件,管理者就难以有效地影响下属,从而实施真正的领导。组织授予管理者的职权主要有三种:①合法权,就是组织中等级制度所规定的正式权力,被组织法律和传统习惯所认可,它通常与合法职位联系在一起;②奖赏权,就是决定提供或取消奖励、报酬的权力;③惩罚权,就是指通过精神或物质上的威胁、强迫下属服从的一种权力。

2.非职位权力

非职位权,也可以说是个人权力,它是由于领导者自身具有某些特性而具备的,与领导者的职位无关。这种权力不随职位的变化而变化,也不具有强制性,但它对人的影响是发自内心的、长远的,会促使下属对领导者的追随与服从。它具体表现为:①模范权,即下属相信领导者具有他所需要的智慧和品质,从而对他钦佩和赞誉,愿意摹仿和跟从他;②专长权,即领导者具有某种专门的知识、技能和专长,能帮助下属明确方向,排除障碍,达到组织目标和个人目标,因而导致下属对领导者的尊敬甚至崇拜;③魅力权,即领导者具备某些常人无法拥有的特质,如人格的魅力,激起下属的忠诚和极大的热忱;④感情权,是指领导者由于与下属感情较融洽而获得的对下属的心理影响。

▷【实 例 3-1】

阿里巴巴总裁马云轶事

1999 年,马云结束了在北京的电子商务公司,准备回杭州创办"阿里巴巴"网站。临行前,他对他的伙伴们说:"我要回杭州创办一家自己的公司,从零开始,愿意同去的,只有 500 元工资;愿留在北京的,可以介绍去收入很高的雅虎和新浪。"他说用 3 天时间给他们考虑,但不到 5 分钟,伙伴们一致决定:"我们回杭州去,一起去!"芝麻,开门!

2004 年,马云当选为 CCTV 年度经济人物。在颁奖典礼上,主持人问马云:"假如我是贵公司需要的一位人才,你将用什么吸引我去你的公司?请注意,不能用薪酬,也不能用职务。"马云思索了片刻回答说:"我希望你来我公司,我不能承诺你薪酬和职务,我能承诺你的是你一定会像几年前的我一样失意、痛苦。但我也承诺,三年后的你会像我今天一样,充满信心、满怀激情!"

马云早年创业时,非常缺乏资金,因此曾和一家原来是竞争对手、资金实力雄厚的公司成立了合资企业,由对方控股。后来他发现对方与他合资的目的就是控制他,使他动弹不得,因为每次当他有创意的时候,对方总是投反对票,这次合作当然以失败告终。马云说,"从那以后,我有一个坚定的信念,以后我再创办公司的时候,永远不要去控制一家公司,以免让那些被我控制的人感到痛苦,一定要给下面充分的理解和支持。所以,直到今天为止,我没有控股过阿里巴巴一次,我为此感到骄傲。CEO 领导一家公司,凭的是智慧、勇气、胆略,而绝对不是资本。"

⮕【思辨策划 DIY 3-6】

　　请分析上述案例中怎样体现马云拥有的非职位权力？并结合第二章所提到的管理者的素质，加深理解、融会贯通。

（三）领导的构成要素

领导的构成要素有以下四个方面：

1. 指挥。指挥的基础是职位权力，即某个人所具有的可以施加于别人的控制力，主要包括惩罚权、奖赏权、合法权等。这是一种靠行政权力施加影响的活动。

2. 激励。由于人们往往愿意追随那些能够有助于他们实现个人目标的人，所以，领导者越有能力去了解其部属在不同时间、不同情况下的需求因素和强烈程度，并设计出满足这些需求的方法，就越有可能成为有效的领导者。为此，领导者要懂得激励理论，善于运用各种激励方式调动下属的积极性。

3. 感召。感召能力就是激发和鼓舞追随者全力以赴进行工作的能力。激励因素的使用主要是围绕下属及其需求，而感召力量则来自领导者。领导者以他们的人格魅力引发下属的忠诚、热忱和献身精神。下属接受领导者的鼓舞并不是为了满足自己的需求，而是对自己所中意的领导者所表现出来的一种无私的支持。

4. 造势。组织环境很大程度上影响着组织的工作热情和工作效率。领导者首要任务，就是要设计和维持一个良好的工作环境和文化环境，即造势。要营造一个积极向上、团结进取的工作氛围，培养优良的组织文化。而要做到这一点，就要靠领导者崇高的价值观，良好的领导作风以及营造环境的能力。

四、控制职能

（一）控制职能的概念及重要性

1. 控制职能的概念

管理的控制职能是指对组织内部的管理活动及其绩效进行衡量和校正，确保计划与实际执行情况保持动态适应，达到各项活动预期效果的职能。其本质是按照预定标准调整组织的活动。

2. 控制职能的重要性

（1）任何组织，任何活动都需要控制。即便是在组织制定计划时，进行了全面的细致的预测，考虑了各种实现目标的有利条件和影响因素，但由于环境条件的变化，计划制定者受其本身的素质、知识、经验和技巧的限制，预测不可能完全正确，制定的计划在执行中可能出现偏差，这时控制职能就起了执行和完成计划的保障作用。

（2）控制职能的重要性还表现在它在企业管理的基本职能中所处的地位及相互关系。控制职能使企业管理过程形成一个相对封闭的系统。在这个系统中，计划职能选择和确定组织的目标、战略、政策和方案以及实施它的程序，然后通过组织领导等职能去实现这些计划目标。在这过程中，控制活动始终穿插其中进行，它不仅可以维持其他企业管理职能的正常活动，而且在必需的时候还可以争取纠正偏差的行动来改变其他企业管理职能的活动。

（二）控制的内容和类型

1.控制的内容

（1）对人员的控制

组织目标的实现是通过人来完成的。管理者需要通过下属的工作实现目标,因此管理者要使下属按照期望的方式工作是非常重要的。为做到这一点,就必须对人员进行控制。常用的人员控制方法有直接巡视和评估员工的表现等。直接巡视就是在日常工作中,管理者通过观察员工的工作,并纠正出现的问题。评估员工的表现就是对员工的工作偏差进行鉴定。对绩效好的予以奖励,使其维持或加强良好表现;对绩效达不到标准的,管理者应采取措施纠正出现的偏差,并根据偏差的程度予以不同的处分。

（2）对财务的控制

为了保证企业获得利润,维持企业的正常运营,必须进行财务控制。其主要包括审核各期的财务报表,以保证合理的现金流通,保证债务负担恰当,保证各项资产都得到有效利用等。财务控制最常见的方法是预算。它能为管理者提供一个衡量支出的定量标准,并据此指出标准与实际开支之间的偏差。

（3）对作业的控制

作业是指从劳动力、原材料等资源到最终产品和服务的转换过程。作业控制就是通过对作业过程的控制,来评价并提高作业的效率和效果,从而提高组织提供的产品和服务的质量。其常见的方法有采购控制、生产控制、质量控制和库存控制等。

（4）对信息的控制

随着人类步入信息社会,信息在企业组织中的地位越来越高。对信息的控制就是要建立一个管理信息系统,及时地搜集并处理信息。

（5）对组织绩效的控制

组织绩效是组织高层管理者的控制对象。要有效实施对组织绩效的控制,关键在于科学地评价、衡量组织的绩效。组织绩效并不能用一个或几个指标就反映出来,关键要根据组织完成目标的实际情况并按照目标所设置的标准来衡量。

2.控制的类型

按控制时点的不同,控制可分为事前控制、实时控制和事后控制。

（1）事前控制

事前控制也称"前馈控制",是指在执行计划之前预先规定计划执行过程中应遵守的规则和规范等,规定每一项工作的标准,并建立偏差显示系统,使人们在工作之前就已经知道如何做。事前控制的重点是预先对组织的人、财、物、信息等合理地配置,使它们符合预期标准,从而保证计划的实现。如管理部门制定的规章制度、政策和程序等。

（2）实时控制

实时控制也称"现场控制",是指计划执行过程中所实施的控制,即通过对计划执行过程的直接检查和监督,随时检查和纠正实际与计划的偏差,其目的就是要保证活动尽可能地减少偏差,改进活动的质量。

（3）事后控制

事后控制也称"反馈控制",是指从已经执行的计划或已经发生的事件中获得信息,运用这些信息来纠正今后的活动。反馈控制是一种最主要也是最传统的控制方式。它的控制作用发生在行动作用之后,其特点是把注意力集中在行动的结构上,并以此作为改进下次行动的依据。

（三）控制的基本程序

1. 确定标准

控制是依据一定的标准去衡量工作绩效,以确保企业目标和为达到目标制定的计划得以实现。因此在进行管理控制时,首先要按照计划的要求,制定衡量各种工作绩效的标准。标准是考核业绩的尺度,它是从整个计划方案中选出的对工作成效进行评价的关键指标。

一个较好的控制标准体系通常包括数量标准（实物数量和货币数量）、质量标准（实物质量和工作质量）、综合标准和时间标准等。这些标准有些是可以量化的,如资产负债率、工时定额等;有些是定性的,如企业的规章制度等。

2. 衡量绩效

确定标准之后,就可以将各种成果与标准相比较,衡量管理绩效。在对实际或预期的执行情况进行评价时,可着重考虑以下两个内容:

（1）必须凭借切实可行的测定手段,确切评定下属工作的实际情况。如设置检查机构,落实进行衡量和检查人员等,同时还要考虑准确度和检查频率。

（2）通过衡量工作,使主管人员了解计划的执行进程和实际成效,使主管人员发现那些已经发生或预期将要发生的偏差。

3. 采取措施,纠正偏差

纠正偏差是在衡量工作成效的基础上,针对被控制对象实际状态相对于计划标准的偏离程度,及时采取措施予以纠正,使其恢复到正常状态上来。在对实际情况与计划的比较过程中,有三种偏差:第一,实际的结果超出了计划或控制标准,这是正偏差;第二,实际情况与计划或控制标准基本相符,这被称为零偏差;第三,实际结果没有达到计划或控制的要求,称为负偏差。

显而易见,零偏差是最理想的状态,但这只是一种理论上的假定,在实际工作中很少出现。也就是说,指标经常定得太高或太低,或者是原有的标准随着时间的推移已不适应新的情况。在这种情形下,需要调整的是标准,而不是工作绩效。在工作中如认为标准是现实的就应该坚持,否则就应当做出适当的调整。

上述控制工作的三个基本过程,实际上形成了一个理想的反馈控制系统。通过对每一工作环节的控制调整,使目标差不断缩小,保证管理活动按计划执行。

⇨【实 例 3-2】

扁鹊的医术

魏文王对名医扁鹊说:"你们家兄弟三人,都精于医术,到底哪一位最好呢?"扁鹊答说:"长兄最好,中兄次之,我最差。"文王再问:"那么为什么你最出名呢?"扁鹊答说:"我长兄治病,是治病于病情发作之前。由于一般人不知道他事先能铲除病因,所以他的名气无法传出去,只有我们家的人才知道。我二兄治病,是治病于病情初起之时。一般人认为他只能治轻微的小病,所以他的名气只及于本乡里。而我扁鹊治病,是治病于病情严重之时。一般人都看到我在经脉上穿针管来放血、在皮肤上敷药等大手术,所以以为我的医术高明,名气因此响遍全国。"文王说:"你说得好极了。"

第二节　企业管理的方法

管理方法是指人们为了达到某种管理目标而采取的手段、途径和行为方式及其可操作的规则或模式。它是管理理论的自然延伸和具体化,是管理理论指导管理实践活动的必要中介和桥梁。管理方法作为人们进行管理活动的工具和手段,之所以能够引导人们以合理的方法实现自己的目的,就是由于它是以管理过程中的客观规律为依据的,是对已经取得的管理知识的自觉应用,是人们在长期的管理活动中形成的管理经验的结晶,并在管理实践活动中不断得到检验和发展。

一、经典管理方法

经典管理方法是历史最久、应用最广的管理方法,主要包括管理的行政方法、管理的经济方法、管理的法律方法、管理的思想方法及管理的数学方法等。

（一）管理的行政方法

管理的行政方法是指依靠行政的权威,运用命令、规定、指示、条例等行政手段,按照组织系统和层次,以权威为前提,直接指挥下属工作的管理方法。它是管理中最古老、最基本的方法,也是适用范围最广的一种方法。它实质是通过行政组织中的职务和职权,用非经济手段来进行管理。它强调职责、职位、职权以及在此基础上产生的行政权威,而非个人能力;强调上级在职责和权限范围内指挥下属。它具有以下基本特点:权威性、强制性、具体性、无偿性、稳定性。

（二）管理的经济方法

经济方法是根据客观经济规律,运用各种经济手段,调节各种不同经济利益主体之间的关系,以获得较高的经济效益和社会效益的管理方法。它的实质是围绕物质利益,以物质为激励动力对社会经济活动进行管理。它的主要特点有:间接性、灵活性、平等性、信息接受率高。

常用的经济方法主要包括价格、税收、信贷等宏观经济方法和工资、奖金、罚金、经济合同等微观经济方法。前者是国家进行宏观经济管理的主要杠杆;后者则适合于微观管理领域（如企业等）,其主要作用是把个人利益与其工作及组织绩效联系起来,调动个人为组织努力的积极性。

（三）管理的法律方法

管理的法律方法中所指的法律,既包括国家正式颁布的法律,也包括各级政府机构和各管理系统所制定的具有法律效力的各种社会规范。法律方法的实质是实现群体意志,维护群体的根本利益,代表群体对经济、政治、文化活动实行强制性、统一性的管理。它除了具有与行政方法相似的一些特点如权威性、强制性外,还具有以下特点:规范性、稳定性、防范性、平等性。

在实际中,法律方法一般应和其他管理方法综合使用,才能最有效地达到管理目标。

(四)管理的思想教育方法

思想教育方法是通过对被管理者进行德、智、体等诸方面的说服教育,启发觉悟,从而改变其行为动机,使其自觉地按照管理者的意志行动的管理方法。思想教育是管理的基本方法之一,是实施各种管理措施的先导。通过教育可统一人们的思想,提高人的政治思想素质、文化知识素质和专业技能素质等,充分调动人的积极性和创造性。

思想教育方法具有长期性、间接性、广泛性、多样性、艺术性等主要特点。思想教育的主要方式有系统理论教育、对比教育、谈心教育、说理教育、养成教育等。

成功的管理者在运用思想教育方法时,不但要讲究其科学性,更要讲究艺术性,注重工作实际的客观要求,根据教育的内容采用灵活多样的教育方法。此外,思想教育方法也必须与行政方法、经济方法、法律方法结合使用,才能收到良好的管理效果。

(五)管理的数学方法

数学方法是指运用数学所提供的方式和技巧,对管理对象进行量的分析、计算、测量、描述和推导来执行管理职能的方法。常用的数学方法有很多,如线性规划、价值工程、量本利分析等。

数学方法的实质就是通过掌握、分析管理过程中数量关系,找出数量界限,从而使管理工作科学化。因此,与其他的传统管理方法相比,数学方法的显著特点就是它的计量性和严密性。此外,它还具有模型化和客观性强的特点。运用数学方法进行管理,一般都要先根据以前的统计资料,在假定的前提条件下,运用一定的数理逻辑分析,对要解决的问题建立起一定的模型。在使用这些方法时,除了假定前提条件和选择数量分析方法之外,在建立模型的推导过程中,基本上不受人为因素的影响,因而具有较强的客观性。

数学方法在现代管理中的运用越来越普遍。运用数学方法,管理者可以全面、深入、精确地了解组织的现在运转状况,并对今后的发展趋势进行科学预测。管理者可根据生产经营过程中的各种数量关系,调节生产过程,还可根据各种数量关系优化工作方案,提高决策的科学性。

二、现代管理方法

现代管理方法是指现代新学科、新理论在管理中的运用。现代管理方法主要包括社会心理分析方法、系统工程方法、战略管理方法、横断科学方法等。

系统工程是一门横跨自然科学、社会科学的综合性技术,具有很大的普遍性,在现代管理的诸多领域中有着广泛的应用。系统工程以确定的系统为对象把所要研究、管理和处理的对象作为一个有机整体,采用系统科学的理论和方法,求得技术上的先进、经济上的合算、时间上最省、运行中可靠的最佳效果,是解决当代人类所面临的复杂问题的有效工具。

战略管理方法是 20 世纪 70 年代中期开始产生的一种方法。它不是对某种职能的具体管理,而是对组织活动的总体性管理。企业战略体系是由战略思想、战略方针、战略目的、战略重点、战略任务、战略手段、战略布局、战略步骤、战略措施等要素所构成的完整系统，并通过战略决策和战略规划来表达和实现。战略管理方法的运用，大大提高了企业对内外部环境变化的适应能力，提高了企业的生存和发展能力。

　　横断科学方法，主要是指由各学科的交汇融合形成一批新兴学科，主要包括系统论、控制论、信息论、耗散结构理论、协同论、突变论和泛系统论、灰色系统论、非参量系统论、系统动力学等。社会心理分析方法是运用社会心理学知识对社会中的人的心理活动进行科学分析的方法，是现代管理者分析了解职工心理和行为的"钥匙"。

【复习题】

　　1.什么是管理职能？其内容有哪些？

　　2.计划工作包括哪几个方面内容？计划工作编制的步骤是怎样？

　　3.组织工作设计的原则是什么？

　　4.组织结构有哪些方式？它们各自有何优缺点？

　　5.如何理解领导含义？领导构成要素有哪些？

　　6.什么是控制职能，其内容是什么，有何重要意义？

　　7.试说明事前控制、实时控制和事后控制的关系。

　　8.控制的步骤应从哪些方面入手？

　　9.试述经典的管理方法，并联系实际进行说明。

第四章

企业文化 ≫ ≫ ≫   ≫

劳伦斯·米勒在《美国企业精神》一书中指出:"每一家公司现在必须分析其文化,这不仅是为了加强本身的竞争地位,虽然这个理由已经够充分了,而且还因为我们国家未来的财富将要由公司的文化来决定。"美国《幸福》杂志在每年评出全球 500 强企业时,醒目地冠以黑体字"没有强大的企业文化,即价值观念和哲学信仰,再高明的经营也无法成功。企业文化是企业生存的基础,发展的动力,行为的准则,成功的核心。"

企业文化究竟是个怎样的概念? 企业作为一种经济性、营利性机构,不把产品、成本、利润、质量等因素放在首位,而是把文化、哲学信仰放在如此重要的位置,实践中真的是这样吗?

第一节   企业文化概述

一、企业文化的概念

(一)文化

要搞清什么是企业文化,首先要明确什么是文化。

有时我们会说,某人念书不多,没什么文化,或某人学历很高,很有文化。事实上,这里的文化是指运用文字的能力和一般的知识水平,是"文化"一词中比较次要、片面的一种解释而已。事实上文化是一个内涵深邃、外延宽广的概念。自从英国文化学家 E·B·泰勒对文化下了一个具有划时代意义的定义后,至今一百多年,具有影响的关于文化的定义已超过 160 种。泰勒指出:"文化是一个复杂的总体,包括知识、信仰、艺术、道德、法律、风俗,以及人类在社会里所取得的一切能力和习惯。"

文化既有广义和狭义之分,也有宏观和微观之别。从广义理解,人类有史以来,凡是与人类的思想、行为及人工制品相联系的都是文化。从狭义理解,又特指精神产品及行为方式。从宏观上看,文化可以是民族的、宗教的、社会的。从微观上看,文化又是指社会中的某一特定群体。

⇨【思辨策划 DIY 4-1】

你能否根据以上所述的文化的概念用通俗、形象的语言罗列出一些日常生活中可见的具体的文化范畴,如"某地域文化""某职业的文化""中国茶文化",以及当下在中国出现的新名词"草根文化",等等。大致说出这些文化有些什么具体内容,并尝试分析这些文化形成的原因。

Tips

文化是一个十分复杂、内涵丰富的系统,一个族群可以不懂其他族群的文化,但必须懂得尊重其他族群的文化。从宏观上讲,由于历史、社会制度、经历、教育、自然环境等等原因,不同国家、民族、地域、年龄段、社会阶层、宗教信仰的人群有着各种不同的文化,不同人群之间交往必然会遇到文化冲突。人们彼此之间要和睦相处,或者友好地交流合作,首先必须懂得对对方文化的包容与尊重,不可调侃他人的文化;继而尝试理解与部分接纳,顺应、融入,并进一步对自身文化进行反思。从微观上讲,一个人应当容纳他人不同意见并给予尊重和理解,这直接体现了个人的文明素养,也是一个人合作能力的基础之一。

(二)企业文化概念的界定

界定企业文化的概念,应该以上述哪一种理解为基础呢?

首先,对于宏观或微观的问题,显然从微观角度比较合理。因为企业只是社会的一个细胞,所以企业文化只能是一种微观的文化。

其次,对于广义或狭义的问题,就不那么绝对了。企业文化应当有广义和狭义之别,广义的企业文化既包括物质文化,即"显文化"、"硬文化",也包括精神文化,即"隐文化"、"软文化",如企业内部的生产经营的环境、设备、产品,企业的组织结构和各种规章制度,企业的经营管理哲学、经营风格、群体内部相互沟通的方式、相互制约的规范,企业员工共同的价值观念、历史传统、生活工作的习惯、办事准则,等等。但是,作为对企业文化的初步学习者而言,难以面面俱到,如果定义过于宽泛,反而无从入手,而且大多数学界和企业界人士对企业文化都采用狭义的概念,即以企业的精神文化为研究对象。所以,本书后面所指的企业文化是指狭义的企业文化。

因此,我们这样定义企业文化:企业文化是指在一定的社会大文化背景的影响下,经过企业领导的长期倡导和全体员工的积极认同、实践与创新而形成的整体的价值观念、信仰追求、道德规范、行为准则、经营特色、管理风格以及传统和习惯的总和。

理解企业文化概念,应把握其中的两个词:价值观念、全体员工。

⇨【相关链接 4-1】

由于企业文化日益受到人们的关注,以及其极强的实践性,人们对企业文化也有一些不十分严密、但却通俗易懂的描述,如"企业文化就是我们大家做事的习惯","企业文化就是一个公司内的氛围、气氛"。松下公司创始人松下幸之助则将企业文化描述为:"到一个企业,只要几秒钟的接触,从接待人员、办公室、车间的工作神态、情绪和秩序,就可以捕捉到一种精神、一种气氛、一种感染人心的力量,这就是公司文化。甚至不用看数字,也不用看图表,我们马上就能感到这些工作人员是如何在劳动、工作的……"

二、企业文化的内涵

企业文化包含丰富的内涵,有三个层次,即核心层、中间层、表层。

(一)核心层

企业文化核心层指企业信奉的价值观念,还表现为企业使命、企业精神、经营理念等。之所以称之为核心层,是因为价值观念决定了企业文化中间层、表层的取向,是企业文化乃至于整个企业发展的根基。价值观念从表面观察好像是看不见摸不着,它是渗透在全体员工心灵之中的意识形态,是企业的灵魂。它主要解决企业是为了什么、追求怎样的目标,提倡什么、反对什么,以怎样的指导思想进行经营管理等方面的问题。例如企业是以获得最大限度的利润为目标,还是在谋求盈利的同时,也讲造福社会、富国强民和员工的全面发展;怎样处理企业内部门之间的冲突,是部门本位主义,以获得比其他部门更高的利益和地位为最大快乐,还是站在企业立场上,强调整体利益高于一切,既讲部门分工、各尽其责,又注意部门协作、相互配合,等等。以价值观念为核心的深层企业文化,决定着企业朝什么方向运行。

⏩【相关链接 4-2】

中国明朝有一位文人洪应明写了一本关于为人处世、修身养性的书《菜根谭》,书中涉及的基本都是价值观念、思想范畴的内容。关于书名,有多种解释,其中之一是,"根植于无,则万流可以归宗,没有根,菜不能青翠;不悟道,人不能清醒。""菜之为物,日用所不能少,以其有味也。但味由根发,故凡种菜者,必要厚培其根,其味乃厚。"所谓万味由根而发,万事由心所致。企业要表现出强大的竞争力、良好的氛围,根源在于内在的、无形的企业价值观念,也是同一个道理。

举世闻名的黄山松姿态坚韧傲然,美丽奇特,其生长的环境十分艰苦。为了稳固生长,黄山松根系的长度与范围甚至超过树高与树冠的2—3倍。据测定,一棵大松树的根能穿透岩石覆盖100多平方米的面积。由于根部很深,黄山松能坚强地立于岩石之上,虽历雨霜却依然永葆青春。老子在《道德经》中说:"人法地,地法天,天法道,道法自然。"我们要向奇妙仁爱的大自然学习,所谓根深才能叶茂。比如人要有外在良好的行为举止、较强的处世办事能力,除了一些技能和方法的直接学习,最根本的还在于修心,即价值观念的塑造。

(二)中间层

中层企业文化不像深层企业文化那样隐蔽在人的头脑中,但也不是十分直接、外露,主要体现为企业的规章制度、组织结构方式、员工行为方式等等。不同的规章制度、组织方式、行为方式都体现了企业不同的价值取向。

（三）表层

表层企业文化又称物化层，是企业文化的外显部分，指的是那些视之有形、闻之有声、触之有觉的文化形象。例如，外显于厂容厂貌、厂旗厂标、厂歌厂服等可使人直观的企业形象，外显于产品造型设计、包装装潢等可使消费者感觉到的产品形象。

⇨【实 例 4-1】

微软中国公司的交流文化

在微软，有一个平等交流、知识共享的文化。

有一次，微软研究院拍纪录片，公关经理请了几位研究员来做"临时演员"，演出一个讨论的场面。几位研究员被拉去做戏时相当不情愿。导演开始导戏，"你们就像平常一样，该怎么讨论就怎么讨论，不要看我们。"这时，一位研究员在白板上写了个问题，其他研究员很快聚在白板周围争论不休，完全忘记了旁边的镜头。片子拍完，摄制组都扛着摄像机离开了，他们还在那里激烈地争论。

在微软中国公司，到处都可以看见可以随手写字的白板，甚至连休息室的茶几都是白板。这是为了方便员工交流沟通而设的。白板文化代表着一种开放的精神。它意味着每个人都是平等的，每个人的想法都可以大胆地说出来、写出来，而且允许犯错误，因为白板上的字是很容易抹去的。它更意味着一种团队精神，每个人都不是封闭的，你的思想可以建立在别人的灵感上。

⇨【思辨策划 DIY 4-2】

请根据上述信息，总结出微软沟通文化的三个层次。

Tips

学习者可以用以下问题来自测你是否真正理解了企业文化三层次的含义。企业都知道要讲诚信、注重顾客利益，但要做到这些并不容易，因为它常常需要企业以牺牲经济利益、利润为代价。如果一个企业并不真正信奉并执行诚信，却将文字精美、修饰考究的诚信字画挂在企业显眼处，这时"诚信"是不是企业文化的表层、物化形式呢？你认为这时真实的企业文化是什么？

如果一个企业中，诚信、慎终追远的意念隐藏在领导和员工的心里，也在实践中体现了这种信念，但管理层尚未将这种信念用优美的文字明确表达，这时的企业是否存在诚信这种优秀的企业文化呢？

三、企业文化的存在形式

本书所指企业文化的存在形式，是从动态角度对企业文化进行一个比较笼统的分类，这对我们理解企业文化及其作用十分重要。

第一种存在形式称之为原始状态的企业文化，或原生态企业文化。这是指未经企业领导有意识管理、干预的，自然形成的企业文化的存在形式。人是有情感、有意识的社会人，凡是有人群的地方，就会有相对统一集中的文化现象。这时的企业文化一方面体现为多元性，同时也有明显的管理者无意识而产生的导向性倾向。由于是未经人的理性反思而自然形成的，此时的企业文化又具有良莠并存的特点，可能是积极面占主导，也有可能是消极面占主导。

第二种状态称之为经过管理者干预的企业文化。由于环境或管理者个人特质的影响，企业领导意识到了企业文化的重要性，并对企业文化进行有意识的引导和建设，即在企业内提出明确的价值观念并进行大力倡导，营造一种积极向上的、有利于企业可持续发展的文化氛围。从理论上讲，经过企业领导、管理者有意识干预的企业文化是一种理想的、优秀的企业文化，能发挥积极作用。但在实际中，这是一个比较长的、不断发展和调整的过程，并且要使大部分员工真正接纳企业领导所倡导的价值观念，本身就是一个渐进的过程。这种状态一方面客观存在，另一方面又有一定的模糊性，缺乏明确的评价标准。

Tips

同学们应该有过打工的经历，或者毕业后你进入企业工作，请分析你所工作企业的企业文化处于哪种状态。如果是第一种状态，你可以通过观察和思考，尝试对企业文化进行梳理和评价；如果是第二种状态，你可以观察这种文化建设的实际进展程度，并体会它对企业产生的影响。这样能使你变得日益成熟、理性、"有文化"，此处的"有文化"是指你能够在客观环境中对群体价值观念及其影响进行实实在在的理解和思考，这对一个人的素质提升而言十分有益。总之，企业文化不仅重要，而且内涵丰富、微妙细致、充满人性色彩的事物，并不乏幽默和乐趣。

四、优秀企业文化的功能

企业文化作为一种新的管理方式，不仅强化了传统管理的一些功能，而且还具备很多传统管理方式不能实现的功能。主要体现为以下几方面：

（一）凝聚功能和协调功能

共同的价值观念、共识性的企业文化能使员工产生志同道合的感觉，彼此更加理解、默契，促进员工对企业的归属感、忠诚度以及之间的亲善、友情，这样企业文化就能将员工紧紧地联系起来，同心协力，共同奋斗，可以培养和激发员工的工作积极性、群体意识、团队精神，通过他们对企业的归属感和认同感，使他们把自己的命运、职业生涯和企业的命运、发展前景联系起来，形成命运共同体。具体可以通过目标凝聚、价值凝聚、理想凝聚等方面来实现。企业文化所体现的强烈的共识性、群体意识，改变了原来那种从个人角度建立价值观念、利益对立的一盘散沙的状态，体现了当今世界上最流行的管理方式的要求。

同时，管理的实质之一在于协调，即使部门、人员、各项短缺的资源、各项活动之间有机地结合，同步和谐地开展活动，其中最重要的是人际关系的协调。有效的企业文化管理使员工有了共同的价值观念，即志同道合，增加了相互间的共同语言和信任，使大家能在相互友善、相互理解的氛围中充分地交流沟通，减少各种矛盾、摩擦和误会，使企业上下左右的关系更加和谐，工作时心情也更舒畅。所以企业文化使得企业内部人员之间、各项因素之间的关系既紧密又和谐，达到最佳的合作状态。

（二）导向功能

企业文化的导向功能主要体现在企业价值观念对企业的领导者和广大员工行为的引导上。一方面，由于价值观念是企业多数人的共识，因此这种导向功能对多数人而言是建立在自觉自愿的基础上的，他们能够、并且愿意自觉地把自己的一言一行与企业的价值观念进行对照，力求使自己的行为符合企业目标的要求。另一方面，对少数未取得共识的人而言，这种导向作用就有一些"强制"的意味，企业的目标、规章制度、传统、气氛等迫使他们按照企业整体的价值取向行事，由于企业文化的先进性、合理性和向善的倾向，这些人往往会在此过程中被同化，逐渐地接受、认同企业文化；假如他们原来的价值观念实在是与企业文化格格不入，在相当长的一段时间内都难以接受企业文化，他们最终会离开企业。

（三）激励功能

管理的核心是人，管理的目的是要把蕴藏在人肌体内的聪明才智充分挖掘出来。一方面，如前文所述，优秀的企业文化总是积极、向善，强调尊重每一个人，相信每一个人，凡事都以员工的共同价值观念为尺度，而不是以领导者个人的价值观念为尺度，员工在企业中受到重视，参与的愿望能得到满足。因此企业文化能够最大程度地激发员工的积极性和创造性，使他们以主人翁的姿态投入工作，关心企业的发展，不断发掘自己聪明才智的潜能。另一方面，在企业文化的的激励下，员工积极地工作，感受工作的乐趣、成就感，共同分享劳动成果，本身较高层次的精神需求又会得到满足，进一步产生激励效果。所以，一种积极的企业文化具有良好的激励功能，能够使员工步入良性循环轨道，并长期处于较好的工作状态。日本人提出所谓的"车厢理论"，即强调在一个目标轨道上，每节车厢（员工个人）都有动力，这样整列火车动力强劲，前进速度就快，这比单纯强调火车头的作用更科学高效。

（四）约束功能

企业文化对员工行为具有无形的约束力。一方面，它虽然不是明文规定的硬性要求，但它以潜移默化的方式，形成一种群体道德规范和行为准则（即非正式规则体系）、习惯、习俗、气氛后，某种违背企业文化的言行就会受到周围群体舆论和感情压力的无形约束；另一方面，员工因为认同企业文化所倡导的价值观念，顺应了企业文化的思维模式，产生自控意识，自觉自愿地不做违背企业文化和企业利益的事，达到内在的自我约束而不需要外在的监督、控制。企业文化以尊重个人感情为基础将无形的外部控制和重视群体利益、群体目标有机融合在一起，实现外部约束和自我约束的统一，能起到较好效果。

（五）辐射功能

优秀的积极的企业文化中无形的价值观念通过各种行为方式等有形载体向外界展示，如业务洽谈、经济往来、新闻发布、公关活动，以及产品质量、销售服务等，使社会各界看到了企业可靠、良好的管理水平、道德水准、整体素质，从而树立企业的良好形象，进一步取得各界的信任与支持，包括消费者的购买、合作者的积极合作态度、外界人才对企业的向往等等，这些对企业而言都是十分必要、宝贵的。

理解企业文化的作用，不妨看一看著名经济学家赵晓的形象比喻：企业文化是发动机、指南针、消毒剂、胶水、心灵鸡汤。

⬅▷【思辨策划 DIY 4-3】

请自行搜集当代中国优秀企业的企业文化,并解释企业文化如何发挥作用。

第二节　企业文化的建设

一、企业文化建设的实质

作为一个社会组织,必然存在价值观念,即企业文化是一种客观存在,有积极与消极之分,它是由企业原有的多项内外环境因素决定的,这些因素包括社会传统、人文、风俗等外部因素,也包括员工素质、企业所处行业、企业发展历程等等内部因素。也就是说,企业文化的形成是有特定的基因在起作用,不同的基因形成了或积极或消极的企业文化,如有些企业积极改革,不断进取,有些企业消极保守,故步自封;有些企业团结紧密,齐心协力,有些企业人心涣散,犹如一盘散沙;有些企业民主气氛浓厚,有些企业家长说了算;有些企业在经营中把客户的利益放在第一位,有些企业则惟利是图。积极的企业文化使企业朝着团结、创新、卓越、高效的方向发展,它对企业市场经营活动的发展起到巨大的推动作用,消极的企业文化使企业弥散着分裂、保守、迟缓、低效的空气,对企业的生产经营活动起着阻滞的作用。

但企业文化基因与遗传学意义上的基因并不相同,它具有可变性的特点。企业文化建设就是要对这些基因进行取舍、改造、优化,并引入外界的基因,来重塑、提升企业文化,即保留原有企业文化中的积极成分,舍弃原有文化中的消极成分,并导入新的价值理念,形成新的、积极卓越的企业文化体系。这就是企业文化建设的实质。

⬅▷【实 例 4-2】

奇瑞公司的企业文化再造与优化

奇瑞汽车有限公司 1995 年创立,经过艰苦创业,公司迅速发展,取得辉煌业绩。公司总裁尹同耀在谈到目前企业存在的最大隐忧时表示,企业发展速度太快,干部的心态有问题。"因为现在好了,外面看大家的眼神,跟我们过去装孙子时不一样了。很多人心志高了,尽管表情上是谦虚的,实际上心态是很傲慢的,这是非常不好的一件事情。所以我觉得我们这个企业没有文化,这个企业没有修养,没有好的习惯。所以怎么样让这些人去养成一个人外有人、山外有山,谦虚、好学,这种置之死地而后生的心态,不能有小胜就狂、大胜就亡的结局。"

⬅▷【思辨策划 DIY 4-4】

尹同耀说担心公司没有文化是什么意思,是指公司没有企业文化吗?

二、企业文化建设的基本程序

一种优秀的企业文化的构建不像制定一项制度、提一个宣传口号那样简单,它需要高层管理者有意识、有目的、有组织地进行长期的总结、提炼、倡导和强化。因此,明确科学的企业文化建设程序是非常必要的。

建设企业文化的基本程序,一般是在健全领导机构,如成立企业文化建设领导小组或企业文化建设委员会,对企业文化建设做出科学规划的前提下,做好以下四个环节的工作,即企业文化现状的调查研究与评价,企业文化理念的定格设计,企业文化的传播、推展与实践巩固,企业文化的完善与创新。在实践中,这四个环节构成企业文化建设的循环,循环往复,不断继起,相互交叉和渗透,促使企业文化不断升华、趋于完善和美好。

(一)企业文化现状的调查研究与评价

1. 企业的经营领域

由于企业经营领域的不同,带来企业的经营特点、经营技术、市场风险,及劳动特点、管理方法方面的差别,这些差别往往决定了企业文化的行业特点,在此基础上建设企业文化能使企业文化具有针对性、可行性。

▷【思辨策划 DIY 4-5】

　　劳动密集型的加工制造企业、知识密集型的软件公司、创新性极强的网络公司、宾馆服务业的企业文化各有何特点?

2. 企业管理的成功经验及优良传统

企业管理的成功经验及优良传统是企业历史上的文化精华和闪光点,包括企业在长期的经营管理实践中形成的好做法、好传统、好风俗、好习惯及模范人物的先进事迹等。这些成功经验和优良传统往往是企业文化中最闪光最有魅力的部分。

3. 企业领导人的个人修养和精神风范

企业领导者,尤其是企业的创业者和高层决策者,他们是企业文化的倡导者、培育者,也是身体力行者,他们个人的品德、知识修养、工作作风、生活作风对企业文化有着直接的影响。尤其是在企业文化建设的初期,企业创业者和高层决策者的个人修养和精神风范就直接渗透在企业文化当中,决定着企业文化的风格和面貌。因此在企业文化调研中,必须认真研究企业领导者的个性特征,并做出评价。在新文化的定格中,要体现出企业家所特有的精神。当然,从这一角度而言,高层管理者不具备相应的素质,是很难搞好企业文化建设的。

▷【实 例 4-3】

联想领导人的反省

企业高层领导对企业文化的形成有着十分重要甚至是根本性的影响。联想公司创始人柳传志先生谈到,一次他看到一位部门领导在训斥下级,态度十分强硬,语言也很难听,这引起了他的反感。当他与该主管沟通时,主管说因为看到柳总训斥人时态度很强硬,所以他在不知不觉中也效仿了。这给柳传志很大触动,他开始反省自己的思想和行为,并感到领导责任的重大,要真正建立起以人为本、尊重员工的企业文化,首先要自己尊重、善待员工。

【思辨策划 DIY 4-6】

请你分析一下为什么高层领导的价值观念和行为方式对企业文化建设有重大影响,尤其是要建立积极向善的企业文化,必须要高层领导起到实实在在的示范作用的原因。

4.企业员工的素质及需求特点

这里包括员工所受的传统文化影响的状况、社会经历、教育水平、道德水平、心理期望、满足度、行为方式等等。只有正确评价和把握员工素质状况及需求特点,才能设计出相应的企业文化,使员工对定格后的企业文化乐意接受、自觉认同。

5.企业现有的文化理念及其适应性

管理者应当了解企业员工的基本价值取向、情感、期望、需要,如员工对企业的满意度、对自己工作的认识、工作动机、士气、人际关系倾向、变革意识、参与管理的意向等,以及这些价值观念、经营思路、行为准则和企业发展目标、外部环境是否和谐,通过对现有文化的了解和评价,能进一步决定企业文化再造时的取舍。

6.企业发展面临的主要矛盾和障碍

企业发展中面临的矛盾、障碍往往可能成为变革现有文化、建设新文化的突破口,即所谓从危机中寻找出路。如有些企业管理混乱、浪费惊人,有些企业人才大量外流,员工士气低落、人心涣散。管理者如果能对这些矛盾和问题进行深入分析找出原因,然后有针对性地提出新的、积极的、向善的理念,就可能引起员工的共鸣,有效地建设新的企业文化。

7.企业所处地区的经济与人文环境

企业所处社会环境会直接影响企业的经营思想、经营方式以及员工的价值观念和追求。如中国沿海地区倾向于开放、精明、创新、竞争、冒险,内地则倾向于勤勉、重关系、重面子,虽然这些因素可能体现得比较模糊,不十分绝对,但管理者也应对这些因素给予足够的重视。

(二)企业文化理念的定格设计

企业文化的定格设计是在分析、总结、评价企业现有文化状况的基础上,充分考虑到企业内外环境因素的影响,然后用确切的文字,把主导的企业价值观念、道德观念、行为准则表述出来,形成固定的文化体系。

企业文化理念体系的定格设计大体包括以下内容:企业的事业领域、企业的使命和战略目标、企业的基本价值观念、企业伦理道德和职业道德、企业精神及企业风尚、企业经营理念及经营方针、企业管理理念及人才观念、企业服务理念及服务规范、员工基本行为准则等等。

(三)企业文化的传播、推展与实践巩固

1.企业文化理念的灌输与传播

要使企业文化理念尽快地得到员工的认同并转化为行为方式,积极的灌输和有效的传

播十分重要,具体措施包括以下几方面:

组织编写企业文化手册。对企业文化理念进行详尽的诠释,附加案例、插图等,编成精美的小册子,作为企业文化培训和传播的蓝本。

举办文化理念导入仪式。文化理念定格、编写成册后,公司应举办隆重热烈的导入仪式,请全体员工(或代表)参加,同时邀请上级领导、重要客户专家及新闻媒体参加,颁发企业文化手册,进行企业文化理念内容的发布,启动新文化传播和建设工程。

强化文化训导。企业领导人联系企业实际,通过理念报告会形式,向全体管理人员和员工阐述企业文化理念的内在含义;企业宣传部门、培训部门编写更详尽的企业文化培训教材,对员工、新员工进行培训教育;举办不定期的企业文化讲座。

开展经常性的文化演讲和传播活动,包括员工演讲、企业内部刊物征文以及墙报、宣传栏等形式,开展经常性的企业文化宣传、传播工作。

利用或"制造"重大事件,如重大的技术发明、改革措施,生产经营管理的成功事件或事故,企业参加的社会公益活动,等等,强调某一事件给企业带来的积极意义或损失,并从价值观念层次分析其中的原因、含义,直接触及员工的心灵甚至灵魂,使员工受到教育和启发,从而更接受企业文化所倡导的价值观念和行为方式。

2.企业文化的推展和实践巩固

再好的文化理念,如果不能有效地转化为人们的行为方式,就没有实现它的价值。因此管理者需要采取一系列措施,使企业文化理念转变成员工可执行的规范、可模仿的标版,积极实践,由无形状态转化为有形状态。具体可通过以下的方式进行。

(1)积极创造适应新文化的条件。如推行科学管理和民主管理,开发人力资源,加强员工道德、业务的培训,创造民主、和谐的氛围等。

(2)利用制度、行为准则、行为规范等进行企业文化的强化。要巩固无形的价值理念,不能只停留在口头,而应寓无形于有形之中,把它渗透到企业的规章制度、政策、标准之中,使员工在从事具体工作的过程中时时感受到企业文化的引导。

(3)以各种活动为载体,推行企业文化,如生产劳动竞赛、读书会、文艺晚会、体育活动、征集员工建议等等。在这些活动的组织、实施中始终围绕企业文化的主题,让员工潜移默化地接受企业文化。

(4)企业领导以身作则,率先垂范。企业领导者是企业文化建设的关键人物,从程序上说,企业文化是由高层领导自上而下地设计、倡导的,而且一定是向善的,要求人们克服人性中自私、自我中心的弱点。这样就更需要高层管理者不仅倡导,还必须身体力行,做好表率。如果管理者自己并不真正信奉企业文化所倡导的价值观念,自己也只停留在喊口号的层面,那么企业文化建设只能流于形式,再好的理念、再优美上口的文字也只能陷入空谈,而且久而久之会在企业形成浮夸、虚伪的恶劣风气,可能对企业发展形成致命的伤害。

(5)鼓励正确行为,建立激励机制。企业价值观念的最终形成是一个个性心理的积累过程,这一过程需要不断地强化。根据心理学的研究成果,人的行为只有受到鼓励后,才能再现,并逐步从行为层面内化到心灵、精神层面。而且对先进人物以及正确行为的肯定、鼓励,也能给其他人树立榜样,从而产生模仿效应,因此鼓励、表扬、奖赏、升职是企业文化建设中十分重要的环节。

⇨【思辨策划 DIY 4-7】

　　尝试选择一家你熟悉或感兴趣的企业,如茶馆、美容院、快递公司、幼儿园、贸易公司、花店等等,并为其设计一套较完整的企业文化建设方案。

⇨【思辨策划 DIY 4-8】

　　企业文化的推展与传播在时间和过程方面会体现怎样的特点,为什么?

⇨【复习题】

1.如何理解和界定企业文化的概念?

2.试论述企业文化管理产生及其代表了管理趋势之一的必然性。

3.企业文化包含哪几层内容?

4.企业文化有何特征?

5.企业文化有何功能?

6.建设企业文化一般应遵循怎样的程序?

第五章

战略管理

> > >   >

从前,有两位在同一产业相互竞争的公司经理,他们正在进行一次野营以商讨可能的两公司合并。当他们共同走入密林深处时,突然遇到一只灰熊,灰熊直立起身子向他们吼叫。其中一位经理立即从背包中取出一双运动鞋,另一位经理忙说:"喂,你不要指望跑得过熊。"那经理回答道:"我可能跑不过那只熊,但肯定能跑得过你。"这个小故事形象地比喻了战略管理活动的意义,即实现和保持竞争优势,谋求企业的生存和发展。

在本章里,主要探讨什么是企业战略和怎么进行战略管理两个问题。关于企业战略,本章第一节重点阐述了企业战略的定义、特征、原则、构成要素以及战略管理的一般过程。在介绍企业战略基本概念的基础上,本章第二节着重阐述了战略的制定、实施、评价和控制等战略管理的一般过程。通过本章的学习,读者应能够掌握企业战略管理的一些基础知识,从而对实际企业的战略制定及其管理有一定的分析探测能力。

第一节　战略管理概述

一、战略管理定义(Strategy Management)

(一)战略定义

什么是企业战略?从企业未来发展的角度来看,战略表现为一种计划(Plan)。而从企业过去发展历程的角度来看,战略则表现为一种模式(Pattern)。如果从产业层次来看,战略表现为一种定位(Position)。而从企业层次来看,战略则表现为一种观念(Perspective)。此外,战略也表现为企业在竞争中采用的一种计谋(Ploy)。这是关于企业战略比较全面的看法,即著名的 5P 模型(Mintzberg,1998)。

　　【思辨策划 DIY 5-1】

5p 模型中的五个方面有内在联系吗?

根据学者们对企业战略的认识,我们可以把战略的定义概括为:战略是企业在充分了解市场环境和分析自身条件的基础上,为求得长期发展,通过适应未来环境的变化,对企业发展目标、实现目标的途径和手段所进行的总体谋划。具体地说,经营战略是在符合和保证实现企业使命条件下,在充分利用环境中存在的各种机会和创造新机会的基础上,确定企业同环境的关系,规定企业从事的事业范围、成长方向和竞争对策,合理地调整企业结构和分配企业的全部资源。

> 战略第一要明白谁是你的客户。第二点,你为他们创造什么样的价值。第三,你怎么传递这些价值到你的客户上面,还要考虑到竞争对手,有很多要素。
>
> ——马云

(二)战略管理的定义

战略管理是指,企业确定其使命,根据组织外部环境和内部条件设定企业的战略目标,为保证目标的正确落实和实现进行谋划,并依靠企业内部能力将这种谋划和决策付诸实施,以及在实施过程中进行控制的一个动态管理过程。

二、战略管理的特点

企业战略管理是企业在宏观层次通过分析、预测、规划、控制等手段,实现充分利用本企业的人、财、物等资源,以达到优化管理,提高经济效益的目的。企业战略管理是对企业战略的设计、选择、控制和实施,直至达到企业战略总目标的全过程。战略管理涉及企业发展全局性、长远性的重大问题。诸如企业的经营方向、市场开拓、产品开发、科技发展、机制改革、组织机构改组、重大技术改造、筹资融资等等。战略管理的决定权通常由总经理、厂长直接掌握。企业战略管理具有以下特点:

(一)整体性

企业战略管理的整体性包括两个方面的含义:首先,将企业战略看成一个完整的过程来加以管理。其次,它将企业视为一个不可分割的整体。

企业战略管理强调整体优化,而不是强调企业某一个战略单位或某一个职能部门的重要性。企业战略管理通过制定企业的宗旨、目标、战略和决策来协调企业各个战略经营单位、部门的活动。

(二)长期性

企业战略管理关心的是企业长期、稳定和高速的发展。企业战略管理的时间跨度一般在 3 年以上,5~10 年之内。

(三)权威性

战略管理重视的是企业领导者按照一定程序,对企业重大问题做出抉择并将其付诸实施的过程。企业战略是有效经营的必要前提,要充分发挥战略的整体效益功能,它就必须具有权威性。

(四)环境适应性

企业战略管理重视的是企业与其所处的外部环境的关系,其目的是使企业能够适应、利用环境的变化。企业是与社会不可分割的一个开放组成部分,它的存在和发展在很大程度上受其外部环境因素的影响。

三、战略管理的作用

它具有以下几个方面的作用：

1. 重视对经营环境的研究

由于战略管理将企业的成长和发展纳入了变化的环境之中,管理工作要以未来的环境变化趋势作为决策的基础,这就使企业管理者们重视对经营环境的研究,正确地确定公司的发展方向,选择公司合适的经营领域或产品—市场领域,从而能更好地把握外部环境所提供的机会,增强企业经营活动对外部环境的适应性,从而使二者达成最佳的结合。

2. 重视战略的实施

由于战略管理不只是停留在战略分析及战略制定上,而是将战略的实施作为其管理的一部分,这就使企业的战略在日常生产经营活动中,根据环境的变化对战略不断地评价和修改,使企业战略得到不断完善,也使战略管理本身得到不断的完善。这种循环往复的过程,更加突出了战略在管理实践中的指导作用。

3. 日常的经营与计划控制,近期目标与长远目标结合在一起

由于战略管理把规划出的战略付诸实施,而战略的实施又同日常的经营计划控制结合在一起,这就把近期目标(或作业性目标)与长远目标(战略性目标)结合起来,把总体战略目标同局部的战术目标统一起来,从而可以调动各级管理人员参与战略管理的积极性,有利于充分利用企业的各种资源并提高协同效果。

4. 重视战略的评价与更新

由于战略管理不只是计划"我们正走向何处",而且也计划如何淘汰陈旧过时的东西,以"计划是否继续有效"为指导重视战略的评价与更新,这就使企业管理者能不断地在新的起点上对外界环境和企业战略进行连续性探索,增强创新意识。

⇨【实 例 5-1】

日本企业之所以能成功地超过美国,其原因之一就是重视企业战略的研究。据统计,日本企业已有 97% 实施了战略规划,并将其视为企业发展的法宝。很多国家包括我国的企业也都在学习日本企业,制定出较为明确的企业战略。

20 世纪 80 年代初,欧洲一家杂志社对许多知名企业的高层领导进行了调查,了解他们的时间是如何安排的。结果表明,这些高层领导有 2/5 的时间用于企业的经营战略研究。这正如美国通用电器公司董事长威尔逊所说:"我整天没有做几件事,但有一件做不完的工作,那就是制定战略,规划未来。"

有了判断你就要行动,就要坚决执行,否则要战略做什么?

——孙宏斌

战略不仅在于知道做什么,更重要的是,要知道停下什么。

——乔·图斯

第二节 战略管理实务

> 战略制定者的绝大多数时间不应该花费在制定战略上，而应该花费在实施既定战略上。
>
> ——亨利·明茨伯格

在实践中，企业战略管理是一个复杂的系统过程，但概括而言，可分为三大部分：战略制定、战略实施、战略评价。

一、战略制定

（一）企业战略的分析方法

战略制定建立在环境分析基础上。如何分析企业的综合环境进而进行战略决策，国内外的专家、学者提出了许多方法。以下着重讲述几种适合我国企业发展特点的分析方法。

1. SWOT 分析法

SWOT 分析法是战略管理中环境分析的常用方法之一。所谓 SWOT 分析，就是将企业的各种主要内部优势因素（strengths）、劣势因素（weakness）和外部机会因素（opportunities）和威胁因素（threat），通过调查罗列出来，并依照一定的次序按矩阵形式排列起来，然后运用系统分析的思想，把各种因素相互匹配加以分析，从中得出一系列相应的结论。

SWOT 分析实际上是对企业内外部条件各方面内容进行综合和概括，进而分析组织的优劣势、面临的机会和威胁的一种方法。其中，优劣势分析主要是着眼于企业自身的实力及其与竞争对手的比较，而机会和威胁分析将注意力放在外部环境的变化及其对企业的可能影响上。但是，外部环境的同一变化给具有不同资源和能力的企业带来的机会与威胁却可能完全不同，因此，两者之间又有紧密的联系。

SWOT 分析的基础是构造 SWOT 矩阵。这个过程一般包括八个步骤：（1）列出公司的关键外部机会；（2）列出公司的关键外部威胁；（3）列出公司的关键内部优势；（4）列出公司的关键内部劣势；（5）将内部优势与外部机会相匹配，把作为结果的 SO 战略填入格中；（6）将内部劣势与外部机会相匹配并记录得出的 WO 战略；（7）将内部优势与外部威胁相匹配并记录 ST 战略；（8）将内部劣势与外部威胁相匹配并记录 WT 战略。

SWOT 分析矩阵的基本结构如图 5-1 所示。

	内部优势(S) 1.…… 2.…… 3.……	内部劣势(W) 1.…… 2.…… 3.……
外部机会(O) 1.…… 2.…… 3.……	SO 战略 依靠内部优势 利用外部机会	WO 战略 利用外部机会 克服内部劣势
外部威胁(T) 1.…… 2.…… 3.……	ST 战略 依靠内部优势 回避外部威胁	WT 战略 减少内部劣势 回避外部威胁

图 5-1　企业 SWOT 分析矩阵的基本结构

⇨【实 例 5-2】

某电子公司进行 SWOT 分析的一部分。

表 5-1　对某电子公司进行的 SWOT 分析

优势与劣势　　　　　　机会与威胁	优势 1.资金较为雄厚； 2.进入这个市场较早； 3.有比较完整的销售网络； 4.统计技术比较先进； 5.居于市场领先地位,占有投资咨询行业相当的份额； 6.知名度较高。	劣势 1.监控系统是模拟式； 2.成本较高； 3.一次性投入大。
机会 1.中国市场化进程向纵深延伸； 2.电子数字化程度不断提高； 3.其他城市需求也在扩大。	SO 战略 应该以市场主导的身份力争扩大市场供给,以满足日益增大的市场需求	WO 战略 应该努力降低成本,以更低的价格抢占市场
威胁 1.由于地方保护主义,致使有些分市场比较难以进入； 2.竞争者的实力相对较强； 3.日记形式的监测系统因为成本便宜依然占据一定的市场空间。	ST 战略 应该首先进入市场化程度较高的沿海大城市,用更快的速度抢占市场,使得我们在竞争中处于更加有利的位置	WT 战略 应该先用模拟式的监测设备抢占市场,然后根据电视数字化的进程逐步更新设备

　　在完成环境因素分析和 SWOT 矩阵的构造后,便可以制定出相应的行动计划。制定计划的基本思路是:发挥优势因素,克服劣势因素,利用机会因素,化解威胁因素;考虑过去,立足当前,着眼未来。运用系统分析的综合分析方法,将排列与考虑的各种环境因素相互

匹配起来加以组合,得出一系列公司未来发展的可选择战略。这些战略如图 5-2 所示。

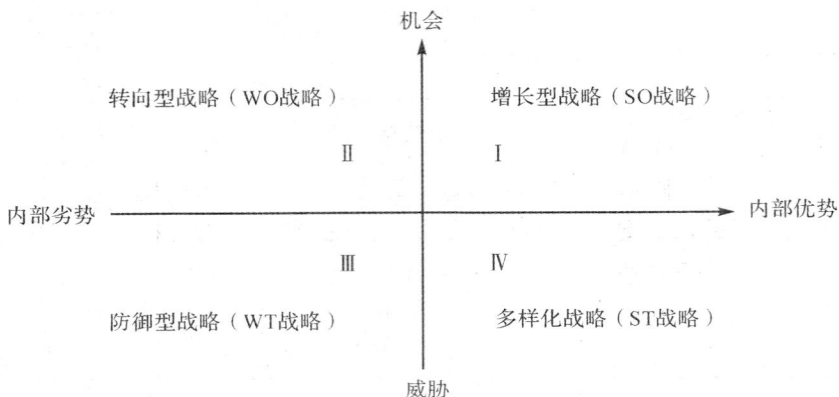

图 5-2　战略地位评估矩阵

第 I 象限的企业,具有很好的内部优势及众多的外部机会,应当采取增长型战略,具体有集中化战略、中心多样化战略、垂直一体化战略等。企业通过严格的成本控制,以价格作为主要竞争手段,在激烈的竞争中进一步发挥企业的市场优势。

第 II 象限的企业,面临巨大的外部机会,却受到内部劣势的限制,应采取转向型战略,在弥补和消除内部劣势的同时,最大限度地利用外部环境带来的机会。

第 III 象限的企业,内部存在劣势,外部面临强大的威胁,应采取防御型战略。这时企业没有实力实施扩张战略,因此适合采取比较保守的战略,以避开威胁并逐渐消除劣势。

第 IV 象限的企业,具有一定的内部优势,但外部环境存在威胁,应采取多样化经营战略。可以利用自己的优势,同时通过多种经营来分散环境带来的风险。

通过 SWOT 分析和战略地位评估,企业可以了解内部条件和外部环境的共同作用,明确自身的战略地位,并初步选定企业可能采取的竞争战略类型。

最小与最小对策(WT 对策),即着重考虑劣势因素和威胁因素,目的是努力使这些因素都趋于最小。

最小与最大对策(WO 对策),即着重考虑劣势因素和机会因素,目的是努力使劣势趋于最小,使机会趋于最大。

最小与最大对策(ST 对策),即着重考虑优势因素和威胁因素,目的是努力使优势因素趋于最大,使威胁因素趋于最小。

最大与最大对策(SO 对策),即着重考虑优势因素和机会因素,目的在于努力使这两种因素都趋于最大。

可见,WT 对策是一种最为悲观的对策,是处在最困难的情况下不得不采取的对策;WO 对策和 ST 对策是一种苦乐参半的对策,是处在一般情况下采取的对策;SO 对策是一种最理想的对策,是处在最为顺畅的情况下十分乐于采取的对策。

🖙【思辨策划 DIY 5-2】

S、W、O、T 分别是什么意思? 请列出某房地产公司的 SWOT 分析矩阵。

2. 投资组合分析法——波士顿咨询公司(BCG)的业务包理论

西方企业把投资问题与经营决策紧密地联系在一起,对重大的经营活动都要进行认真分析,论证其投资的必要性、可能性和经济效益,并在此基础上分配资金、决定投资,这就是进行可行性研究。可行性研究在企业经营决策中的应用,是西方企业业务投资组合计划的具体反映。它是在对企业外部环境和内部条件进行调查研究、分析企业面临的发展机会和挑战的前提下,明确企业当前和未来的经营方向,提出希望达到的目标,在需要与可能的基础上,研究制定可行的经营方案。可行方案应该有多个不同的组合,以便比较和进行全面评价,并从中选择一个满意方案。波士顿咨询公司的"业务包"理论就是其中运用较为广泛的方法。

波士顿咨询公司(BCG)认为所有业务都是在几个经济上互不相同的产品——部门中运行的,一个企业内部的这些业务的集合称作它的"业务包"。"业务包"理论主张,对一个企业业务包内的每一种业务,都应该建立一个独立的战略。BCG 提出,一个企业的相对竞争地位(市场份额)和业务增长率是决定一个企业的整个业务包内某一特定业务单位应当采取战略的两个基本参数。相对竞争地位(市场份额)决定一项业务产生现金流量的多少,一个与其竞争对手相比占有相对较高的市场份额的企业一般拥有较高的利润幅度并因而提供较高的现金流量。另一方面,业务增长率对一个企业的战略选择具有双重影响。首先,业务增长率影响获得市场份额的难易程度。在一个增长缓慢的业务领域,一个企业市场份额的增加通常来自它的竞争对手市场份额的下降;其次,业务增长率决定了一个企业进行投资的机会水平,增长着的业务领域为一个企业把现金回投于该领域并获得较好的利润回报提供了机会。当然,这一机会同时也给企业带来一些问题,因为某项业务领域增长越快,为支撑这一增长所需要的现金量就越多。

在利用 BCG 矩阵进行战略方案评价时,波士顿咨询公司建议采取以下步骤:第一,将公司分成不同的经营单位,实际上公司建立战略经营单位(SBU)组织时,就已经做了这一步,在矩阵中,圆圈用来表示每一经营单位;第二,确定经营单位在整个公司中的相对规模,相对规模的度量尺度是经营单位的资产在公司总资产中的份额和经营单位的销售额占公司总销售额的比重,在矩阵中,圆圈面积代表着经营单位的相对规模;第三,确定每一经营单位的市场增长率;第四,确定每一经营单位的相对市场占有率;第五,绘制公司整体经营组合图(见图 5-3);第六,依据每一经营单位在公司整个经营组合中的位置选择适宜的战略。

BCG 把企业内部的业务单位划分为以下四种战略类型,如图 5-3 所示。

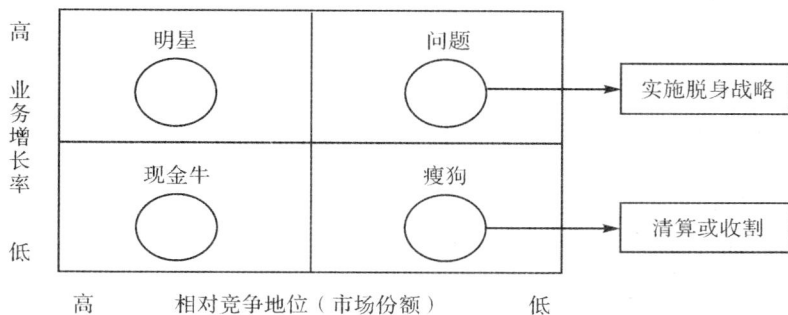

图 5-3　公司整体经营组合图

(1)"现金牛"型

该业务单位具有低业务增长率和高市场份额。由于高市场份额,利润和现金产生量应当较高。而较低的业务增长率则意味着对现金的需求量也较低。于是,大量的现金余额通常会由"现金牛"创造出来。它们为全公司的现金需求提供来源,因而成为公司的发展基础。

(2)"瘦狗"型

指那种具有低市场份额和低业务增长率的业务部门或单位。低市场份额通常暗示着较低的利润。而由于其业务的增长率也较低,故为提高其市场份额而进行投资通常是不合算的。但该部门为维持其现有竞争地位所需要的现金往往大于它所创造的现金量。因此"瘦狗"型单位的战略方案是清算,即用"收割"或"清算"来处理。

(3)"问题"型

这类业务部门或单位具有低市场份额和高业务增长率。由于其增长,他们的现金需求量较高;而由于其市场份额所限,他们的现金产量又较低。由于其较高的业务增长率,对"问题"采取的战略之一应当是进行必要的投资以获取增长的市场份额,并促使其成为一颗"明星"。当其业务增长率慢下来之后,该单位于是就会成为一头"现金牛"。另一种战略是对那些管理部门认为不可能发展成为"明星"的"问题"实施脱身战略。

(4)"明星"型

这种类型的业务部门或单位具有高增长率和高市场份额。由于高增长率和高市场份额,"明星"运用和创造的现金数量都很巨大。"明星"一般为企业提供最好的利润增长和投资机会。很明显,对于"明星"的最好的战略是进行必需的投资以保持其竞争地位。

BCG 的业务包理论也有它的局限性。难点之一是如何确定企业在一个复杂的行业中的市场份额;难点之二是"瘦狗"型部门或单位的命运。BCG 的方法中对"瘦狗"型部门或单位通常是被清算。然而有人指出,一个低利润业务领域的经营活动通过治理和整顿,可以使之成为具有较高盈利的业务。一些研究显示,管理较好的"瘦狗"有可能成为现金创造者。

3. PEST 分析模型(PEST Analysis)

PEST 分析是战略咨询顾问用来帮助企业检阅其外部宏观环境的一种方法,是指宏观环境的分析。宏观环境又称一般环境,是指影响一切行业和企业的各种宏观力量。对宏观环境因素作分析,不同行业和企业根据自身特点和经营需要,分析的具体内容会有差异,但一般都应对政治(Political)、经济(Economic)、技术(Technological)和社会(Social)这四大类影响企业的主要外部环境因素进行分析。简单而言,称之为 PEST 分析法。如图 5-4 所示。

4. 波特五力分析模型

五力分析模型是迈克尔·波特(Michael Porter)于 20 世纪 80 年代初提出,对企业战略制定产生全球性的深远影响。用于竞争战略的分析,可以有效地分析客户的竞争环境。五力分别是:供应商的讨价还价能力、购买者的讨价还价能力、潜在竞争者进入的能力、替代品的替代能力、行业内竞争者现在的竞争能力。五种力量的不同组合变化最终影响行业利润潜力变化。

五种力量模型将大量不同的因素汇集在一个简便的模型中,以此分析一个行业的基本竞争态势。五种力量模型确定了竞争的五种主要来源,即供应商和购买者的讨价还价能力,潜在进入者的威胁,替代品的威胁,以及最后一点,来自目前在同一行业的公司间的竞争。一种可行战略的提出首先应该包括确认并评价这五种力量,不同力量的特性和重要性因行业和公司的不同而变化。如图 5-5 所示。

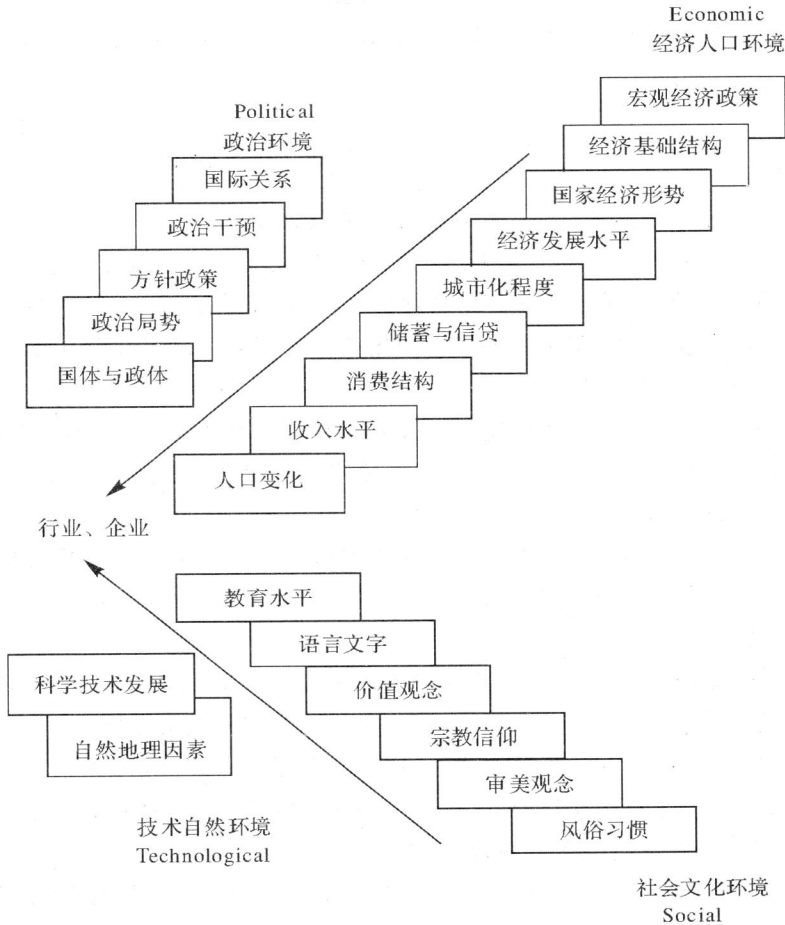

图 5-4　PEST 分析模型(PEST Analysis)

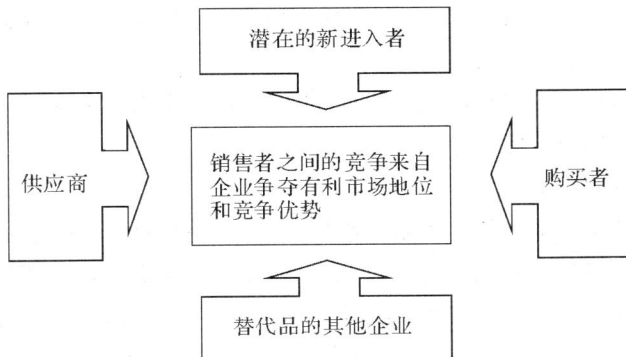

图 5-5　战略控制过程

▣➔【思辨策划 DIY 5-3】

用波特的"五力"模型全面分析耐克和阿迪达斯。

除非战略评价被认真地和系统地实施，也除非战略制定者决意致力于取得好的经营成果，否则一切精力将被用于为昨日辩护，没有人会有时间和精力开拓今天，更不用说去创造明天。

——彼得·德鲁克

(二)战略选择的影响因素

战略选择过程是做出选定某一战略方案的决策过程，拟定和评价可供选择的战略方案，是进行这个战略决策过程必不可少的先决条件。在大多数情况下，战略评价过程提供给战略决策者的是若干种可行方案。在这种情况下，决策者就要考虑多种因素，进行多方面的权衡。通常，影响战略决策者选择某一特定战略的因素有以下五个方面：

1. 企业对外部环境的依赖性影响

任何企业都存在于它的外部环境中，而环境受股东、竞争对手、顾客、政府和社区的影响，企业的生存对这些因素的依赖程度影响着战略选择过程。企业对外部依赖程度越高，企业选择战略的灵活性就越小。

企业经营面对的市场在不断变化，这也影响着战略选择。如果企业面对的市场变化程度较大，则相应的企业的战略需要具有较大的灵活性。

2. 管理者对待风险的态度

管理者对待风险的态度影响着战略选择的决策。有些管理者极不愿承担风险，而另外一些管理者却乐于承担风险。不同的风险态度会导致不同的战略选择。

如果管理者认为，风险对于成功是必不可少的，并乐于承担风险，则企业通常采用进攻性战略，接受或寄希望于高风险的项目，在他们被迫对环境变化做出反应之前就已经做出了反应。这类管理者考虑的战略方案范围较广泛。

如果管理者认为风险是实际存在的，并敢于承担某些风险的话，则管理者就会试图在高风险战略和低风险战略之间寻求某种程度的平衡，以分散一定的风险。

若管理者认为冒较高的风险将毁灭整个企业，则他考虑的战略选择方案需要减低或回避风险。他们可能采取防御性的或稳定发展的战略，而拒绝承担那些高风险的项目，倾向于在稳定的环境中经营。

归纳起来说，管理者对待风险的态度，会增加或减少他们所考虑的战略方案的数目，并增加或降低采用某一特定战略方案的可能性。

3. 企业过去战略的影响

对于大多数企业来说，过去的战略是战略选择过程的起点，这就使得新考虑的多数战略方案受到企业过去战略的限制。过去的战略对以后的战略选择有影响，战略选择过程更多的是一种战略演变过程。当人们要对过去选择的执行方案的不良后果负个人责任时，他们总是将最大数量的资源投入过去选择的执行方案之中。这可以部分地说明为什么在改变过去的战略时，往往需要更换高层管理人员，这是因为新的管理者较少地受到过去战略的约束。

4.企业中的权力关系

权力是指某个人影响另一个人或群体去做某些事情的能力。在企业中,权力关系的存在是个关键的事实。在大多数企业中,如果一个权力很大的高层管理者支持某一战略方案,它往往就成为企业所选择的战略,并且得到一致意见的拥护。例如福特汽车公司的小福特、IBM 的老沃森、国际电报电话公司的哈罗得等这些有权势的总经理,都曾经大大地影响过所在企业的战略选择。从某种意义上说,人品也会影响到战略选择。主要管理者喜欢什么以及尊重什么等,都与选择什么样的战略有关。总之,权力关系或企业政治对战略选择有重大影响。

5.中层管理人员和职能人员的影响

中层管理人员和职能人员对战略选择有重大影响。如果中层管理人员和公司计划人员参加战略选择过程,则他们倾向于向高层管理人员推荐那些低风险、渐进式推进的战略选择,而非高风险和突破性的选择。一般来说,他们对战略方案做出的建议和评价,总是与过去的战略差异不大,较少冒风险。

二、战略的实施

在战略实施中,最重要的管理问题包括制定年度目标、制定政策、配置资源、处理冲突等。

(一)建立年度目标

建立年度目标是由企业中所有管理者直接参与的一项分散化的活动。积极参与年度目标的制定可以加强管理者的认同感和责任感。年度目标对于战略实施非常重要,企业应当投入相当多的时间和努力,以保证年度目标恰当合理、与长期目标一致并支持企业战略的实施。

企业年度目标的作用是:年度目标可以作为指引企业成员的行动方向和努力的准则。它通过向利益相关者论证企业活动的合理性而为企业的经营提供依据。它还为企业的运作提供了标准。年度目标是激励企业员工并使他们加强自我认知的重要动力。它促使管理者和雇员努力工作并为企业组织的设计提供了基础。

(二)制定政策

公司战略方向的改变不是自发的。实施企业战略,需要有具体政策来指导日常工作。广义的政策是指具体的准则、方法、程序、规则及支持和鼓励为实现既定目标而努力工作的管理活动。政策是战略实施的工具,政策为奖励和惩罚员工行为的各种管理活动设立了界限、约束与标准。政策还明确了在追求企业目标时可以做什么和不可以做什么。

政策使管理者和员工清楚企业期望他们做什么,进而提高了战略被成功实施的可能性;政策为管理控制活动提供了基础,并可协调各组织间的关系,还可减少管理者用于决策的时间;政策明确了谁应该做什么工作;政策将决策权力适当地委派给各个有着自己不同职责的管理层次。

很多企业都有自己的用于指导员工行为的政策手册。有些政策可以被用于所有的分公司和职能部门,有些政策则仅适用于某一部门。无论其范围和形式如何,政策都是一种实施战略和实现目标的工具。政策在可能的条件下都应当以书面的形式予以陈述，它是实施战略决策的手段。

（三）资源配置

资源配置是战略管理中的一项中心活动。战略管理使资源能够按照年度目标所确定的优先顺序进行配置。所有企业都至少拥有四种可以用于实现预期目标的资源：财力资源、物力资源、人力资源及技术资源。将资源分配到特定的部门并不意味着战略可以被成功地实施。在企业中常常存在一些妨碍资源有效配置的因素，如过度保护资源、过于强调短期财务指标、战略目标不明确、不愿承担风险和缺乏足够知识等。

任何资源配置计划的真正价值都在于导致企业目标的实现。有效的资源配置还不能保证成功的战略实施，因为现有资源只有通过计划、人员、控制和责任心才能发挥作用。战略管理本身有时也被称为是"资源配置的过程"。

（四）处理冲突

目标间的相互依赖和为得到有限资源而进行的竞争往往导致冲突。冲突可以被定义为双方或更多方在一个或多个问题上的分歧。年度目标的建立可以导致冲突，其原因包括人们各不相同的期望和观念，计划带来的压力，人们个性的不合，部门及人员间的误解等等。例如，收款负责人在某年将坏账减少50%的目标就可能会同销售部使销售增加20%的目标相冲突。

在企业整体计划的建立过程中也会发生冲突，其原因在于管理者和战略家必须在如下矛盾因素间做出权衡：短期盈利与长期增长、盈利率与市场份额、市场渗透与市场开发、增长与稳定、高风险与低风险、社会责任与企业盈利等等。在企业中，冲突是不可避免的，但冲突并不总是坏事。冲突的消失往往会缺乏热情和漠不关心，冲突可以激发对立群体采取行动进而使管理者发现问题。

处理与解决冲突的方法可以被分为三类：回避、缓解和正视。回避方法包括无视问题而寄希望于冲突的自行解决，或将相互矛盾着的个人或群体进行分离。缓解方法包括减弱矛盾双方的冲突、强调双方的共同点和共同利益、通过妥协使双方不分胜负、少数服从多数、请求最高级权威裁决或改变目前立场。正视方法包括对立双方交换人员以便促进相互理解，专注于诸如公司生存这样的更高层次的目标，或召开会议使对立双方各抒己见、解决分歧等。

三、战略评价与控制

（一）战略评价

战略评价是企业战略管理中的关键环节，它要求决策者对多种可行的被选战略，应用有关的评价标准，最终优选出将要付诸实施的战略方案。

战略方案的分析评价标准，一般是将它们分成三类：适用性、可行性和可接受性。

1. 适用性

"适用性"是一种评估标准，用来评估所提出的战略对企业情况的适应程度，以及如何保持或改进企业的竞争地位。这个标准也可称为"一致性"。适用性是筛选战略的一个常用的标准。

在评估战略的适应性时,可提出下列一些问题:

(1)该战略完全利用企业的优势或环境提供的机会了吗?

(2)该战略将在战略分析中发现的问题(资源劣势和环境威胁)解决到什么程度?

(3)它与企业的目标一致吗?

2.可行性

对战略可行性的评价就是分析是否能成功地实施该战略。该战略所提出的变化的范围应是企业资源所能够承受的。对可行性的评价在确定战略方案时就已经开始了,并且一直要贯穿到实施战略的细节的计划过程。评价战略的可行性,需要提出许多重要的问题。例如:

(1)该战略的实施有资金支持吗?

(2)企业有能力达到要求的经营水平(如质量水平、服务水平)吗?

(3)企业能实现理想的市场占有率吗? 企业具有所必需的营销技巧吗?

(4)企业能应对竞争的局面吗?

(5)企业如何实现相应的管理和经营能力?

(6)具有能有效地进行竞争的技术(关于产品和过程的技术)吗?

(7)能获得所必需的材料和服务吗?

3.可接受性

评估战略的第三个标准是可接受性。可接受性与人们的期望密切相关。因此,需要仔细地分析"谁接受"的问题。我们可以通过下列问题来研究:

(1)从利润率的角度看企业的财务状况将会怎样? 在公共事业组织中,相同的问题是它的成本/收益怎样?

(2)财务风险(如流动性)会怎样变化?

(3)对资本结构(如股份所有权或财务杠杆)产生怎样的影响?

(4)所提出的变动都符合企业内的一般期望(如对更高水平的风险的态度)吗?

(5)各部门、机构、个人的职能变化大吗?

(6)企业与外部利益相关者(如供应商、政府、联盟、顾客)的关系需要改变吗?

(7)这个战略能否被企业的环境所许可?

对利益相关者定位是测试战略可接受性的一种重要方法。显然,一个新的战略不可能是所有利益相关者的理想选择。因此,评估他们的期望很重要。

▷【思辨策划 DIY 5-4】

你认为战略评价的标准还有哪些? 试举例说明。

(二)战略控制

1.战略控制的概念

战略控制是战略实施的保证,它是指监督战略实施进程,及时纠正偏差,确保战略有效实施,使战略实施结果基本上符合预期的计划的必要手段。就是说,企业根据战略决策的目标标准对战略实施的过程进行的控制。

2.战略控制过程的步骤

战略控制过程可以分为以下四个步骤：

（1）制定效益标准

战略控制的第一步就是评价计划，制定出效益的标准。企业可以根据预期的目标或计划制定出应当实现的战略效益。这种评价的重点应放在那些可以确保战略实施成功的领域里，如组织机构、企业文化和控制系统等。

（2）衡量实际效益

管理人员需要搜集和处理数据，进行具体的职能控制，并且监测环境变化时所产生的信号。

（3）评价实际效益

企业要用实际的效益与计划的效益相比较，确定两者之间的差距，并尽量分析形成差距的原因。

（4）纠正措施和权变计划

在生产经营活动中，一旦企业判断出外部环境的机会或威胁可能造成的结果，则必须采取相应的纠正或补救措施。

战略控制过程如图 5-6 所示。

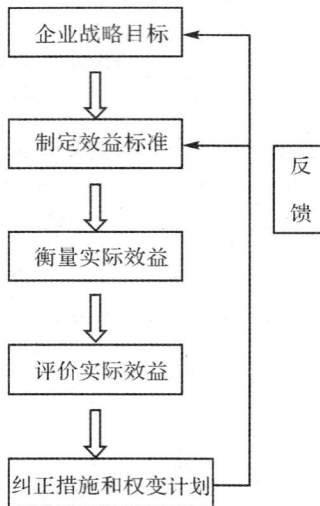

图 5-6　战略控制过程图

☞【复习题】

1.企业战略的含义是什么？企业战略具有哪些基本特征？

2.企业战略管理过程一般包括哪三个阶段？

3.战略决策者选择某一特定战略受哪些因素影响？

4.战略实施主要包括哪些工作？

5.战略方案的分析评价标准有哪些？

6.战略控制过程可以分为哪四个步骤?

7.战略控制有哪些方法和手段?

8.一个企业的竞争优势和竞争劣势主要是指什么?

9.简述企业内部要素评价矩阵的五大步骤。

10.你认为 SWOT 矩阵分析中最关键的是什么?

11.什么是经营组合?

12.选择一个你所熟悉的公司,描述它在战略评价时所使用的战略评价方法或工具。

第六章

企业人力资源管理　　≫　≫　≫　　≫

企业的竞争归根到底是人才的竞争，"人才是一个企业最重要资源"的观念已成共识，大多数企业家认为"企业人力资源是企业不断成功的保证"。而各位同学们在将来找工作、就业过程中，首先打交道、或打交道较多的部门就是人力资源管理部门（假如你就业的公司较小，有关人力资源管理的工作就由业务部门开展）。

因此，对同学们而言，了解人力资源管理究竟是何含义、人资管理做哪些工作、有哪些基本的工作原则，就显得十分重要。通过本章的学习，希望同学们能掌握以上知识，并能理性地看待人力资源管理工作，将来在工作中能有更加得体的表现，以得到企业人力资源管理部门的认可，并为自己赢得良好的职业生涯发展空间。

管理大师德鲁克说，所谓现代管理事实上就是人力资源管理。的确，在国内外竞争日趋激烈的环境下，人力资源的数量和质量已成为推动企业发展的关键因素和企业获取利润的重要手段。企业的兴衰成败、实力强弱已不再取决于企业拥有的物质资本，而取决于企业是否拥有具备创新能力的专业知识人才和高素质员工，他们是企业的一种战略资源，也是国内外企业争夺的焦点。因此，掌握人力资源管理的理论和基础知识已成为学习企业管理知识的重要内容。

第一节　人力资源管理概述

一、人力资源的概念

人力资源是指在一定区域内能够推动生产力发展和创造社会财富的，能进行智力劳动和体力劳动的人们的总称。

就企业而言，人力资源就是指企业内所有与员工有关的资源，包括员工的能力、知识、技术和态度等。在知识经济时代，人力资源是管理中最主要的资源，是推动整个经济和社会发展的最重要的力量。正如台湾塑胶集团总裁王永庆所说："一个公司经营的成败,人的因素最大,属于人的经验、管理、智慧、品行、观念、勤劳等无形资产比有形资产的更重要。因此,企业的经营首需人才。"

⇨【思辨策划 DIY 6-1】

由以上内容可知,人力资源的具体形式为员工的能力、知识、技术、态度。你能否用通俗的语言简要说说这些资源与物质资源相比有何不同?

二、人力资源管理的内涵

(一)人力资源管理的概念

所谓人力资源管理是指企业为实现发展目标,运用科学的理论和方法,对人力资源的取得、开发、保持和利用等方面所进行的系统性管理活动。由此定义可以看出:人力资源管理是一种管理活动,它具有管理活动的一切职能性质;它的目标是实现企业目标;它的职能是企业的局部,但服务于企业的整体;它以企业为背景,以企业内的成员为作用对象。

(二)人力资源管理与传统人事管理

人力资源管理是从传统的人事管理发展而来的,两者在管理体制、管理功能、管理方法等方面都有许多共通之处,但两者也存在明显的区别。

人力资源管理将人视为生产经营中的一种特殊和宝贵的资源,是指对人力资源进行有效开发、合理配置、充分运用和科学管理等一切管理过程的活动。

传统的人事管理把人看作是与物质资源同样可供利用的资源,即需要企业耗费成本开支的简单生产要素——劳动力,从这一着眼点出发考虑如何通过对人的管理工作来提高对该要素的利用效率。一般来说,传统的人事管理基本上属于行政事务性的工作,它主要存在于雇佣关系从发生到结束的运动过程,以对人员的考核、奖惩、职务升降、工资福利待遇等作为主要内容,很少涉及企业人力资源的开发和企业高层战略的决策。

而人力资源管理认同"人本管理"的思想,认为人不仅仅是一种为企业提供劳动力的手段,而应是管理工作本身的"目的"。它把每一个员工都看作宝贵的人力资源,力图将组织的目标和员工个人的目标有机结合起来,注重对人的能力、创造力和智慧潜力的挖掘和发挥。人力资源管理不囿于传统人事管理雇佣关系的范围,它把管理的触角延伸至雇佣关系发生之前(如就业指导、就业培训等),以及雇佣关系结束之后(如人才的二次开发);不仅关心员工的考核、奖惩、职务升降、培训、工资福利待遇等环节的科学性,还运用"社会人"、"复杂人"等理论把管理拓展至人的社会关系、情感世界和心理活动等领域。而且,人力资源管理直接参与企业的决策,关系着企业高层战略目标的实现,在企业管理中占有非常重要的地位。因此,与传统人事管理相比,人力资源管理具有明显的全方位性和综合性。

总体而言,在工作理念和工作方法方面,人力资源管理是对人事管理进行部分否定,并有所创新;在工作职责和内容方面,人力资源管理是在保留原有人事管理全部内容的基础上增加新的内容。

表 6-1　人事管理和人力资源管理的主要区别

项目	人事管理	人力资源管理
员工观、对员工的态度	员工是成本,应控制压缩;命令、独裁	员工是资源,有很大潜力,应开发、激发;主张尊重、信任、善待员工、留住员工、用好员工
工作导向	以事为中心	以人为中心,提高员工工作生活质量(QWL)
职责和内容	相对简单,包括招聘、选拔、工资发放、档案管理,按照人事政策规定办理各种人事手续	较丰富,在人事管理基础上增加许多内容,如员工满意度调查,员工投诉处理、针对将退休员工的心理培训、人性化处理员工的辞退和解聘、员工沟通和心理辅导、职业发展指导,等等
工作者、管理者的姿态	简单地照章办事,掌管人事档案,显得刻板、严谨、高高在上	具有良好的人文修养、权威性、亲和力、善沟通,对人的年龄、阅历等有较高要求

⏏【思辨策划 DIY 6-2】

企业如何才能从传统的人事管理转向现代人力资源管理?

⏏【思辨策划 DIY 6-3】

从事员工投诉接待、处理工作的人力资源工作者应有哪些素质和能力?

⏏【相关链接 6-1】

松下幸之助曾说:"我再三嘱托员工们,在问及本公司生产什么产品时,应回答:'松下既制造电器,也制造人,而且首先是造就人!'"

在 66 岁时,松下幸之助主动辞去社长之职,"从第二线关心公司成长"。晚年,他干了两件大事,一是研究全球发展的大趋势,另一是办学校培养高级人才。

松下幸之助是一位功成名就的世界级企业家。当有人问他为什么能成功,他老实说:"我自己也不很清楚。"后来,他似乎想明白了:"因为我没有什么学问,身体又比较弱,所以我总是用大家的智慧去经营。"

Tips

我们曾看到一些同学,在课堂上学习了先进的人力资源管理理念后,对企业人力资源管理有着很高的期望值、要求企业对自己进行十分人性化的管理,在实习过程中却往往会发现现实并不像书上说的那样。于是他们抱怨公司的人力资源管理不够人性化,对员工不够尊重,甚至发生一些不愉快。这个问题比较复杂、具体,难以一概而论。但作为年轻人,能做的只有克己自律、踏实敬业,以自身良好的风范赢得企业尊重。从某个角度而言,以人为本的管理需要一定的员工素质做基础。

三、人力资源的特点及相应的管理对策

与财务、时间、信息等物质资源相比,人力资源具有以下特点,并要求管理者采取相应的管理对策。

（一）生物性

人力资源的载体是人,而人是有生命的、"活"的资源。故人力资源与人的自然生理特征息息相关。要管理好人力资源,必须首先要了解人。

也就是说,由于管理的对象是有生命的人,所以人力资源管理要关注人的身体健康、生理及物质的需求。

（二）能动性

人不同于自然界的其他生物,人是有思想、有感情的,能够有目的地、有意识地进行活动,能动地认识和改造自然。而且,人不像动物那样被动地发挥趋利避害的本能去接受环境的影响,而是主动地选择与积极适应环境。

也就是说,人有极强的主观能动性,人有思想、情感、思维,有创造的潜能,这是人力资源与其他资源最根本的区别。人力资源管理的主要目的就是提高人的能动性在工作中的实现程度。

（三）社会性

任何人都生活在一定的群体中,人离不开社会,不能像鲁宾逊那样在孤独的小岛上求生。人的劳动是群体劳动,人参加的是社会活动,人具有社会属性,个人创造力受社会环境、文化氛围的影响和制约。人也追求和谐的人际关系,寻求归属感。

人力资源管理应从社会环境、文化环境的角度研究人,并创造有利的企业人文环境,注重团队建设。

⬐➩【相关链接 6-2】

关于人群、群体、团队的通俗解释

人群:结合在一起的人员没有共同的目标。

群体:共同的目标结合在一起做事的那伙人。

团队:比较优秀的群体,和谐、相互信任、相互依赖。

（四）智力性

人类在劳动中创造了机器和工具,通过开发智力,人的自身功能得到扩大,人能进行创造性的劳动,能收集和处理信息。而人的智力具有继承性,人的劳动能力随着时间的推移而得以积累、延续和增强。

智力是人主观能动性的重要基础之一。人力资源管理的任务之一就是通过调动员工积极性,促使员工在工作中充分发挥他们的聪明才智。

（五）动态性

人作为生物有机体,有其生命周期,如幼年期、青壮期、老年期,各个时期的劳动能力各不相同。从社会角度看,人力资源也有培养期、成长期、成熟期和老化期。因此,我们要研

究人力资源的形成、开发、分配和使用的时效性、动态性。

▷【思辨策划 DIY 6-4】

请你尝试分析青年员工、中年员工、老年员工分别有怎样的特点,人力资源管理应分别采取怎样的措施,进行人性化管理?

▷【思辨策划 DIY 6-5】

你即将作为某企业的青年员工,你觉得企业应对青年员工采取怎样的管理措施?

(六)再生性

人力资源基于人口的再生产和劳动力的再生产而具有再生性。而且,人力资源的再生性不同于森林等一般生物资源的再生性,它除了遵循一般生物规律之外,还受到人类意识的支配和活动的影响。人力资源在使用过程中也会出现有形磨损(疲劳、衰老)和无形磨损(人的知识技能和科学技术发展相对的老化、滞后),同时人力资源在使用过程中有独特的可持续开发、丰富再生的过程,包括学习、积累经验、自我更新、自我丰富、自我开发等等。人力资源开发与管理应注重终生教育,加强后期培训与开发,提高德才水平。

▷【相关链接 6-3】

美国著名管理学家彼得·德鲁克认为,"领导人花在人的管理与进行人事决策上的时间,应当远超过花在其他工作上的时间。因为,没有任何别的决策所造成的后果及影响,会像人事决策与管理上出现的错误那样持久而难以弥补。"然而,实际上领导人所做的决策还是不尽如人意,他们的平均成功率不超过33.3%,最多有1/3的决策是正确的,1/3的决策勉强过得去,而另有1/3的决策则是完全失败的。德鲁克遗憾地说,我们对人的管理了解,其实要远比对其他管理领域的了解更多更广,但对人的管理成就却比其他方面管理落后。

——摘自[美]彼得·杜拉克原著,苏伟伦编译,《杜拉克管理思想全书》

第二节　企业人力资源管理实务

人力资源管理是企业经营管理的重要职能。在企业明确目标,建立有效的、灵活的组织机构之后,就必须将工作落实给一些具体的员工,实现人员与岗位的配合,并由他们来达成企业的目标。企业人力资源管理工作概括起来主要围绕四个大的方面展开:选人、育人、用人、留人。如图 6-1 所示。本节内容将按照这一思路进行介绍。

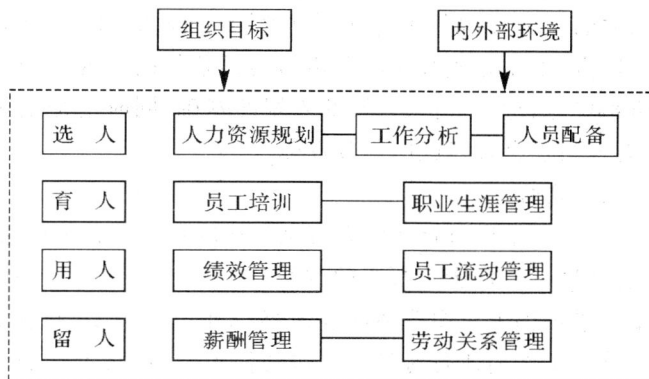

图 6-1 人力资源管理的内容

一、选人

（一）人力资源规划

1. 人力资源规划的含义

所谓人力资源规划，就是根据自身生产经营和发展的需要，结合人力资源现状及其发展趋势的分析，制定全面规划与安排，以确保在适当的时候为适当的职位选配到合适数量和类型的人员，并促进员工的不断成长和发展。

⇨【思辨策划 DIY 6-6】

通过上面对人力资源规划含义的介绍，你认为人力资源规划到底是为了解决哪些问题呢？

2. 人力资源规划的内容

人力资源规划包括两个层次，即总体规划与各项具体规划。人力资源总体规划是有关计划期内人力资源开发利用的总目标、总政策、实施步骤及总预算的安排。人力资源规划所属业务计划包括人员补充计划、人员使用计划、人员接替计划、教育培训计划、薪资计划、退休解聘计划、劳动关系计划等。这些业务计划是总体规划的展开和具体化。

3. 人力资源规划的程序

制定企业人力资源规划的程序一般分为以下几个步骤：分析企业内外部环境和人力资源现状、预测企业人力资源的需求和供给、制定人力资源规划在以上两个步骤的基础上制定企业人力资源规划、企业人力资源规划的评估和控制。

⇨【思辨策划 DIY 6-7】

请同学们调查了解一个企业，然后根据企业的具体情况对其人力资源的需求进行预测。

（二）工作分析

企业要实现自己的总体战略规划，就要制定与之配套的科学合理的人力资源规划，就必须对未来一段时间内的人力资源供求情况做出较为准确的判断。而这种判断是以明确企业各个岗位的工作职责、工作方式及任职资格为前提条件的。这一任务是通过工作分析来完成的。工作分析不仅是企业进行人力资源规划的基础，同时也是企业人力资源管理职能的基础，是企业实现人与事合理匹配的有效保障。

1. 工作分析的含义和内容

工作分析(Job Analysis)是指对企业中某特定工作的相关信息进行收集，以对该工作做出明确规定，并确定胜任这一工作所需行为的过程。

工作分析包括工作描述和工作规范两部分内容，工作分析的结果形成工作描述书和工作规范书两份书面文件。工作描述是对某个岗位的任务、职责及责任的说明。工作规范具体说明从事某项工作的任职者所必须具备的教育背景、工作经验、生理要求和心理要求等。在企业的实际工作中，常常把这两份文件的主要内容编写在一起，称为工作说明书。

⇨【思辨策划 DIY 6-8】

请同学们思考工作分析在企业人力资源管理工作中起到什么作用呢？

2. 工作说明书

信息分析的结果是要用工作说明书来表达的。工作说明书是用文件形式来表达工作分析的结果，其基本内容包括工作描述和工作规范。工作描述一般用来表达工作内容、任务、职责、环境等，而工作规范则用来表达任职者所需的资格要求，如技能、学历、训练、经验、体能等。

工作说明书的基本内容主要由以下三个大的方面构成：

① 基本资料，包括职务名称、直接上级职位、所属部门、工资等级、所辖人员、定员人数、工作性质等。

② 工作描述，包括工作概要、工作活动内容、工作职责、工作结果、工作环境、工作关系和工作人员运用设备说明等。

③ 任职资格说明，包括所需最低学历、需要培训的时间和科目、从事本职工作和其他相关工作的年限和经验、一般能力、兴趣爱好、个性特征（如情绪稳定性、责任心、支配性、主动性等性向特点）、职位所需的性别、年龄特征、体能需求等。

⇨【思辨策划 DIY 6-9】

请你选择一个职务，可以是企业销售人员、秘书，或者是学校的班长、体育委员等等，选择恰当的方法搜集相关信息，结合工作说明书的基本内容，设计一份较完整、规范的工作说明书。

(三)人员配备

1. 人员配备的概念

人员配备是指对组织内人员进行恰当而有效的选拔、培训和考评，配备合适的人员去充实组织机构中所规定的各项职务，以保证组织活动的正常进行，进而实现组织的既定目标。但管理学中的人员配备，主要是指对主管人员进行恰当而有效的选拔、培训和考评。

2.人员配备的原理

（1）职务要求明确原理

首先，由于人员配备的目的是以合适的人员去充实组织机构中所规定的各项任务，职务要求明确可以更好地选配合适的人员；其次，职务不明确，就无法了解主管人员在组织中某个特定职务的相对重要性及其任务，就无法考评他所取得的成果，也无法对主管人员有目的地进行培训。

（2）责权利一致原理

首先，主管人员必须有足够的权力才能担当他应负的责任，才能实施他的计划；其次，职责是主管人员的工作任务，同样也是他的义务，职责是我们考评有相应权力的主管人员的主要内容；再次，主管人员必须也应当得到与其权责相应的待遇，既包括物质上的，也包括精神上的。

只有责权利一致，才能使主管人员盯紧目标，竭尽全力地完成组织赋予他的使命，真正发挥主管人员的作用，从而避免有职无权、职责不明的现象和权、责、利不对等的情况。

（3）公平竞争原理

公平竞争指对竞争各方以同样的规则，公正地进行考核、录用和奖惩的竞争方式。人员配备时必须保证对重要职位竞争的条件、规则、奖惩标准等的公平，对所有人一视同仁，不偏不倚。

（4）用人之长原理

在人力资源管理中，组织的任何人都可以在一定的岗位上发挥作用，关键是为员工创造发挥作用的条件。"人无完人，金无足赤"，每个人都是优缺点共生的。管理者要善于发现人的优点，用人所长。

（5）不断培养原理

不断培养原理，是指任何一个组织，越是想要使其主管人员能胜任其所承担的职务，就越是需要他们去不断地接受培训和进行自我培养。

由于现代社会中，科学技术突飞猛进，人类知识更新的速度空前加快。一个主管人员，即使他是一位刚从大学出来的毕业生，他在校所获得的知识也只是他一生中所需知识的百分之十左右，因此，与现在所提倡的终身教育一样，主管人员必须注意对下级的培养，其本人也要寻求培养的机会和进行自我培养，以适应社会的发展，这是人员配备的整个过程始终要坚持的原则。

⇨【实 例 6-1】

　　狮子与邻国开战，出征前安排大象驮运军需用品，熊冲锋陷阵，狐狸出谋策划当参谋，猴子则充当间谍深入敌后。有动物建议说："驴子反应慢，野兔会动摇军心的，让它们走。"

　　"不！不能这样办。"狮子说，"驴可做司号兵，它发出的号令一定会使敌人闻风丧胆；野兔奔跑迅速，可以在战场上做联络员和通讯员，发挥至关重要的作用。"

　　后来在战争中，果然是每个动物都发挥出了最大的用处，取得了胜利。

　　思考：从寓言中得到的启示是什么？

⟜⟶**【思辨策划 DIY 6-10】**

　　人员配备原理中,体现"知人善任"思想的是哪个原理?

3. 人员选聘

(1)人员选聘的方式与途径

人员选聘的方式与途径主要有以下两种:一是内部招募;二是外部招募。

内部招募就是从组织内部选拔合适的人才来补充空缺或新增的职位。

内部选拔的优点在于:

①从选拔的有效性和可信性来看,内部选拔较为客观。因为组织员工过去的业绩评价资料通常是很容易获得的,管理者也对内部员工的性格、工作动机以及发展潜能等方面有比较客观、准确的认识,能够做到心中有数,因此人事决策就比较容易,成功率也较高。

②从组织文化角度来分析,员工在组织中工作过较长一段时间,已融入组织文化中,认同组织的价值观,因而对组织的忠诚度较高,离职率低。

③从组织的运作模式来看,现有的员工了解组织及其运作方式,能比从外部招募的新员工更快地进入角色。

④从激励方面来分析,内部选拔能够给员工提供晋升机会,强化员工为组织工作的动机,也会提高员工对组织的承诺。尤其是各级管理层人员的选拔,这种晋升式的选拔往往会带动一批人作一系列的晋升,从而鼓舞员工士气。同时,这会在组织内部树立榜样。通过这样的相互影响,就可以在组织中形成积极进取、追求成功的气氛。

尽管内部选拔有上面所概括出的许多优势,但其本身也存在着明显的不足。主要表现在以下一些方面:

①内部选拔需要竞争,而竞争的结果必然有成功与失败,并且往往失败者占多数。竞争失败的组织员工势必心灰意冷,士气低下,不利于组织的内部团结。有时候甚至出现"提拔一个,走了几个"的局面。所以说,有时内部选拔的代价是很高的。

②同一组织内的员工有相同的文化背景,可能会产生"团体思维"现象,抑制了个体创新,有可能会给组织带来灾难性的后果。尤其是当企业或组织内部重要职位主要由基层员工逐级升任,就可能会因缺乏新人与新观念的输入,而逐渐产生一种趋于僵化的思维意识,这将不利于企业的长期发展。

③内部选拔有可能是按年资而非能力,从而对组织的人力资源管理机制产生危害。这将会诱发员工养成"不求有功,但求无过"的心理,也给有能力的员工的职业生涯发展设置了障碍,导致优秀人才外流或被埋没,削弱企业竞争力。

④有可能出现"裙带关系"的不良现象。"裙带关系"一方面损害了招聘的公正与公平性原则,另一方面也滋生了组织中的"小团体主义",引发组织内的政治斗争,从而削弱了组织发展的动力。

⑤内部选拔可能导致部门之间"偷抢人才"现象,不利于部门之间的团结协作。

⑥内部选拔在培训上有时并不经济。因为一次产生了两个需要培训的员工:一个是被提拔的员工,一个是填补该员工留下的空缺的员工。

⑦内部选拔,尤其是管理者的内部晋升,有可能产生一种把人晋升到他所不能胜任的职位的倾向。此外,由于是从基层逐步晋升上来,组织的高层管理者多数年事偏高,不利于冒险和创新精神的发扬。而冒险和创新则是处于新经济环境下组织发展至关重要的两个因素。要弥补或消除内部选拔的不足,需要人力资源部门做大量更细致的工作。

Tips

现实生活中大多数企业喜欢内部选拔重要岗位的候选人,因此我们建议同学们未来从事职业工作时,应尽量安心在一家企业稳定工作较长一段时间,即使遇到困难也不草率跳槽,一方面可以锻炼自己解决问题和克服困难的能力,更可以为自己赢得升迁、发展的机会。

(2)外部招募

外部招募是指从组织外部通过招聘人才来补充空缺或新增的职位。

相对于内部选拔而言,外部招募成本比较大,而且存在着较大的风险,但也有其优势:

①新员工会带来不同的价值观和新观点、新方法。从外部招募来的员工对现有的组织文化有一种崭新的、大胆的视角,而较少有感情的依恋。典型的内部员工已经彻底地被组织文化同化了,受惯性思维影响,既看不出企业有待改进之处,也没有进行变革、自我提高的意识和动力,整个组织缺乏竞争的意识和氛围,呈现出一潭死水的局面。通过从外部招募优秀的技术人才和管理专家,就可以在无形中给组织原有员工施加压力,激发斗志,从而产生"鲶鱼效应"。中国一汽集团把它形象地比喻为"引进一匹狼,激活一群羊,带出一群狼"。特别是高层管理人员的引进,这一点尤为突出,因为他们有能力重新塑造组织文化。例如,惠普公司曾出人意料地选择了朗讯公司的一个部门经理菲奥丽娜来任 CEO,以重塑惠普公司的文化。

②外部挑选的余地很大,能招聘到许多优秀人才,尤其是一些稀缺的复合型人才。这样可以节省大量内部培训的费用。

③外部招募也是一种很有效的交流方式,企业可以借此在潜在的员工、客户和其他外界人士中树立良好的形象。

外部招募,除了招聘成本和决策风险较大以外,还存在以下不足:

①筛选难度大,时间长。组织希望能够比较准确地测量应聘者的能力、性格、态度、兴趣等素质,从而预测他们在未来的工作岗位上能否达到组织所期望的要求。而研究表明,这些测量结果只有中等程度的预测效果,仅仅依靠这些测量结果来进行比较科学的录用决策是很困难的。为此,一些组织还采用诸如推荐信、个人资料、自我评定、同事评定、工作模拟、评价中心等方法。这些方法各有各的优势,但也都存在着不同程度的缺陷。这就使得录用决策难上加难,而且耗费的时间也比较长。

②从外部招募来的组织员工需要花费较长的时间来进行培训和定位,才能了解组织的工作流程和运作方式。

【思辨策划 DIY 6-11】

　　　假如你是某企业人力资源部的招聘专员,现企业出现了两个职位的空缺:一名生产部经理和一名保洁员。你将分别选择何种招聘渠道进行?

二、育人

（一）员工培训

1. 员工培训的含义

员工培训是指组织为了提高劳动生产率和个人对职业的满足程度,直接有效地为组织生产经营服务,从而采取各种方法,对组织各类人员进行的教育培训投资活动。

2. 员工培训的实施程序

在员工培训的实施过程中,有以下几方面的具体工作:

（1）明确专门的管理部门和人员

员工培训作为人力资源管理工作的一部分,并不是企业某时期内的特定工作,而是企业发展过程中一个长期工作。因此,企业人力资源部门应配备专门的人员负责规划和实施各类培训工作。

（2）员工培训计划和制度的制定

根据企业自身的需求和未来发展计划、整个行业情况、竞争压力情况和劳动力市场的供需情况,制定企业各部门中各职位员工的培训计划和培训制度。

（3）员工素质评估

从一个新员工进入公司开始,公司就应对该员工的素质和未来期望进行评估,并进行准确的定位,从而根据公司已经制定出的职位培训制度,初步确定该员工的未来培训计划。

（4）实施培训

在公司各个发展阶段,结合员工培训制度和员工个人培训计划,由专门的人力资源部门的专门人员负责主持实施企业的员工培训。

（5）培训结果评估

对员工的工作业绩和培训效果进行分阶段的评估,结合公司人力资源的制度,决定是否调整该员工的职业定位或该员工的个人培训计划,从而调整该员工整个的培训计划。

（6）意见反馈,修改培训计划

在整个过程当中,人力资源部门不仅要听取员工所在部门对该员工工作情况和培训效果的反馈,还要主动与员工交流意见,听取员工对自身的培训计划的反馈意见。

3. 员工培训的途径和具体方式

（1）内部开发和外部开发

内部开发是指企业拥有专门的培训部门对员工进行培训。这样的优点是能够节约成本,并且培训更有针对性,但缺点是培训效果受培训师影响比较大。

外部开发更多是从理论上加以指导,一般邀请大学或专门培训机构实施此项工作。从理论上去指导员工如何工作,但培训成本较高。

（2）在职培训和脱产培训

重要的岗位一般采用在职培训。一方面是因为岗位需要员工不断充电，必须接受新的思维和管理方式；另外岗位的不可替代性要求人不能离岗，所以在职培训是比较理想的方式。脱产培训可以让员工更系统地学习，有利于全面素质的提高，有利于培育新人，特别是针对后备管理人员。

（3）全员培训和个体培训

长远而言，全员培训对企业的整体发展有着不可估量的贡献。但是，全员培训的成本太高，个体培训针对性强，为企业创造经济效益比较明显。

▷【思辨策划 DIY 6-12】

你认为企业员工培训还有哪些具体方法？

▷【实 例 6-2】

松下的培训

松下职工的培训教育是从加入公司开始抓起的。凡新招收的职工，都要进行八个月的实习培训，才能被分配到工作岗位上。

为了适应事业的发展，松下公司人事部门还规定了下列辅助办法：

第一，自己申请制度：干部工作一段时间后，可以主动向人事部门"申请"，要求调动和升迁，经考核合格，也可以提拔使用。

第二，社内招聘制度：在职位有空缺时，人事部门也可以向公司内部招聘适当人选，不一定非在原来单位中论资排辈依次提拔干部。

第三，社内留学制度：技术人员可以自己申请、公司批准、到公司内办的学术或教育训练中心去学习专业知识。公司则根据发展需要，优先批准急需专业的人才去学习。

第四，海外留学制度：定期选派技术人员、管理人员到国外学习，除向欧美各国派遣留学生外，也向中国派遣留学生，北京大学、复旦大学都有松下公司派来的留学生。

由于松下公司把人才培养放在首位，有一套培养人、团结人、使用人的办法，所以在松下体制确立以来，培养了一支企业家、专家队伍。事业部长一级干部中，多数是有较高学历的、熟悉管理的，不少人会一门或几门外语，经常出国考察，知识面广，年纪较轻，比较精干，而且雄心勃勃，渴望占领世界市场，有在激烈竞争中获胜的志向，这是松下公司能够实现高效率管理的前提。

（二）职业生涯管理

职业生涯管理是指企业对员工的职业进行设计、规划、执行、评估、反馈和修正，为员工构建职业生涯的通道，以实现企业发展目标和员工个人职业发展目标有机融合、彼此受益的过程。职业生涯管理必须通过员工和企业共同努力的合作才能完成。因此，职业生涯管理包括员工职业生涯的自我管理和企业指导、协助、提供必要条件两个方面。

　　具体而言,职业生涯管理的任务主要包括以下几个方面。

　　1.确定企业发展目标与企业职业需求规划。根据企业的现状、发展趋势与发展规划,明确企业的发展目标,来确定不同时期企业的职业发展规划与职位需求。

　　2.帮助员工开展职业生涯规划与开发工作。企业为员工提供工作分析资料、企业经营理念、人力资源开发策略等,员工用来设定自我发展目标与开发计划,达到个人的目标与组织目标相配合。

　　3.开展与职业生涯管理相结合的绩效评估工作。利用企业相关资料,通过绩效评估使企业发展目标与战略方向相一致,为晋升优秀员工,提供职业生涯发展路径。

　　4.职业生涯发展评估。企业应当协助员工发展职业生涯目标,并对其进行科学评估,找出员工的优缺点及组织的优劣势,分析员工职业生涯发展的可行性。

　　5.工作与职业生涯的调适。根据企业绩效评估、职业生涯发展的评估结果,对员工的工作或职业生涯目标作出适当的调整,使员工的工作、生活与目标密切融合。

▷【实 例 6-3】

美国第一银行员工发展职业生涯的原则

　　员工士气低落,流动率偏高,公司究竟应该怎么办? 美国第一银行(First USA Bank)在内部成立了职业生涯资源中心,该中心用5P原则帮助员工发展职业生涯。这五个P包括以下方面内容。

　　1.个人(Person)。帮助员工了解自己,包括自己的技能、价值观、兴趣,并知道如何综合运用这些特质,找到适合的职业生涯。

　　2.看法(Perspective)。员工必须了解别人对自己的看法,并获得自己的主管、同事,以及与工作相关人士的意见反馈。

　　3.位置(Place)。员工必须了解自己所在的位置,包括自己的职务、公司、产业,掌握脉动走向,并且知道自己需要增加哪些技能。

　　4.可能(Possibility)。员工必须了解职业发展的可能性。在公司里,发展和成长有三种方式:第一种是垂直移动,也就是升迁;第二种是水平移动,指虽然在同一职级上,但是更换不同的职务;第三种是不移动,指虽然是同样的职务,但是让员工的工作内容丰富、多元化和挑战性更强。

　　5.计划(Plan)。员工必须针对以上四方面拟定计划,决定自己需要增加哪些能力和技巧,以达到目标。

　　推动这个计划后,公司调查显示,员工对工作的满意度平均上升了25%。员工离职率降低了65%,间接替公司节约了200万美元的招聘费用。

三、用人

（一）绩效管理

1.绩效管理的含义

绩效管理,是指各级管理者和员工为了达到组织目标共同参与的绩效计划制定、绩效辅导沟通、绩效考核评价、绩效结果应用、绩效目标提升的持续循环过程。绩效管理的目的是持续提升个人、部门和组织的绩效。

绩效管理在企业人力资源管理这个有机系统中占据着核心的地位,发挥着重要作用。它将企业的战略目标分解到各个业务部门和每个岗位,通过对每个员工的绩效进行管理、改进和提高,从而提升企业的整体绩效,最终实现企业的战略目标。

2.绩效管理的流程

完整的绩效管理包括以下四个步骤:绩效计划的制定、绩效实施、绩效考核、绩效反馈。如图 6-2 所示。这些步骤紧密相连,互相影响。这四个基本步骤对任何一个优秀组织的绩效管理来讲,都是不可缺少的。缺少其中任何一个步骤,都不是真正意义上的完整的绩效管理。

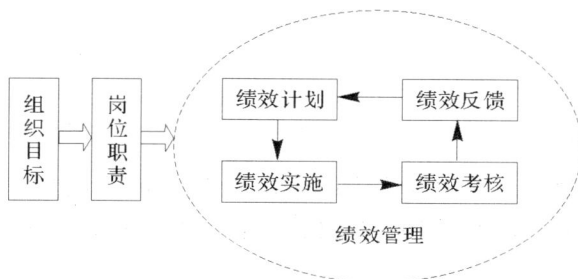

图 6-2　绩效管理流程

(1)绩效计划

这一阶段是绩效管理过程的开始。主要任务是通过管理者与员工的共同商讨,确定员工的绩效目标和评价周期。在这个阶段,管理者应该与员工充分沟通,让员工搞清楚在计划期内应该做什么、不应该做什么、做到什么程度、为什么要做、何时完成以及员工的权利大小和决策权等,最终形成一种绩效承诺。

(2)绩效实施

实施阶段是整个绩效管理的关键阶段。就评估的实施来讲,其主要包括两方面的内容:其一,绩效考核方法的选择,在拟定了绩效指标之后如何选择合适的方法获取真实可靠的绩效信息是需要重点把握的问题;其二是实施过程的监控问题,重在防御实施细节偏离绩效计划。一般来讲,绩效考核方法的选择主要是依据待评估职位的工作内容的特性来确定,如销售岗位适合于结果导向型的考核方法,而行政类岗位又比较适合于过程导向型的考核方法。面对这种情况,企业需要的就是有针对性地选择考核方法。

(3)绩效考核

员工绩效考核,是指按照预先确定的标准和程序,采用科学的方法,检查和评定员工对职位所规定职责的履行程度,以确定其工作能力和工作成绩的过程。绩效考核大多在年底进行,它是对员工绩效目标实现程度的一种评估,评估的依据就是在绩效计划阶段双方达成一致意见的绩效目标及其衡量标准。

(4)绩效反馈

绩效管理的过程不是为员工打出一个绩效考核分数就结束了,管理人员还需要与员工进行一次甚至多次面对面的交谈,以达到反馈与沟通的目的。通过绩效反馈与面谈,使员工了解自己的绩效、了解上级对自己的期望,认识自己有待改进的方面;与此同时,员工也可以提出自己在完成绩效目标中遇到的困难,请求上级的指导和谅解。

(二)员工流动管理

企业如何确保那些高绩效或具有开发潜力的员工留下来,同时又怎样能够使那些不具有开发潜力的低绩效员工"平静"地离开,这就是员工的流动管理。员工流动可以分为两种方式:一是非自愿流动,即企业主动提出让员工遣散;二是自愿流动,即员工个人提出辞职。适当的员工流动对企业发展是有益的,也是必要的。但若流失率过高,特别是大量中基层管理人员和专业技术人员的流失,如不加以控制,最终将影响企业持续发展的潜力和竞争力。不同的企业应根据自己的情况,将企业员工流动率控制在一个合理的范围内。

四、留人

(一)薪酬管理

1.企业的薪酬体系

(1)职务工资制。按照职务的责任重要程度、工作繁简程度和工作条件划分等级,按等级规定工资标准。职务变动则工资相应变化,可能造成员工专业、技能固定在一个(种)岗位上。

(2)技能工资制。按照一定职务的执行能力划分工资等级,每多掌握一种技能,则增加其工资额。当领导职位有限、具备相当能力条件的人不能晋升时,也给予相应的工资待遇。

(3)年功工资。根据员工在本企业的工作年限确定工资。一般假定在本企业工作年限越长、资历越丰富,能力也越强、贡献也越大,相应地,工资也越高。

(4)结构(结合)工资制。是指多项工资制度的综合,企业中"工资=基础工资+职务工资+工龄工资+奖金+津贴"就是结构工资制的典型例子。

2.企业薪酬的形式

(1)计件(奖励)工资制。按工作量多少计算工资。其优点是依实绩计酬,计算简单,能激发效率,减少管理负担。缺点是易出现重数量、轻质量的趋势;过分加班赶货,易打破正常工作秩序;有时需要员工共同劳动的工作成果较难计量。它较适合质量易测控、产品较简单、大批量或手工作业的行业和工种。

(2)计时工资制。按实际工作时间计算工资,工作时间包含正常工时和加班工时。其优点是不易产生员工间成绩争议,产品质量较有保障;缺点是不易激发员工的工作主动性,会出现出工不出力现象,增加监督成本。该制度适用于不易计件的、脑力型的工作。

(3)销售收入提成工资制。按销售收入多少提取员工收入,适合营销业务人员。其中有两种形式:①底薪加销售收入提成;②无底薪的销售收入提成。

(4)项目包干工资制。适用于科研单位和科研人员。

(5)年薪制。适用于企业主要领导(董事长、总经理等)。

　▷**【思辨策划 DIY 6-13】**

　　你认为哪一种企业薪酬形式比较适合销售部经理的薪资确定? 为什么?

3. 企业薪酬制度建立的步骤

企业薪酬制度的建立,一般应经过以下步骤:(1)组织薪酬情况调查,了解员工薪酬现状;(2)进行岗位评估,确保内部公平;(3)调查薪酬管理中存在的问题;(4)确定企业薪酬总额;(5)设计奖金模式、津贴模式和长期激励模式;(6)形成薪酬制度、奖金制度、福利制度和长期激励政策文件。

⬡➤【实 例 6-4】

IBM 公司的薪资政策

IBM 公司的薪资政策精神是通过有竞争力的策略,吸引和激励业绩表现优秀的员工继续在岗位上保持高水平。个人收入会因为工作表现和相对贡献,所在业务单位的业绩表现以及公司的整体薪资竞争力而进行确定。1996 年调整后的新制度以全新的职务评估系统取代原来的职等系统,所有职务将按照技能、贡献和领导能力、对业务的影响力及负责范围等三个客观条件,分为十个职等类别。部门经理会根据三大原则,决定薪资调整幅度。这三大原则是:一、员工过去 3 年"个人业务承诺计划"(PBC)成绩的记录;二、员工是否拥有重要技能,并能应用在工作上;三、员工对部门的贡献和影响力。员工对薪资制度有任何问题,可以询问自己的直属经理,进行面对面沟通,或向人力资源部查询。一线经理提出薪资调整计划,必须得到上一级经理认可。

(二)劳动关系管理

涉及这一部分的内容包括企业与员工签订劳动协议或聘用合同,确定员工的权利和义务,按照劳动法处理各类员工问题,制定员工投诉制度等。人力资源管理人员还要针对与聘用立法有关的事项提供意见,并应熟知与法律条款适用性有关的实际问题。对管理者与被管理者、员工与雇主、员工与员工之间的关系进行协调,避免不必要的冲突和矛盾。同时,要考虑到员工的利益,保障员工的个人权益不受侵犯,以和谐的企业劳动关系状况留住人才。

1. 劳动合同的内容

企业与员工签订的劳动合同一般是推荐使用当地示范文本,因其是依法根据当地经济文化发展的一般水平和企业管理的一般状况制定的。企业可以根据自身情况以示范文本为基础订立劳动合同的具体内容。具体来讲,劳动合同应该包括以下条款:用人单位的名称、住所和法定代表人或者主要负责人;劳动者的姓名、住址和居民身份证或者其他有效身份证件号码;劳动合同的期限;工作内容和工作地点;工作时间和休息休假;劳动报酬;社会保险;劳动保护劳动条件和职业危害防护。

2. 劳动争议处理的途径

解决劳动争议,应当根据事实,遵循合法、公正、及时、着重调解的原则,依法保护当事人的合法权益。根据我国劳动立法的有关规定,当发生劳动争议时,争议双方应协商解决,也可以请工会或者第三方共同与用人单位协商,达成和解协议。当事人不愿协商、协商不成或者达成和解协议后不履行的,当事人可以向劳动争议调解委员会申请调解。不愿调解、调解不成或者达成调解协议后不履行的,当事人一方要求仲裁,可以向劳动争议仲裁委员会申请仲裁。对仲裁裁决不服的,可以向人民法院提起诉讼。

☞【思辨策划 DIY 6-14】

　　企业与员工签订劳动合同时,应重点规定哪些方面的内容? 同时还可以约定哪些方面的内容呢?

☞【思辨策划 DIY 6-15】

　　当劳动者不能胜任原工作,企业为其调整工作岗位后需要变更劳动合同吗?

☞【复习题】

1. 什么是人力资源? 人力资源的特点有哪些?
2. 简述人力资源的主要内容。
3. 人力资源管理要哪些基本原理?
4. 简述人员配备的含义及其原理。
5. 人员选聘主要有哪两种方式? 这两种方式各有何优缺点?
6. 如何合理正确地奖惩员工?

第七章

财务管理 ＞ ＞ ＞　＞

"财"即企业的资金,是企业管理的重要资源。通常,我们把资金形象地比喻为企业的血液,而把维系企业正常生产经营运转所需要的基本循环资金链条称为资金链。现金——资产——现金(增值)的循环,是企业经营的过程。企业要维持运转,就必须保持这个循环良性地不断运转。但是随着企业发展到一定规模,就会陷入一种怪圈:效率下降,资金周转减速,严重影响企业正常运行,更有甚者,一旦资金链断裂就直接导致企业的破产。通过本章的学习,我们将更清楚地认识资金、更好地运用资金,实现资金的良性循环,保证企业的健康发展。

财务管理是基于企业生产经营过程中客观存在的财务活动和财务关系而产生的,它是利用价值形式对企业生产经营过程进行的管理,是企业组织财务活动、处理与各方面财务关系的一项综合性管理工作,是企业管理的重要组成部分。

第一节　财务管理概述

一、财务管理的概念与内容

企业要进行生产经营活动,就必须具有人力、物资、资本、信息等各项生产经营要素,并以这些生产经营要素开展生产经营活动和财务活动。对企业财务活动的管理,就是企业财务管理。在组织财务活动过程中,企业必然与各方面发生相应的财务关系。因此,理解财务管理的概念,应从分析企业财务活动及其所体现的财务关系入手。

（一）企业财务活动

企业财务活动是企业资本的筹集、运用、耗费、收益及其分配等一系列活动的总称。狭义的财务活动是指企业资本的筹集、运用、收益及其分配的活动,我们将其概括为筹资活动、投资活动、收益及其分配活动。本书按狭义的财务活动来阐述。

1.筹资活动。筹资是企业取得资本的行为,它是企业生存与发展的前提。无论是新建企业还是经营中的企业,都需要筹资。企业资产负债表右方对应项目是由筹资活动形成的。筹资活动是企业财务活动的起点。

从整体上看,任何企业都可以从两方面筹资,并形成两种性质的资本来源:一是向所有者(股东)筹资,形成权益资本。它是企业通过吸收直接投资、发行股票、内部留存收益等方式取得的资本;二是向债权人筹资,形成债务资本。它是企业通过银行借款、发行债券、商业信用、租赁等方式取得的资本。由于不同筹资方式取得的资本具有不同的筹资成本和筹资风险,如何以最低的筹资成本和最小的筹资风险取得生产经营所需的资本,保持合理的资本结构,就成了筹资决策的核心问题。

2.投资活动。投资是指企业投放和使用资本的活动。企业取得资本后,应当将其投入使用,以谋求最大的资本收益。企业资产负债表左方对应项目是由投资活动形成的。投资活动是企业财务活动的中心环节。

企业投资按投资回收期限的不同可分为长期投资和短期投资。

3.收益及其分配活动。资本运用的目的是取得收益,实现资本的保值和增值;企业实现的资本收益要在有关利益主体间进行分配。资本收益及其分配活动是企业资本运动前一过程的终点和后一过程的起点,是企业资本不断循环周转的重要条件。

随着收益分配的进行,资本或退出企业,或留存企业,它不仅影响企业资本运动的规模,而且影响资本运动的结构(如筹资结构)。因此,企业应当依据国家有关法律和制度,合理确定分配规模和分配方式,正确协调企业当前利益与长远利益的矛盾,妥善处理股东、债权人、经营者、职工等不同利益主体间的利益关系,以促进企业的长期持续发展。

筹资活动、投资活动和收益及其分配活动三个方面相互联系、相互依存,构成了企业财务活动的基本内容。

(二)企业财务关系

财务关系是企业在组织财务活动过程中与各方面发生的经济利益关系。它是企业与其内外各相关利益主体所发生的利益关系的总和。其内容主要有:

1.企业与投资者、受资者之间的财务关系

这是一种投资与分享投资收益的关系,在性质上属于所有权关系。企业与投资者发生财务关系时,企业是受资者,企业从投资者那里筹集资本,进行生产经营活动,并将实现的收益按规定进行分配;企业与受资者发生财务关系时,企业是投资者,企业以其法人财产向其他单位投资,并根据投资额的多少从受资者那里分享投资收益。企业应当根据有关法律的要求,正确处理这种财务关系,维护投资者和受资者的合法权益。

2.企业与债权人、债务人之间的财务关系

这是一种债权债务关系。这类财务关系有因资本不足而向商业银行借款形成的资本借贷关系,有因购进材料、出售产品而与往来客户发生的货币收支结算关系,有因延期收付货款与往来客户发生的商业信用关系等等。作为债务人,企业应当按债务契约的规定,及时支付货款,归还贷款,以维护企业自身的信用;作为债权人,企业在向其客户进行信用销售时,应当制定科学合理的信用政策,以确保债务人按期支付货款。处理好这些财务关系,有利于加速资本周转,实现资本运动的良性循环。

3. 企业与国家税务机关之间的财务关系

这是一种征税和纳税的关系。国家以社会管理者的身份委托税务机关向企业征收有关税金,包括所得税、流转税和其他税金。作为纳税义务人,企业必须按照税法的规定及时足额地缴纳各种税款。

4. 企业内部各部门之间的财务关系

这是一种内部结算与分工交易关系。一方面是以企业财务部为中心,企业内部各部门、各单位与财务部门之间的收支结算关系,如向财务部门领款、报销以及办理收付款业务等,体现了企业内部资金集中管理的要求;另一方面是企业内部各单位之间由于提供产品或劳务而发生的计价结算关系,它是在企业内部实行经济责任制和经济核算制基础上确立的部门之间内部分工交易关系,它以内部交易价格为链条,以内部资金结算为依据,是一种以部门经济利益为基础的内部分工交易关系。

5. 企业与员工之间的财务关系

这是企业向员工支付劳动报酬过程中所形成的利益分配关系。员工是劳动者,他们以自身提供的劳动作为参加收益分配的依据。企业应当根据劳动者的劳动数量和质量,向员工支付工资、津贴和奖金,正确协调员工与企业间的经济利益关系。

(三)财务管理的内容

财务管理的基本内容包括筹资管理、投资管理和收益分配管理三部分。此外,企业财务管理还要对一些财务活动的拓展领域和特殊问题进行运作,如企业并购,财务失败、重整与清算等等。

二、财务管理的特征

财务管理作为一项具有特定对象的经济管理工作,具有两个明显的特征:

(一)财务管理是一种价值管理

企业生产经营活动的复杂性,决定了企业管理必须包括多方面的内容,如生产管理、营销管理、技术管理、劳动人事管理、财务管理等。它们有的侧重于使用价值的管理,有的侧重于信息的管理等等。财务管理区别于其他管理的特点,在于它是一种价值管理。财务管理利用资金、成本、收入等价值指标,来组织企业生产经营过程中价值的形成、实现和分配,并处这种价值运动中的经济关系。所以,价值管理是财务管理的基本属性。

(二)财务管理是一项综合性管理工作

财务管理是企业管理中的一个独立方面,又是一项综合性的管理工作。企业各方面生产经营活动的质量和效果,大都可以从财务活动中综合地反映出来。而通过合理地组织财务活动,又可以促进企业生产经营活动的顺利进行。财务管理在企业内部管理的各子系统中,具有涉及面广、综合性强、灵敏度高的特点。因此,财务管理是利用价值形式,对企业生产经营活动进行的综合管理。

三、财务管理目标

财务管理目标又称理财目标,是企业在特定的理财环境中,通过组织财务活动、处理财务关系所要达到的目的。财务管理目标是财务管理行为的目标导向,决定着财务管理的基本方向。

根据现代企业财务管理理论和实践,具有代表性的财务管理目标主要有以下几种:

(一)利润最大化

把利润最大化作为财务管理的目标,有其合理的一面。因为企业要取得利润最大,就必须经济核算,加强管理,改进技术,提高劳动生产率,降低产品成本,这些都有利于经济效益的提高。但以利润最大化作为财务管理的目标也存在以下缺点:第一,没有考虑利润的发生时间,没能考虑资金的时间价值。第二,利润最大化没能有效地考虑风险问题,这可能使财务人员不顾风险的大小去追求最多的利润。第三,利润最大化往往会使企业财务决策带有短期行为的倾向,只顾目前的最大利润,而不顾企业的长远发展。所以,利润最大化的提法,只是对经济效益浅层次的认识,存在一定的片面性。利润最大化并不是财务管理的最优目标。

(二)股东财富最大化

股东财富最大化是指通过财务上的合理经营,为股东带来最多的财富。股东财富最大化又可演变为股票价格最大化。与利润最大化相比,股东财富最大化有以下积极面:第一,股东财富最大化科学地考虑了风险因素,因为风险高低会影响股票价格。第二,一定程度上克服企业短期行为,因为不仅目前利润影响股票价格,预期利润对股票价格也有重要影响。第三,股东财富最大化容易量化,便于考核和奖惩。但应该看到,股东财富最大化也存在一些问题:如它只适合上市公司;只强调股东利益,对其他企业关系人的利益重视不够;股票价格受多种不可控因素影响,并非都是公司所能控制的,把不可控因素引入财务管理目标是不合理的。

(三)企业价值最大化

将股东财富最大化作为财务管理的目标,只考虑了股东的利益,对其他利益关系人利益考虑不够。企业利益关系人除了股东之外,还包括企业债权人、员工、政府。债权人要求企业按照借款合同规定的用途使用资金,并保持良好的资金结构和偿债能力;员工为企业提供智力和体力的劳动,并承担一定的风险,因而要求得到合理的报酬、利益的保障;政府为企业提供各种公共服务,因此要分享企业的收益,要求企业依法纳税。

从上述分析可看出,企业财务管理目标应与企业多个利益团体有关,是这些利益团体共同作用和妥协的结果。在一定时期和一定环境下,某一利益团体可能会起主导作用,但从长远来看,不能只强调某一利益团体的利益,而置其他团体的利益不顾,也就是说,不能将财务管理目标归结为某一团体的目标。从这一意义上讲,股东财富最大化不是财务管理的最优目标。从理论上讲,各利益团体的目标都可以折中为企业长期稳定的发展和企业总价值的不断增长,各利益团体都可以借此来实现他们的最终目的。企业价值最大化的基本思想是将企业的长期稳定摆在首位,强调在发展中考虑问题,在企业价值增长中满足各方利益关系。如果我们把企业利益比作一块蛋糕,则蛋糕分属于企业契约关系的各方——股东、债权人、职工等。从逻辑上看,企业财富一定时,各方利益此消彼长,而当财富增加后,各方利益都有所增加,各种契约关系人的利益都得到满足,这又有利于企业财富的增加,实现财务管理的良性循环。

企业价值最大化,是通过企业财务上的合理经营,采用最优的财务政策,充分考虑资金的时间价值和风险与报酬的关系,在保证企业长期稳定发展基础上使企业总价值最大。这一定义看似简单,实际包含丰富内涵,基本思想是将企业长期稳定发展放在首位,强调在企业增长中满足各方利益关系。具体包括以下几方面内容:第一,强调风险与报酬的均衡,将风险控制在可以承担的范围内。第二,创造与股东之间的利益协调关系,努力培养稳定性股东。第三,关心本企业职工利益,创造和谐优美的工作环境。第四,加强与债权人的联系,重大财务决策请债权人参加讨论,培养可靠的资金供应者。第五,关心客户利益,重视新产品研发,满足顾客需求,保持销售收入的稳定增长。第六,讲求信誉,重视企业形象。第七,关心政府政策变化。

四、财务管理的原则

财务管理的原则是企业财务管理工作必须遵循的准则,反映了理财活动的内在要求。一般包括以下几个方面:

(一)系统原则

财务管理经历了从资金筹集开始,经过资金投放使用、耗费,到资金收回、分配等几个阶段。而这些阶段组成相互联系的一个整体,具有系统的性质。为此,做好财务工作,必须从各组成部分的协调和统一出发,这就是财务管理的系统原则。

(二)平衡原则

这里包括两个方面的平衡。一是指资金的收支在数量上和时间上达到动态的协调平衡,从而保证企业资金的正常周转循环。另一方面指的是盈利与风险之间相互保持平衡,即在企业经营活动中必须兼顾和权衡盈利与风险两个方面,尊重盈利一般寓于风险之中的客观现实,不能只追求盈利不顾风险,也不能害怕风险而放弃盈利,应该趋利避险,双方实现平衡。

(三)弹性原则

指在财务管理中,必须在追求准确和节约的同时,留有合理的伸缩余地,以增强企业的应变能力和抵御风险能力。在实务中,常体现为实现收支平衡,略有节余。贯彻该原则的关键是防止弹性的过大或过小,因为弹性过大会造成浪费,而弹性过小会带来较大的风险。

(四)成本效益原则

企业理财目标是企业价值最大化,其内涵是在规避风险的前提下,所得最大,成本最低,因而无论在筹资、投资及日常的理财活动中都应进行收益与成本的比较和分析。按成本效益原则进行财务管理时,在效益方面,既要考虑短期效益,更要考虑长期效益;在成本方面,既要考虑有形的直接消耗,又要考虑资金使用的机会成本,更要考虑无形的潜在损失。

(五)利益关系协调原则

企业不仅要管理好财务活动,而且要处理好财务活动中的财务关系,诸如企业与国家、所有者、债权人、债务人、内部各部门以及职工个人之间的财务关系,这些财务关系从根本上讲是经济利益关系。因此,企业要维护各方面的合法权益,合理公平地分配收益,协调好各方面的利益关系,调动各方面的积极性,为同一个理财目标共同努力。

五、财务管理环境

　　财务管理环境是指企业财务活动赖以存在和发展的各种因素的集合。环境构成了企业财务活动的客观条件。企业财务活动是在一定的环境下进行的，必然受到环境的影响。企业资本的取得、运用和收益分配都会受到环境的影响，企业成本的高低、利润的多少、资本需求量的大小也会受到环境的影响，企业兼并和收购、破产和重整与环境的变化有着千丝万缕的联系。

　　财务管理环境一般可分为宏观环境和微观环境。宏观环境是指影响企业财务活动的各种宏观因素，如政治因素、经济因素、法律因素、金融市场等等。宏观环境是作为企业外部的、影响企业财务活动的客观条件而存在的，是企业财务决策难以改变的外部约束条件，企业财务决策更多的是适应它们的要求和变化。微观环境是指影响企业财务活动的各种微观因素，如企业组织形式、生产状况、产品销售市场状况、企业文化、管理者素质等等。微观环境是作为企业内部的、影响企业财务活动的客观条件而存在的。

　　在财务管理的环境中，宏观环境决定微观环境，微观环境始终与宏观环境相适应，并随着宏观环境的变化不断得到改善。因此，宏观环境是财务管理环境中最主要的内容。

第二节　财务管理实务

一、资金的时间价值和风险分析

（一）资金的时间价值

　　资金时间价值是指一定量的资金在不同时点上价值量的差额。

　　假设存款利率为10%，现在把1元存入银行，1年后将变成1.1元。因为时间的原因，产生了0.1元的增值，这0.1元钱就是1元钱在1年里产生的时间价值。

　　资金在不同时点上具有不同的价值，随着时间的推移资金将会发生增值，这说明了资金时间价值的客观存在。但是，并非任何资金都存在着时间价值，如将钱藏在保险箱里，不管放多长时间都不会有分毫的增加。只有将资金投入生产经营活动中才能产生时间价值，即资金的时间价值产生于资金的周转过程。

　　为什么资金在周转过程中会产生时间价值呢？这是因为资金使用者把资金投入生产经营以后，劳动者借以生产新的产品，创造新的价值，都会带来利润，实现增值。周转使用的时间越长，所获得的利润越多，实现的增值越大。所以，资金时间价值的实质是资金周转使用后的增值额。

　　➩【思辨策划 DIY 7-1】

　　在现实生活中，为什么人们常说今天的钱不如昨天的钱值钱，为什么？

例 7-1　某企业将 10 万元存入银行,假设年利率为 6%,则 5 年后的单利终值为:
$$F = 10 \times (1 + 6\% \times 5) = 13(万元)$$

例 7-2　某企业将 10 万元存入银行,假设年利率为 6%,则 5 年后的复利终值为:
$$F = 10 \times (1 + 6\%)^5 = 10 \times 1.338 = 13.38(万元)$$

⇨**【思辨策划 DIY 7-2】**

通过以上两个小案例,你能说出单利与复利的区别吗?

(二)风险分析

风险是指事件未来结果具有多种可能性,不能只按一种可能性拟定行动方案。如果一个事件肯定出现一种结果,就是没有风险。例如将一笔款项存入银行,一年后将得到一定的本利和,几乎没有风险。不过,这种投资风险虽小,但报酬也很低,投资意义很小。真正投资于某个项目,很多事情的未来发展是不易确切把握的,例如销售势头、价格行情、成本控制都可能发生预想不到的变化。

风险按其影响面,可分为有普遍影响所有企业的市场风险和影响个别企业的企业风险。

1.市场风险是指那些影响所有企业的社会因素所引起的风险,如战争、经济衰退、通货膨胀、利率变化等。由于这种风险影响企业,不能通过多角化投资进行分散,称为不可分散风险或系统风险。例如,企业投资于股票,不论买哪一种股票或股票组合,都必将承担市场风险。经济衰退时,各种股票的价格都会下跌。

2.企业风险是指发生于个别企业的特有事件对企业所造成的风险。如新产品开发失败、丧失重要合同、产品市场萎缩、诉讼失败等。这种风险是随机发生的,可以通过多样化投资来分散。所投资的一家企业的失败和损失可以因所投资的其他企业的成功和获利而抵消,因此这种风险称为可分散风险或非系统风险。例如企业投资于股票时,买多种股票比只买一种股票的企业风险要小。

二、资金筹集管理

筹资活动,是指企业根据其生产经营、对外投资及调整资本结构的需要,通过筹资渠道和资本市场,并运用筹资方式,经济有效地筹集企业所需资金的财务活动。

(一)筹集资金的管理要求

企业在筹集资金时,必须围绕企业生产经营的需要或资本结构调整的需要,做好以下工作:

1.合理确定资金需求量,控制资金投放时机。

2.认真选择资金来源,降低资金成本。

3.妥善安排资金结构,适度举债。

(二)筹资渠道和筹资方式

筹资渠道是指企业筹措资金来源的方向和通道。现阶段企业的筹资渠道主要有以下几项:(1)国家财政资金;(2)银行信贷资金;(3)非银行金融机构融资;(4)其他单位资金;

(5)社会和企业内部职工集资;(6)外商资金;(7)企业自留资金。

筹资方式是指企业筹措资金所采用的具体形式。目前企业的筹资方式主要有:吸收直接投资、发行股票、银行借款、发行债券、融资租赁、商业信用等。前两者为权益筹资,其他是债务筹资。

三、资金投放和使用管理

(一)流动资产投资管理

企业的流动资产是指可以在一年或超过一年的一个营业周期变现或耗费的资产。流动资产投资,又称短期性投资,其所形成的资产即为流动资产,包括现金、短期投资、应收账款、存货等。

现金是指立刻可以投入流通的交换媒介,包括库存现金,各种形式的银行存款,以及银行本票、银行汇票等。它具有普遍可接受性和最强的流动性等特点。

通常情况下,企业都持有一定数量的现金。根据著名的英国经济学家凯恩斯的观点,企业持有现金的动机主要有三:一是交易动机;二是预防动机;三是投机动机。现金流动性最强而获利能力最弱,企业持有过多现金,会降低企业的盈利水平。但如果企业持有现金过少,又可能出现现金短缺,加大财务风险。企业应通过科学有效的方法确定最佳现金持有量。

应收账款是企业赊销方式销售产品或提供劳务所形成的尚未回收的款项。应收账款是企业为扩大销售、增加收入和盈利而采用的一种商业信用手段。企业在运用这一手段时要掌握好信用标准。在给顾客赊销前,必须对其资产情况及所能提供的物资担保、经营情况及偿债能力和信用程度进行分析和评估,以确保是否赊销及赊销额度与期限。应收账款发生后,应采用正确的信用条件,以加快货款的回收,减少坏账、呆账损失。企业在进行应收账款管理时,还应建立坏账准备金制度。根据现行制度规定,企业可以于年度终了,按照年末应收账款的 3‰～5‰ 计提坏账准备金,计入管理费用。

存货是指企业为销售和使用而储存的各种物品,包括各种原材料、燃料、包装物、低值易耗品、在产品、产成品等。存货管理的一个重要方面是确定经济订货批量。订货批量概念是根据订货成本来平衡维持存货的成本。了解这种关系的关键是要记住,平均存货等于订货批量的一半。因此,订货批量越大,平均存货就越大,相应地,每年的维持成本也越大。然而,订货批量越大,每一计划期需要的订货次数就越少,相应地,订货总费用也就越低。如图 7-1 所示。

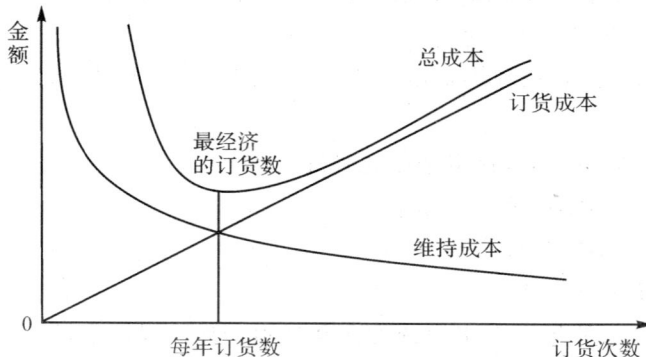

图 7-1　经济订购批量

（二）长期投资管理

长期投资，按投资范围分为内部投资和外部投资。对内长期投资是企业把资金投放于企业内部生产经营需要的长期投资上，包括固定资产投资、无形资产投资、递延资产投资等。对外长期投资是指企业把资金投放到企业外部的长期性投资，主要包括直接对外投资和股票投资、债券投资等有价证券投资（也称为间接投资）。

四、资金收入和分配管理

（一）收入管理

取得收入是企业从事生产经营活动的主要目的之一。在一个企业中，收入是衡量企业生产经营成果的重要标志，是企业现金流入量的主要组成部分，也是企业再生产顺利进行的必要条件，更是企业实现利润的主要源泉。因此，加强收入管理，具有十分重要的意义。在我国，目前企业收入管理的基本要求可以归纳为三个方面：(1)合理地制定商品价格；(2)正确地进行收入预测；(3)有效地进行收入的日常管理。只有切实做好这三项工作，企业的收入管理才能真正落实到位，从而更好地促进企业资金回收和增值。

（二）利润管理

利润是企业在一定期间内经营的综合成果，包括营业利润、利润总额和净利润三部分。

$$营业利润＝主营业务收入－主营业务成本－主营业务税金及附加＋$$
$$其他业务利润－营业费用－管理费用－财务费用$$
$$利润总额＝营业利润＋投资收益＋营业外收支净额$$
$$净利润＝利润总额－所得税$$

利润分配是利润管理中相当重要的一部分内容。根据《企业会计准则》和《企业财务通则》的规定，企业的利润分配必须依照有关规定按如下顺序进行：(1)支付被没收的财物损失和各项税收滞纳金和罚款；(2)弥补以前年度的亏损，即弥补超过国家规定税前利润抵补期限，应以税后利润弥补的亏损；(3)提取法定盈余公积金，即按税后利润扣除前两项后的10%提取；(4)提取公益金，指主要用于企业职工的集体福利设施支出，提取比例由董事会决定，一般按5%比例提取；(5)向投资者分配利润，企业以前年度未分配的利润，可以并入本年度向投资者分配。

五、财务报表分析

财务报表分析是指以企业财务报表和其他资料为依据，采用一系列专门的方法，对企业的财务状况和经营成果进行分析、研究与评价的一项业务手段。它既是对已完成的财务活动的总结，又是财务预测的前提，在财务管理循环中起着承上启下的作用。

（一）财务报表分析的目的

财务报表分析的一般目的可以概括为：评价过去的经营业绩；衡量当前的财务状况；预测未来的发展趋势。但由于企业对外发布的财务报表是根据全体使用者的一般要求设计的，并不适合特定报表使用者的特定要求，使用者要从中选择自己需要的信息，重新排列，并研究其相互关系，使之符合特定决策要求。财务报表的主要使用者分为两类：

1. 外部使用者，包括投资者、债权人、政府、中介机构等。

2.内部使用者,包括经营管理者和雇员等。

(二)财务报表分析的意义

财务报表分析是以企业的财务报告及其他相关资料为基础,对企业的财务状况、经营成果和现金流量进行分析、评价的一种方法,反映企业在运营过程中的利弊得失、发展趋势,从而为改进企业财务管理工作和优化经济决策提供重要的财务信息。因此,财务报表分析在企业财务管理中的意义表现为以下几方面:

1.财务报表分析是评价企业财务状况、衡量企业经营业绩的重要依据。

2.财务报表分析是提高企业经营效率、改善财务政策的重要手段。

3.财务报表分析是合理实施投资决策的重要步骤。

(三)财务报表分析的依据

财务报表分析的主要依据是公开的财务报告,以及可能利用的会计核算资料。企业的财务报告主要包括资产负债表、利润表、现金流量表、其他附表以及财务状况说明书。这些报告及财务状况说明书集中、概括地反映了企业的财务状况、经营成果和现金流量情况等财务信息,目的在于为报告使用者提供财务信息,为他们进行财务分析、经济决策提供充足的依据。

(四)财务分析指标

总结和评价企业财务状况与经营成果的分析指标包括偿债能力指标、营运能力指标和盈利能力指标。

以下是鸿运公司的年度财务报表的一部分,我们以此作为财务分析的样本:

鸿运公司简要资产负债表
200×年 12 月 31 日
单位:万元

项　目	年初数	年末数	项　目	年初数	年末数
货币资金	16714	67820	短期借款	37265	35485
短期投资	1900	452	应付账款	7456	19748
应收票据	49	107	预收账款	2662	2781
应收账款	11919	30931	应付工、福、税	1535	3884
其他应收款	12083	9146	应付股利	1762	2417
预付账款	1544	2553	其他应付款	4480	8792
存　货	7377	20468	流动负债合计	55160	73107
其　他	7645	12299	长期负债	2913	26310
流动资产合计	59231	143776	负债合计	58073	99417
长期投资	30744	51560	股本	15434	20434
固定资产	15430	27715	资本公积	14465	92432
在建工程	113	14223	盈余公积	9534	12338
长期待摊费用	58	105	未分配利润	8070	12758
长期资产合计	46345	93603	股东权益合计	47503	137962
资产合计	105576	237379	负债权益合计	105576	237379

鸿运公司简化的利润表	200×年度	单位:万元
项　目	上　年	本　年
营业收入	57833	93566
营业成本	44840	71295
营业税金及附加	246	313
销售费用	1839	5352
管理费用	5474	9192
财务费用	1803	3066
营业利润	3631	4348
投资收益	3471	6816
营业外收入	281	2615
营业外支出	57	259
利润总额	7326	13520
净利润	6352	9780

1.企业偿债能力分析

企业偿债能力是反映企业财务状况和经营能力的重要指标。企业的偿债能力分析主要包括以下几个方面:

A.流动比率:企业流动资产与流动负债的比率。计算公式为:

$$流动比率 = \frac{流动资产}{流动负债}$$

鸿运公司的流动比率为:

$$年初数 = \frac{59231}{55160} = 1.074$$

$$年末数 = \frac{143776}{73107} = 1.967$$

一般来说,流动比率为2:1被认为是令人满意的。流动比率过低表明企业可能面临无法偿还到期债务的可能;流动比率过高表明企业持有盈利较低或闲置的流动资产过多。通过计算我们可以看出,公司在年初的流动比率过低,债权人的利益不能得到保障,年末的时候,这一指标趋于正常。

B.速动比率:企业的速动资产与流动负债的比率。速动资产指的是企业中可以迅速变现的流动资产,主要是指流动资产中去除变现能力比较差的存货和预付账款以外的其他部分。计算公式为:

$$速动比率 = \frac{速动资产}{流动负债}$$

鸿运公司的速动比率为:

$$年初数 = \frac{59231 - 7377 - 1544}{55160} = 0.912$$

$$年末数 = \frac{143776 - 20468 - 2553}{73107} = 1.652$$

一般来说,速动比率应该保持在 1∶1 的水平。通过计算可以看出,公司年初的速动比率处于正常范围,但是年末的时候,这一指标过高,表明公司中有许多闲置的获利能力比较低的流动资产存在,公司应该想办法找到新的投资点,增加公司的资产获利水平。

通过前面两个比率可以看出,鸿运公司的流动资产中,大部分是变现能力比较强、获利能力较低的速动资产。公司应该加强对流动资产获利能力的管理,提高资产的获利能力。

C. 即付比率:又称现金比率,是企业可以立即动用的资金与流动负债的比率。计算公式为:

$$即付比率＝\frac{现金及现金等价物}{流动负债}$$

鸿运公司的即付比率为:

$$年初数＝\frac{16714+1900}{55160}=0.337$$

$$年末数＝\frac{67820+452}{73107}=0.934$$

通过计算可以看出,公司的即付比率年初的时候还是比较正常的,但是年末的时候,这一指标比较高,表明公司的流动比率之所以得到提高,主要是因为年末的时候,公司的现金持有量过多,造成公司资金的闲置和浪费。

以上三个指标,反映了企业偿还短期负债的能力。

D. 资产负债率:企业负债总额与资产总额的比率。计算公式为:

$$资产负债率＝\frac{负债总额}{资产总额}\times100\%$$

鸿运公司的资产负债率为:

$$年初数＝\frac{58073}{105576}\times100\%=55.0\%$$

$$年末数＝\frac{99417}{237379}\times100\%=41.9\%$$

资产负债率表明企业全部资产中负债所占的比重,它不仅是评价企业全部资产偿还全部负债的指标,而且是衡量企业负债经营能力和安全程度的指标。指标过高表明企业的资产安全性不好,指标过低,企业不能充分享受负债经营带来的好处。通过计算,我们可以看出,公司的资产负债率还是处于一个比较正常的水平,但同时也要注意到,公司资产的增加主要是因为流动资产的增加造成,要引起警惕。

E. 产权比率:企业负债总额与所有者权益总额的比率。计算公式为:

$$产权比率＝\frac{负债总额}{所有者权益总额}\times100\%$$

鸿运公司的产权比率为:

$$年初数＝\frac{58073}{47503}\times100\%=123\%$$

$$年末数＝\frac{99417}{137962}\times100\%=72\%$$

这项指标反映了企业用权益来偿还全部负债的能力,同时它也是企业财务结构稳健与否的重要标志。

企业的偿债能力所使用的数据,全部来自企业的资产负债表。有时为了更好地反映企业偿债能力,还要结合企业的盈利能力共同分析。

2. 企业营运能力分析

A. 应收账款周转率:企业一年的营业收入与平均应收账款余额的比率。计算公式为:

$$应收账款周转率 = \frac{营业收入}{平均应收账款余额}$$

鸿运公司的应收账款周转率为:

$$应收账款周转率 = \frac{93566}{(11919+30931)/2} = 4.37$$

它反映了企业在一年内收回应收账款的次数。周转次数多,表明应收账款周转速度越快,企业销售较好,资金利用效率高;周转次数少则反之。

B. 存货周转率:企业一年的营业成本与平均存货的比率。计算公式为:

$$存货周转率 = \frac{营业成本}{平均存货}$$

鸿运公司的存货周转率为:

$$存货周转率 = \frac{71295}{(7377+20468)/2} = 5.12$$

它反映了企业在一年内存货周转的次数。周转次数多,表明存货周转快,资金利用效率高;周转次数少则反之。

C. 流动资产周转率:企业一年的营业收入与平均占用的流动资产的比率。计算公式为:

$$流动资产周转率 = \frac{营业收入}{平均流动资产}$$

鸿运公司的流动资产周转率为:

$$流动资产周转率 = \frac{93566}{(59231+143776)/2} = 0.92$$

它反映了企业在一年内流动资产周转的次数。周转次数多,表明流动资产周转快,企业流动资产利用效率高;周转次数少则反之。

D. 总资产周转率

企业一年的营业收入与平均占用的总资产的比率。计算公式为:

$$总资产周转率 = \frac{营业收入}{平均总资产}$$

鸿运公司的总资产周转率为:

$$总资产周转率 = \frac{93566}{(105576+237379)/2} = 0.55$$

它反映了企业在一年内总资产周转的次数。周转次数多,表明企业资产周转快,资金利用效率高;周转次数少则反之。

企业营运能力分析的数据来自企业的资产负债表和利润表。企业营运能力的好坏,要结合企业所在行业的其他企业相应的数据或者和企业历史数据进行相应的对比才更有意义。因为这里我们只采用了一年的数据,所以很难说鸿运公司资产经营的好坏,但是从后面两个数据的绝对数字来看,公司的经营能力还是有待提高的。

3. 企业盈利能力分析

A. 营业利润率:企业的营业利润与营业收入之间的比率。计算公式为:

$$营业利润率=\frac{营业利润}{营业收入}\times100\%$$

鸿运公司的营业利润率为:

$$营业利润率=\frac{4348}{93566}\times100\%=4.65\%$$

这项指标是衡量企业营业收入净额获利能力的指标。指标越高,表明企业经营成果好,反之则差。

B. 成本费用利润率:企业一年的利润总额与同期的成本费用总额的比率。计算公式为:

$$成本费用利润率=\frac{利润总额}{成本费用总额}\times100\%$$

鸿运公司的成本费用利润率为:

$$成本费用利润率=\frac{13520}{71295+313+5352+9192+3066}\times100\%=15.15\%$$

这项指标是反映企业经营成本费用获利能力的指标。指标高,说明在成本费用一定的情况下,实现更多的利润,或者在利润一定的情况下,成本费用较低,指标降低则情况相反。

C. 总资产净利率:企业一年的净利润与企业平均资产总额的比率。计算公式为:

$$总资产净利率=\frac{净利润}{平均资产总额}\times100\%$$

鸿运公司的资产利润率为:

$$总资产净利率=\frac{9780}{(105576+237379)/2}\times100\%=5.70\%$$

这项指标反映了企业资产的获利能力。指标提高,表明企业收益增加,企业价值得以提升,指标降低则相反。

D. 净资产收益率:企业一年内的净利润与同期平均占用的所有者权益的比率。计算公式为:

$$净资产收益率=\frac{净利润}{平均所有者权益}\times100\%$$

鸿运公司的权益利润率为:

$$净资产收益率=\frac{9780}{(47503+137962)/2}\times100\%=10.55\%$$

这项指标反映了企业所有者权益的获利能力。指标提高,表明投资者的收益增加,对股份公司来说就意味着股票的升值、股东财富的增加,反之亦然。

企业盈利能力分析的数据来源于资产负债表和利润表,分析得出的指标要和同行业的标准指标或者行业先进指标进行对比才能反映企业在行业中的竞争实力;指标和企业历史数据进行对比才能反映企业发展的趋势。同样因为本例中只采用了一年的数据样本,所以不能够对鸿运公司的盈利能力做出很客观的评价,但是从绝对数字上看,公司的盈利能力是偏低的。

▷【思辨策划 DIY 7-3】

你从财务报表中读懂了什么?

▷【复习题】

1.财务管理的概念、特征是什么?

2.财务管理的内容是什么?

3.财务管理的目标有哪些?

4.某人将 1000 元存入银行,年利率为 5%,若 1 年复利一次,5 年后本利和为多少?若此人想得到 2 倍于本金的资金,现在需要存款多少?

5.某企业租入一台大型设备,每年年末需要支付租金 120 万元,年复利率为 9%,则该企业 5 年内应支付的该设备租金总额的现值是多少?

6.财务管理与其他管理的本质区别是什么?

第八章

企业信息管理

$\gg\;\gg\;\gg\quad\gg$

　　自上世纪 90 年代以来，人类进入信息时代的言论不绝于耳，可见信息的重要性。大家也可以想象企业面对大量信息必须采取的有效管理手段。在本章中，我们将从社会人文层面而非技术层面给大家传递一些有关企业信息和信息管理最基本的常识和知识。当然，这些理性的概念仍然是与实践紧密联系的，是生动形象的。

第一节　管理信息概述

　　信息是管理信息系统中的最重要组成部分。过去有些人对管理信息系统有些误解，把管理信息系统看成是以计算机为主的技术系统，过多地强调了其技术层面。事实上，管理信息系统中最重要的成分应当是信息，管理信息系统能起多大作用，对管理做出多大贡献，很大程度上取决于有没有足够的高品质信息，而能否得到足够的高品质信息又取决于工作人员对信息的认识。因此认识信息，并进一步以正确的态度对待信息，才能使管理信息系统发挥更大作用。

一、信息的概念

　　在日常生活中信息和数据经常是不分的，但在管理信息系统中信息和数据是两个概念。数据（data）是对客观事物记录下来的可以鉴别的符号，包括数字、文字、字母、其他符号，也可以是图像、声音、味道等。只有经过解释的数据才有意义，才成为信息。有关管理信息的定义很多，但至少都包含以下意思：信息具有"新鲜"和使人震惊的感觉，信息可以减少不确定性，信息能改变决策期望值收益的概率，信息可以坚定或校正对未来的估计等。此处我们将信息定义为信息是经过加工，并对客观世界产生影响的数据。

二、信息的性质

（一）事实性

信息的最早概念是"关于客观事物的可通信的知识"，事实是信息的中心价值。不符合事实的信息不仅没有价值，还有负价值，既害人也害己。

但在实际中，虚假信息的现象却时有发生。既然虚假信息害人害己，为什么还有人要制造虚假信息呢？原因有几方面，可能是相关人员不能正确认识眼前利益和长远利益的关系或自身利益和他人利益的关系、局部利益和全局利益的关系，也可能是因为信息传递环节过多、人们对信息的表达和接受方式不同而增加信息的水分，也可能因为信息传递速度过慢跟不上实际情况发展的速度而使信息不符合实际。因此要解决信息虚假的问题，可从相关人员的职业道德和价值观念教育和培养方面、组织机构精简和扁平化方面、充分利用现代计算机网络等方面入手解决。对于信息源单位和信息服务单位，这个问题尤其重要。

（二）等级性

管理是分等级的，不同级别的管理要求不同的信息，因而信息也是分等级的。管理一般分为高、中、低三个等级，信息则对应地分为战略级、策略级、执行级。不同级别的信息各不相同。战略级信息是关系到企业长远和全局的信息，如企业长远规划、企业资本运作等信息；策略级信息是关系到企业运营管理的信息，如月度计划、产量、成本等；执行级信息是关系到企业业务运作的信息，如考勤信息、领料信息等。不同层次的信息属性的比较见图8-1。

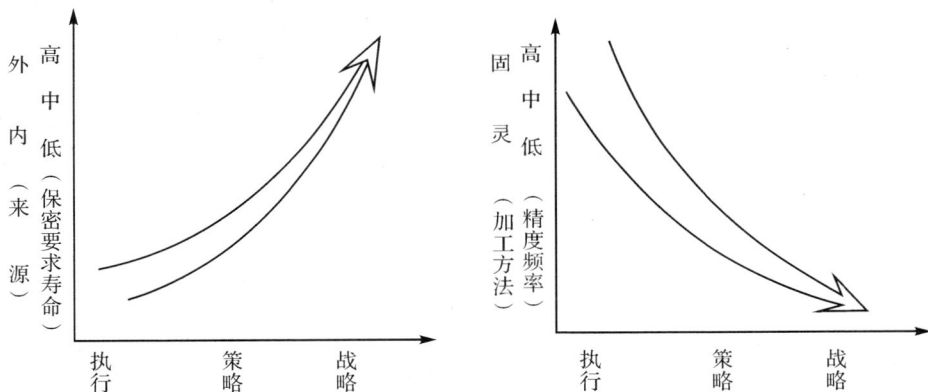

图 8-1　不同层次信息的属性

来源方面，战略信息多来自外部，策略信息有内有外，执行信息则基本来自内部。信息寿命方面，战略信息寿命较长，如关于公司五年规划的信息至少要保存五年，如果战略信息没有足够长的寿命，就不称其为战略了。执行信息寿命较短，如关于考勤的详细信息，每月发完工资后，信息就基本不再有保存的价值。策略信息则处于中间状态。

保密程度方面，战略级信息要求最高，公司战略对策是公司的生命线，如果泄露，对公司的打击可能不止是赚不到钱，而可能是致命的伤害。对再友好的单位，也不能泄露战略信息。如生产低油耗汽车在石油危机中大发横财的日本丰田汽车公司，在以后石油危机缓解情况下的战略，是绝对不会告诉别人的。策略级信息保密程度要低一些，但也不能轻易泄露。执行级信息往往较零散，难以从中提取有价值的信息，不仅保密要求不高，还可能特别要求公开，如考勤信息、简单劳动的工作量信息等，就需要公开，以显示公平透明。

⊞➔【实 例 8-1】

战略的保密性

在一次公开的电视访谈节目中,主持人问某大公司总裁,公司未来发展中最顾虑的问题是什么,如何面对,以怎样的思路应对,即战略问题。总裁不无幽默地说:"最害怕什么,我心里当然知道,怎样应对,我们也有考虑,但我不能告诉你。"在座的人们都报以会心的微笑和掌声。

关于加工方法,执行级信息加工方法最固定,如会计每个月计算工资的方法、仓库领料手续等,都是固定的。策略信息次之。战略级信息的制定方法最灵活,有时靠人预测一下,有时靠计算机模型计算一下,所有信息都只能作为决策者的参考,究竟怎样决策还要由决策者的决策艺术水平决定,需要决策者有超脱于复杂现实因素的能力和魄力,有时也善意地被人们戏称为"拍脑袋决策"。

再从使用频率看,执行级信息的使用频率最高,例如一种质量检查的标准,每天都要用它去衡量加工的产品是否合格。策略级信息次之。战略信息则使用频率最低。

最后,在信息的精度方面,执行级信息要求精度最高,如每天会计结账,要求分文不差。策略级信息次之。战略级信息要求最低,有时一个长期预测能有 60%—70% 的精度已很满意,过高地要求战略级信息的精度往往会带来假象,而且战略有时只体现为一种思路和方向,没有精度的要求。

（三）可压缩性

信息可以进行浓缩、集中、概括以及综合,而不至于丢掉信息的本质。很像物质中的液化气、压缩饼干。当然压缩过程中会丢失一些信息,但丢失的是无用的或不重要的信息。无用信息有两种:一种纯属干扰,好像收音机中的杂音,本来就应该清除,而且清除得越干净越好。另一些是冗余信息,本质上它是多余的,在传输过程中起到补充作用,也可能起到检查和纠错作用。管理者必须意识到的是,信息沟通者的水平和素质越高,信息的可压缩性越强,冗余信息过多使人感到啰嗦乏味。压缩信息在实践中是十分必要的,我们没有能力和必要搜集一个事物的全部信息和储存越来越多的信息。压缩信息可以提高信息沟通和信息管理的效率。

（四）扩散性

信息好像热源,它总是力图向温度低的地方扩散,因为或者是信息源一方要积极地把信息传播出去,或者是信息的接收方迫切地要得到信息,信息的扩散是其本性。信息的浓度越大、越离奇,信息的扩散性就越强。中国有句古话"没有不透风的墙",就说明了信息扩散的威力。

信息的扩散性存在两面性,一方面它有利于信息、知识的传播和交流沟通,现代计算机网络就是通过技术手段促进信息的扩散加快速度和缩短距离;另一方面信息的扩散不利于信息的保密,可能造成信息的贬值,危害到信息所有者的利益,进而影响信息源方搜集、加工有价值信息的积极性。因此我们又要人为地建立起信息的壁垒,通过计算机技术手段,如加密技术,以及法律手段,如保密法、专利法等,来阻碍信息的无条件扩散。如果管理信息系统只是快速传播信息,而没有任何必要的保密保护措施,就会大大影响人们,尤其是信息提供方使用管理信息系统的积极性,最终导致管理信息系统的失败。所以,有效的管理信息系统既要有促进信息传播的一面,又要有阻碍信息任意扩散的一面。

（五）分享性

按信息的固有性质来说,信息只能共享,不能交换。物质的交换是零和的,交换双方之间一方之所得就是另一方之所失。信息则不同,我告诉你一个信息,我并没有失去什么,不能把这条信息从我脑子里抹去,这是信息交换的非零和性。信息的分享没有直接损失,但有间接损失,如信息分享后可能造成信息的贬值,原来的信息拥有者失去了信息垄断地位。

信息分享的非零和性造成了信息分享的复杂性。有时我告诉你信息,我不失你得,大家都可以使用相同的信息而不相互影响;有时你得我也得,在信息分享过程中,通过互动的交流反馈,信息接收方在得到信息时给信息传递方一些新的启发;有时你得我失,如甲告诉乙一些客户的信息,乙因此而抢走了甲的客户;有时我不失你也不得,一些知识性的信息甲告诉乙,但乙不能理解。

尤其是知识性信息,管理者总是希望在企业内尽可能分享。严格说,知识性信息只有共享了才成为企业资源,如果不共享只存在个人头脑中,即使他把这些信息用于工作,提高了工作效率,仍然还是员工个人的资源而不是企业的资源。事实上,知识信息的共享是90年代中后期以来兴起知识管理的一大难题,人类社会已经进入了知识经济,这一问题也已经引起了管理学界和企业界人士的重视并开展了大量的研究工作,取得了一些成果。在此不做详述。

（六）增值性

人们对信息进行进一步的分析、归纳、推理、计算,得出新的结论,形成决策方案,指导人的行为,从而获得收益,这就是信息的增值性。有时用于某种目的的信息,随着时间的推移可能价值耗尽,但对于另一种目的可能又显示出新的用途。信息的增值性在量变的基础上可能产生质变,在积累的基础上可能产生飞跃。如天气预报的信息,预报期过后似乎就不再有用,但和各年同期天气比较,总结变化规律,验证模型却是有用的。再如某服装公司某年在初冬时通过与气象局的联系,得知当年冬季很可能出现暖冬现象,于是公司重点安排薄型冬装的生产,结果当年冬季该企业的服装十分畅销。

🖙【相关链接8-1】

"空调指数"、"啤酒指数"、"情绪指数",这些稀奇古怪的指数你可能头一次听说,但他们都和气象信息服务有关。德国商人发现,夏季气温上升1摄氏度啤酒销量就会增加230万瓶,气象公司便开发出"啤酒指数",作为啤酒厂调整产量的重要参数;日本商人发现夏季30摄氏度以上的气温多一天,空调销量即增加4万台,气象公司便发明了"空调指数"。类似的还有"巧克力指数"、"霉变指数"、"感冒指数"、"支气管哮喘指数"等等与生产和人民生活密切相关的气象服务信息。笔者最近从国家气象中心专业气象台了解到:我国也正在大力开发"气象经济",一个巨大的气象信息服务市场正在孕育之中。

三、信息价值的定义

信息价值的定义是信息定义和信息性质之外的另一个重要问题。信息价值有两种衡量方法：第一种是按所花的社会必要劳动量计算，这种计算方法和其他一般产品价值的计算方法一致，即信息产品的价值等于生产该信息所花的成本加上利润。第二种是按信息的使用效果衡量，是在决策过程中使用了该信息所增加的收益减去获取信息所花的费用。

第二节　管理信息系统

一、管理信息系统的概念

管理信息系统（Management Information Systems，简称 MIS）是指企业（组织）者进行信息的搜集、加工、储存、传递、更新的系统，由一系列专门的人员（信息管理人员）或部门组成，有自己的工作制度，在任何企业都存在，即使没有计算机也存在这个系统。对企业而言，管理信息系统只有优劣之分，而没有有无之分。"管理信息系统"一词最早出现在 1970年，由瓦尔特·肯尼万（Walter. Kennevan）给它下了一个定义："以书面或口头的形式，在合适的时间向经理、职员以及外界人员提供过去的、现在的、预测未来的有关企业内部及其环境的信息，以帮助他们决策。"显然，这个定义是出自管理，而不是计算机。它没有强调一定要用计算机，它强调了用信息支持决策，但没有强调运用模型。

随后伴随着计算机技术的发展，管理信息系统的概念不断更新，管理信息系统具有更丰富的内涵、更强大的功能，并且与计算机技术密不可分。

现在我们可以这样定义管理信息系统：管理信息系统是一个以人为主导，利用计算机硬件、软件、网络通讯设备以及其他办公设备，进行信息的搜集、传输、加工、储存、更新、维护，以企业战略竞优、提高效率和效益为目的，支持企业高层决策、中层控制、基层运作的集成化的人机系统。

这个定义也说明管理信息系统绝不仅仅是一个技术系统，而是把人包括在内的人机系统，因而它是一个管理系统，是个社会系统。管理信息系统目前已经形成了一个学科，它引用其他学科的概念，把它们综合集成为一门系统性的学科。

它面向管理，利用系统的观点、数学的方法和计算机应用三大要素，形成自己独特的内涵，是一门系统型、交叉型、边缘型的学科。

⇨【小贴士】

很多人认为管理信息系统就是以计算机网络为核心的庞大技术系统，通过我们对以上概念的学习，大家应该纠正这一误解。虽然管理信息系统是以人为主导的，技术手段能有效地促进信息储存、加工与传递、利用的效率，但技术手段在何种程度上发挥作用仍取决于人的观念或组织文化。

⊟⟩**【实 例 8-2】**

企业文化与计算机网络的关系

　　某人第一次到一个城市,入住一家五星酒店。当他登记个人信息后进入客房,惊讶地发现房间里摆放着一些他个人特别需要的东西:柠檬、榴莲、游泳裤等,他并未向酒店员工说明这些要求,原打算等一会儿打电话给服务员让他们送来这些东西。酒店怎么会知道他的特别喜好呢? 原来他以前曾经入住其他城市同一品牌的连锁酒店,向服务员提出过这些要求,酒店将这些信息储存在客户信息系统中,并在整个连锁经营的系统共享,就提前为他做了这些个性化服务,让顾客觉得非常满意。试想如果仅有电脑网络,缺乏足够的客户至上、宾至如归的理念,电脑网络能发挥这一作用吗?

　　再比如目前许多企业都十分重视企业内的知识共享,为了促进员工之间的交流与知识共享,专门投资建立了计算机网络交流平台。但从高层管理者到基层员工都知道,要促进知识共享,最重要的是在企业内营造出助人为乐、不吝啬知识、积极向同事学习的企业文化。如果没有这种文化,再先进的电脑软件系统利用率也十分低下。

⊟⟩**【思辨策划 DIY 8-1】**

　　请思考"技术手段在何种程度上发挥作用乃取决于人的观念或组织文化"的具体表现。

二、管理信息系统的结构

(一)概念结构

从概念上看,管理信息系统由四大部件组成,即信息源、信息处理器、信息用户和信息管理者。如图 8-2 所示。

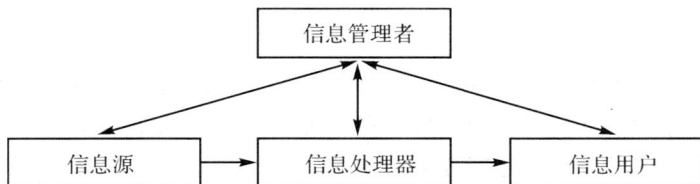

图 8-2　管理信息系统总体结构

　　这里信息源是信息的产生地;信息处理器负担信息的传输、加工、保存等任务;信息用户是信息的使用者,他运用信息进行决策;信息管理者负责信息系统的设计、实现,在实现后,他负责系统的运行和维护、协调。

　　由于一般的组织管理是分层次的,如高层战略管理、中层管理控制、基层运行控制,所以为他们服务的信息处理与决策支持也分为三层,并且还有最基层的业务处理,就是打字、算账、造表等。另一方面管理是按职能分条的,信息系统也可以分为销售与市场、生产、财务与会计、人事及其他等。一般来说,下层系统的信息处理量最大,上层的处理量最小,呈现纵横交错的金字塔形(见图 8—3)。管理信息系统的结构又可以用子系统及它们之间的联系来描述,所以又有管理信息系统的纵向综合、横向综合以及纵横综合的概念。不太准确的描述就是:横向综合是按层次划分子系统,纵向综合是按条划分子系统,例如把车间、科室、以及总经理层的所有人事问题划分成一个子系统。纵横综合则是金字塔中任何一部分均与其他部分组成子系统,达到随意组合使用的目的。

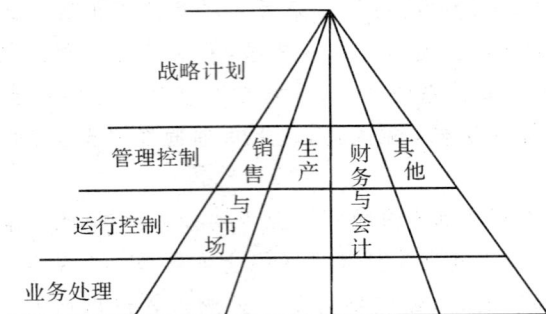

图 8-3　管理信息系统的纵横交错结构

（二）管理信息系统的功能结构

一个管理信息系统从使用者角度看,它总是有一个目标,各种功能之间又有各种信息联系,构成一个有机结合的整体,形成一个概念结构。这里的子系统所标注的是管理的功能或职能,而不是计算机的名词。它说明管理信息系统能实现哪些功能的管理。

1.销售市场子系统

它包括销售和推销,在运行方面包括雇佣和训练销售人员、销售和推销的日常调度,还包括按区域、产品、顾客的销售数量的定期分析等。在管理控制方面,包含总的成果和计划的比较,它所用的信息有顾客、竞争者、竞争产品和销售力量要求等。在战略计划方面包含新市场的开发和战略,它使用的信息包含顾客分析、竞争者分析、顾客评价、收入预测、人口预测、技术预测等。

2.生产子系统

它包括产品设计、生产设备计划、生产设备的调度和运行、生产人员的雇佣和训练、质量控制和检查等。典型的业务处理是生产订货(即将产品订货展开成零部件需求)、装配订货、成品票、废品票、工时票等。运行控制要求把实际进度与计划相比较,发现卡脖子环节。管理控制要求进行总进度、单位成本和单位工时消耗的计划比较。战略控制要考虑加工方法和自动化的方法。

3.后勤子系统

它包括采购、收货、库存控制和分发。典型的业务包括采购的征收、采购订货、制造订货、收货报告、库存票、运输票、装货票、脱库项目、超库项目、库营业额报告、卖主性能总结、运输单位性能分析等。管理控制包括每一后勤工作实际与计划的比较,如库存水平、采购成本、出库项目和库存营业额等。战略分析包括新的分配战略分析、对卖主的新政策、新技术分析、分配方案等。

4.人事系统

它包括雇佣、培训、考核记录、工资和解雇等。典型业务有雇佣需求说明、工作岗位责任制说明、培训说明、人员基本情况数据(学历、技术专长、经历等)、工资变化、工作小时、离职说明等。运行控制关心的是雇佣、培训、终止、变化工资率、产生效果等。管理控制主要进行实情与计划的比较,包括雇佣数、招募费用、技术库存成分、培训费用、支付工资、工资率的分配和符合政府要求的情况等。战略控制包括雇佣战略和方案评价、工资、训练、收益、职位政策及对留用人员的分析等,把本国的人员流动、工资率、教育情况和世界的情况进行比较等。

5.财务和会计子系统

财务和会计有不同的目标,财务的目标是保证企业的财务要求,并使其花费尽可能低;会计则是把财务业务分类、总结,填入标准财务报告,准备预算、成本数据的分析与分类等。运行控制关心的是每天的差错和异常情况报告、延迟处理的报告和未处理业务的报告等。管理控制包括预算和成本数据的分析比较,如财务资源的实际成本、处理会计数据和成本差错率等。战略关心的则是财务保证的长期计划、减少税收影响的长期计划、成本会计和预算系统的计划等。

此外,管理信息系统还包括信息处理子系统和高层管理子系统。

6.信息管理子系统

信息管理子系统的作用是保证信息的需要,典型任务是处理请求、搜集数据、改变数据和程序的请求、报告软件和硬件的故障,以及规划建议等。运行控制的内容包括日常调度、控制差错率和设备故障。管理控制关心计划和实际的比较,如设备成本、全体程序员的水平、新项目的进度和计划的对比等。战略计划关心的是信息系统的总体计划、与企业总体战略的协调一致、硬件软件的总体结构等。办公室自动化也可算作与信息处理分开的子系统或合一的系统,当前办公自动化的主要作用是支持知识工作和文书工作,如字符处理、电子信件、电子文件和数据与声音通信。

7.高层管理子系统

每个企业都有一个最高领导层,如公司总经理和各职能领域的副总经理组成的委员会,高层管理子系统就是为他们服务。其业务包括查询信息和决策支持、编写文件和信件便笺、向公司其他部门发送指令等。运行控制的内容包括会议进度、控制文件、联系文件。管理控制层要求各功能子系统执行计划的总结和计划的比较等。战略计划层关心公司的方向和必要的资源计划。高层战略计划要求广泛的综合的外部信息和内部信息,这里可能包括特级数据检索和分析,以及决策支持系统。它所需要的外部信息可能包括竞争者信息、区域经济指数、顾客喜好、提供的服务质量等。

三、管理信息系统的发展阶段

管理信息系统的发展与计算机技术、通信技术和管理科学的发展密切相关。从第一台计算机于1946年诞生至今,60多年来,管理信息系统经历了由单机到网络、由低级到高级、由电子数据处理到管理信息系统,再到决策支持系统,由数据处理到智能处理的过程。这个发展过程大致可分为以下几个阶段：

（一）电子数据处理系统（Electronic Data Processing Systems，简称 EDPS）

电子数据处理系统的特点是数据处理的计算机化，目的是提高数据处理的效率。它又可以分为两个阶段

1.单项数据处理阶段

单项数据处理阶段（20 世纪 50 年代中期到 60 年代中期）是电子数据处理的初级阶段，主要是用计算机部分地替代手工劳动，进行一些简单的单项数据处理，如工资计算、产量统计等。计算机相当于"高级算盘"。

2.综合数据处理阶段

综合数据处理阶段（60 年代中期到 70 年代初期）的计算机技术有了很大的发展，出现了大容量直接存取的外存储器，并且一台计算机可带动若干终端，可以对多个过程的有关数据进行综合的处理，各类信息报告应运而生，其特点是按事先规定的方式和要求提供各类状态报告，它在目前最先进的现代化企业信息管理系统中不断完善，被更广泛地应用，被称为"状态报告系统"。

状态报告系统是支持企业运行层日常操作的主要系统，它进行日常业务的记录、汇总、综合、分类，它输入的往往是原始数据，输出的是分类或汇总的报表，如订单处理、旅馆预约系统等等。这个系统由于处理的问题处于较低的管理层，因而问题比较结构化，处理步骤较固定，其主要的操作是排序、列表、更新和生成，主要使用的运算是加、减、乘、除，主要使用人员是运行人员。

主要的 EDPS 类型有销售/市场系统、制造/生产系统、财务/会计系统、人事/组织系统等。其功能请见表 8-1。

表 8-1　EDPS 系统类型

	销售/市场	制造/生产	财务/会计	人事/组织
主要功能	销售管理 市场研究 供销 定价 新产品	调度 采购 运输/接收 工程 运行	预算 总账 文票 成本会计	档案 业绩 报酬 劳动关系 培训
主要子系统	销售订货 市场研究 定价报价	材料资源计划 采购订单控制 工程计划控制	总账 预算 基金管理	工资 档案 业绩 职业经历 人事计划

现代企业若没有 EDPS，简直无法工作。EDPS 的故障将造成银行、超市、航空订票处等等工作无法开展，带来极大损失。现代企业 EDPS 系统所处理的数据量大得惊人，是人用手工无法完成的，EDPS 已成为现代企业无法离开的系统。而且 EDPS 是企业信息的生

产者,其他的系统将利用它所产生的信息为企业作出更多的贡献。

⬡▷【相关链接 8-2】

　　一个银行营业所白天 8 小时所累积的业务,用手工加班至少 4 小时才能处理完,而计算机只需几分钟。利用计算机 EDPS 系统,一个人一天可以处理 500 笔业务,如果不用计算机可能需要 50 人才能完成。

（二）管理信息系统（MIS）

70 年代初随着数据库技术、网络技术和科学管理方法的发展,计算机在管理上的应用日益广泛,管理信息系统逐渐成熟完善起来。它最大的特点是高度集中,能将组织中的数据和信息集中起来,进行快速处理,统一使用。有一个中心数据库和计算机网络是管理信息系统的重要标志。MIS 的处理方式是在数据库和网络上进行分布式处理,随着计算机网络和通信技术的发展,不仅能把组织内部的各级管理联系起来,而且能够克服地理界限,把分散在不同地区的计算机网互联,形成跨地区的各种业务信息系统和管理信息系统。它的另一特点是利用定量化的科学管理方法,通过预测、计划优化、管理、调节和控制等手段来支持决策。

⬡▷【思辨策划 DIY 8-2】

　　作为消费者,企业信息管理系统为我们的日常生活带来了哪些便利?

（三）决策支持系统（Decision Support Systems,简称 DSS）

早期的 MIS 主要是为管理者提供预定的报告,而 DSS 则是在人和计算机交互的过程中帮助决策者探索可能的方案,为管理者提供决策所需的信息。由于支持决策是 MIS 的一项重要内容,DSS 无疑是 MIS 的重要组成部分,同时 DSS 是以 MIS 管理的信息为基础,是 MIS 功能上的延伸。从这个意义上,可以认为 DSS 是 MIS 发展的新阶段,而 DSS 是把数据库处理与经济管理数学模型的优化计算结合起来,具有管理、辅助决策和预测功能的管理信息系统,它是以计算机技术的智能化发展为基础的。

⬡▷【相关链接 8-3】

　　国内某纺织厂开发的一个用于配棉计算的决策支持系统。我们知道不同的棉花有不同的强度、不同的耐磨性、不同的吸水性,还有不同的价格和运输费用,致使每种产品要求的棉纱也有不同的特性。实际上,一根成品纱是由几十根纱混纺而成的。那么应当用什么棉、多少支纱来混纺,才能达到强度、耐磨度、吸水性和成本最低的要求目标,这可以用线性规划建立一组包含几十个变量、几十个方程式的数学模型,决策支持系统用来进行这种计算,使每年节约资金多达几十万元。这种计算过程十分繁琐复杂,用手工无法完成。

综上所述,数据处理系统、管理信息系统、决策支持系统各自代表了信息系统发展过程中的某一阶段,但至今它们仍各自不断地发展着,而且是相互交叉的关系。电子数据处理系统是面向业务的信息系统,管理信息系统是面向管理的信息系统。决策支持系统是面向决策的信息系统,决策支持系统在组织中可能是一个独立的系统,也可能作为管理信息系统的一个高层子系统而存在。

管理信息系统是一个不断发展的概念。90 年代以来,决策支持系统与人工智能、计算机网络技术等结合形成了智能决策支持系统(In-Telligent DSS,简称 GDSS)。此外还出现了不少新的概念,诸如总裁信息系统、战略信息系统、计算机集成系统和其他基于知识的信息系统等。未来也许最难预言的领域就属于信息技术领域了。以前,很少有人听说过遗传算法,使用它的就更少。而如今,情况发生了很大的变化。成千上万的组织正在充分利用遗传算法的独特性能和它决策支持的优势。信息技术产业将继续研究人工智能技术,而且将继续开发新的、更好的用于支持各类重要决策职能的 IT 技术。

▷【思辨策划 DIY 8-3】

请你再列举出一些你所知或使用的基于 DSS 技术的软件或系统。

四、管理信息系统的特点

(一)面向管理,为管理者服务

管理信息系统的最终目的是为管理者服务的,因此,必须根据管理的需要,及时提供所需要的信息,以帮助管理者作出各种相应的决策,它是管理者提高管理效率的一种手段。

(二)综合性系统

从广义上讲,管理信息系统是一个对企业进行全面管理的综合系统。按管理职能可以分为以下几个子系统:市场销售子系统、生产管理子系统、财务管理子系统、人事管理子系统、库存管理子系统、信息管理子系统、高层管理子系统。一个企业在建设管理信息系统时,可根据逐步开发应用个别领域的子系统,然后逐步扩散到其他领域,最终达到应用管理信息系统进行全面综合的管理。管理信息系统综合的意义在于产生更高层次的管理信息,为管理决策服务。

如企业某一种类的产品的主生产计划是根据订货服务、市场预测的结果制定的;通过库存管理,决定需要多少原材料、半成品、外购件及资金,而且确定物料的到达时间和库存水平,要产生这些信息用到的产品数据是由工程技术与生产数据管理系统得到的;根据库存管理系统的安排,采购及进货系统决定何时进行采购和订货手续;库房安排系统决定何时何地接收货物;制造活动系统决定何时何车间何工位进行何种生产工作;制造活动计划系统所安排的仍然只是一个计划,只有通过开发工作令系统发出命令,一切工作才见诸行动;库房安排系统在整个工作开始后,不断监视各种工作的完成情况,并进行调整和安排应急计划;最后进行包装运出,还有工厂维护系统,安排大修等事宜;还有成本计划与控制系统进行相关工作。这里只是从信息流程、工厂物理流程角度描述了管理信息系统的综合性。

(三)人机系统

管理信息系统的目的在于辅助管理人员进行决策,而决策只能由人来做,计算机只是一个工具而已,因而管理信息系统必然是一个人机结合的系统。在管理信息系统中,各级管理人员既是系统的使用者,又是系统的组成部分,因此在管理信息系统的开发过程中,应正确地界定人和计算机在系统中的地位和作用,充分发挥人和计算机各自的长处,使系统的整体性能达到最优。

（四）现代管理方法和手段结合的系统

人们在管理信息系统应用的实践中发现,只简单地采用计算机技术提高处理速度,而不采用先进的管理方法,管理信息系统的应用仅仅是用计算机系统仿真手工管理系统,充其量只是减轻了管理人员的劳动,其作用的发挥十分有限。管理信息系统要发挥其在管理中的作用,就必须与先进的管理手段和方法结合起来。在开发管理信息系统时,要融入现代化的管理思想和方法。

（五）不断完善的动态系统

企业作为一个组织,自身也在不断地发展变化之中,如部门的增加与合并,人员的流动等。同时为了适应市场的变化,在生产经营的过程中,又要不断地调整经营策略,如产品的更新换代、新产品的开发等。作为反映企业全面综合管理的系统,也必须不断地进行更新与维护,才能有效地为管理决策服务,因此,管理信息系统是个不断完善的动态系统。

（六）多学科交叉的边缘科学

管理信息系统作为一门新的学科,产生较晚,其理论体系尚处于发展和完善过程中。早期的研究者从计算机科学与技术、应用数学、管理理论、决策理论、运筹学等相关科学中抽取相应的理论,构成管理信息系统的理论基础,从而形成一个有着鲜明特色的边缘科学。

五、改善企业文化内部环境,充分发挥管理信息系统的作用

要充分发挥管理信息系统的作用,前提是正确认识管理信息系统。管理信息系统和"用计算机辅助企业管理"是两回事,它不仅仅是计算机的应用,计算机只是其工具,管理信息系统是企业的神经系统,是一个人机系统、社会系统。为使管理信息系统更好地发挥作用,管理者应做好以下几方面工作。

（一）改善企业内部的人文环境

现代的网络化管理信息系统至少代表了公平、透明、高效等理念,它与传统的等级意识、权威意识会有一定的矛盾,人们有时可能会为维护传统的观念和既得利益而抵触网络。因此,在进行管理信息系统的投资、硬件建设的同时,管理者一定要重视内部软环境,即文化环境的建设,使企业内树立起与现代管理信息系统相一致的价值观念,这样才能使管理信息系统更好地发挥作用。

（二）积极进行组织的创新和改革

管理者还应当积极进行组织的创新和改革,以主动适应管理信息系统带来的一系列变化。如积极在企业内实施 ERP 工程,进行机构改组,将传统金字塔式的高耸型组织结构转变为乐队式的扁平型组织结构,进行业务流程再造（Business Process Reengineering,简称BPR）等等。这些改革往往涉及机构的重组、人事的变迁,会造成权力、利益、人际关系的变化,因此极有可能受到既得利益者的抵触,管理者对改革的必要性、难度、方法方案、障碍等应有充分的认识和准备。

⇨【实 例 8-3】

　　2000 年左右,海尔集团公司撤销了原来分散在各个事业部及分公司的采购部门,依靠计算机网络技术成立集团物流配送中心,将采购工作集中在物流中心进行,从而形成了规模采购优势。此举不仅大大降低了采购成本,并与多家世界 500强公司形成战略联盟合作关系,把采购管理上升到战略性高度,大大促进了集团公司的发展。但在此过程中,改革涉及大量权力、人事的变更和重组,比如一些原来的采购人员,甚至采购主管,在机构调整过程中不得不下岗,成为一名流水线上的工人,改革的难度可想而知。

⇨【复习题】

1. 信息有何性质?
2. 管理信息系统内部结构包含哪些组成部分?
3. 管理信息系统发展经历了哪几个阶段?
4. 管理信息系统有何特点?
5. 为什么说管理信息系统是一个人机系统、社会系统? 强调这一点有何意义?

第九章

现代生产运作管理

> > > >

　　企业的经营离不开生产,只有通过生产活动,企业才能为社会提供产品或服务。试想如果要开办一家汽车生产企业,首先需要进行产品决策,是生产货运汽车还是轿车? 如果生产轿车,是生产高档轿车还是中低档轿车? 其次,就要决定年产量多少并选择生产工艺。再次,要确定在何处建厂,确定工厂布局及部门、岗位设计。在完成以上任务后,工厂就要开始投入生产,这时就需要编制生产计划和生产作业计划,合理安排人力、物力和财力,控制生产,使产品能够按照客户要求生产出来。同时,企业的生产活动还应不断调整以适应瞬息万变的市场需求。

第一节　现代生产运作管理概述

一、生产运作管理概念

　　企业生产是制造产品和创造服务的过程,离不开人、财、物等资源,只有对这些资源进行有效管理才能达到企业经营目标。

　　在非制造业生产经营活动大量出现之前,对生产的理解只局限在有形产品的形成过程,那时的生产管理主要针对制造业而言。随着以服务业为主的第三产业出现,生产的职能及内涵逐渐扩大与延伸,此时生产不仅包括有形产品的生产,还包括无形服务的"生产"。"生产"一词逐渐为生产运作所替代,而"生产运作管理"这一说法也逐渐取代了生产管理。企业生产运作就是指企业将它的输入转化、增值为用户所需要的输出的过程。生产运作管理是对生产运作过程进行计划、组织、控制。

　　↪【思辨策划 DIY 9-1】

　　　制造业与服务业生产的区别是什么?

二、生产运作系统

生产运作系统是生产运作管理的核心部分,是人的组织、物的配置和资金运筹协调运作的统一,是将投入的生产资源(包括人力、资金、设备、原材料、能源、基础设施和土地等)经过一系列的生产服务作业,最终产出有形产品或无形服务的有机整体。如图9-1所示。

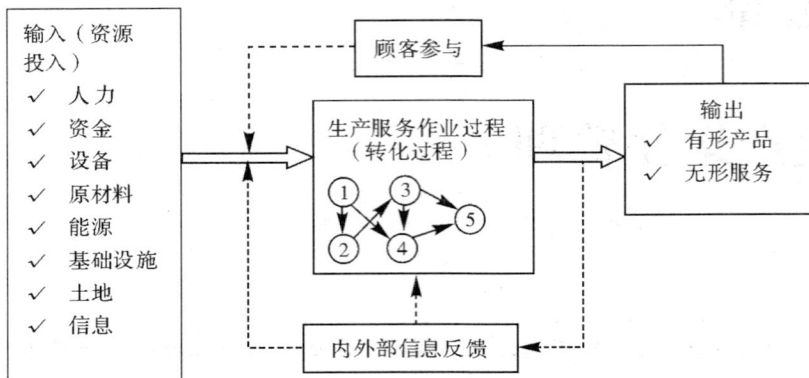

图 9-1　一般的生产运作系统

⇨【思辨策划 DIY 9-2】

学校、酒店、医院、工厂等不同类型组织的生产运作系统,其输入、转换及输出的是否一样? 请举例说明。

三、生产运作管理的目标、任务、基本内容

激烈的市场竞争对企业提出了时间、质量、成本、服务、环保五方面要求,企业生产运作管理的目标就是:高效、灵活、准时、清洁地生产合格产品和提供满意服务。企业经营过程中,涉及计划、组织、控制等职能,生产运作管理的任务就是将以上职能应用于生产运作过程的决策当中。

生产运作管理的内容大体包括:对生产运作系统设计的管理;对生产运作系统运行过程的管理;对生产过程改进过程的管理。

四、生产运作的类型

(一)制造性生产类型

1.按生产工艺特点分

(1)流程型生产

流程型生产的工艺过程是连续且流程顺序是固定不变的。生产设施按工艺流程布置,原材料按照固定的工艺流程连续不断地通过一系列设备加工成产品。如石油精炼、金属冶炼、饮料制造、酿酒制造、纺织、造纸等都属流程型生产。

（2）加工装配型生产

加工装配型生产的产品是由许多零部件构成的，各零件的加工过程彼此独立，所以整个产品生产工艺是离散的，制成的零件通过部件装配和总成装配最后成为产品。如汽车、计算机、电视机、洗衣机、冰箱、家具等产品的制造。

2.按企业接受的订货方式分

（1）存货型生产

存货型生产是企业根据所预测的市场需求量而做的生产，产品有库存。

（2）订货型生产

订货型生产是根据顾客的订单需求所做的生产。

3.按产品专业化程度高低分

（1）大量生产

产品数量很大，大多数工作地点长期按照一定的生产节拍（在流水线生产中，相继完成两件制品之间的时间间隔）进行某一个零件的某一道工序的加工。大量生产品种单一，产量大，生产重复程度高。如螺母、螺钉等标准件的生产。

🖙【实 例 9-1】

　　大量生产的典范是美国福特制。福特汽车创立于1903年，当时年产量1700多辆，此时汽车市场刚刚起步，很多家庭没有汽车，基本需求具有很大相同倾向且未得到满足，消费者的收入水平使得价格成为购买的决定因素。老福特认为价格取决于成本，汽车成本的下降将使其销售量上升，从而带动汽车产量增加，产量增加又会使生产成本继续下降。因此老福特的发展思路是上量—降成本，大规模生产，大规模采购，用规模和低成本来竞争。

　　为实现尽可能低的成本，福特推行生产过程自动化，由此增加的固定成本会被规模经济所消化，且新的工艺技术能有力推动成本降低并能时刻保持生产过程的效率。

　　从1908年开始，福特着手在T型汽车上实行单一品种大量生产，到1915年建成了第一条生产流水线，实现了一分钟生产一辆汽车的愿望，到1916年T型汽车的累计产量达到58万辆。随着产量的增加，汽车的成本也大幅下降，从1909年的950美元，降到了1916年的360美元，11年后，也就是1927年，T型车的累计产量突破了150万辆，市场占有率达到50%。很多美国家庭实现了汽车梦想。

（2）成批生产

成批生产是指一年中分批轮流地制造几种不同的产品，每种产品均有一定的数量，工作地点的加工对象周期性地重复。与大量生产比，成批生产的产品品种比较多，产量比较少。

成批生产介于大量生产与单件生产之间，即品种不单一，每种都有一定的批量，生产有一定的重复性。现实生产中，单纯的大量生产和单纯的单件生产都比较少，一般都是成批生产。

（3）单件生产

单件生产是指产品品种多，而每一种产品的结构、尺寸不同，且产量很少，各个工作地点的加工对象经常改变，且很少重复的生产类型。如轮船制造。

（二）服务型生产运作类型

1. 按是否提供有形产品分

（1）纯劳务型服务。纯劳务型服务不提供有形产品，如咨询、律师、授课等服务。

（2）一般劳务型服务。该类型服务提供有形产品，如批发、零售。

2. 按与顾客接触的程度分

（1）高接触型运作。是指那些与顾客直接打交道的服务性运作，如酒店接待、柜台销售、医院门诊等。

（2）准制造型运作。是指不与顾客直接打交道，而是从事业务和信息处理的服务性工作，如企业的行政管理、会计事务处理等。

（3）混合型运作。介于高接触型运作与准制造型运作之间，如售后服务、电话销售等。

五、生产运作管理未来发展趋势

随着经济全球化的发展，越来越多的企业走出国门，全球化企业和全球化市场不断涌现。为适应经济全球化变化，企业生产组织也应做出根本性变革。

全球化竞争的不断加剧，使得产品的更新换代越来越快，产品的生命周期越来越短，要求企业缩短产品从创新到上市的周期，这对生产运作管理又是一大挑战。

人类为了自身的高质量物质生活和精神生活，不断从自然界中攫取资源来发展生产，在获得物质生活不断完善的同时，土地植被的破坏、生态环境的破坏、气候恶化、水土流失等环境问题也越来越严重。生产管理者除了对提供产品和服务负责外，还要对生产产生的"废物"负责。

围绕成本、质量、交货期、产品开发周期及环保展开的市场竞争，使得生产运作管理出现以下发展趋势：

（一）生产运作管理的范围日益变宽

与传统的生产运作管理相比，现代生产运作管理的范围正在日益拓宽，与企业其他管理的界限正逐步淡化并相互影响，相互渗透的趋势日渐明显。

（二）生产运作策略将受重视

传统的生产运作只被认为是执行公司战略，无策略可言。而在经济全球化形势下，生产运作管理必须要在全球范围内优化资源配置，以尽可能低的成本、最快的响应速度来制造个性产品、提供个性化服务。如何优化资源配置，如何制造个性化产品和提供个性化服务就是策略问题，这些策略成功实施是实现企业的总体战略的前提条件。

（三）业务过程重组

由于完全买方市场对公众大市场的取代，顾客要求企业按其要求生产产品和提供服务，而且在同一市场出现的产品只有价格低、质量高、服务好才能赢得顾客青睐，产品生命周期日趋缩短使以任务为导向的生产管理成为过去。因此企业应该围绕过程来组织所有活动，是企业业务的再发明而不是原有业务的改进与扩展。

（四）供应链管理使企业更具竞争力

在不确定性的环境下，企业不可能在所有时间和所有方面都占据优势。为赢得竞争，企业就摒弃过去那种从研究开发到设计制造到销售，从原材料到半成品到成品的发货，都由企业自身独立承担和控制的模式，转而与在设计、原材料供应、毛坯制造、零部件加工、产品装配、包装、运输等各个环节中有优势的企业合作，充分发挥各自优势，形成一条从供应商、制造商、经销商到最终用户的物流与信息流网络，即供应链。供应链使链中的企业能更好专注于自己的核心竞争力，使供应链企业具备很强的整体竞争力。

（五）大量定制生产将个性化与标准化有机结合

工业革命早期的生产是个性化生产，它按照顾客个性化需求来进行产品生产，采用的是定制生产方式，但效率低、成本高；而标准化生产的产品具有共性，采用的是备货型的生产方式，由于产品具有共性，易达到规模经济效应，因而可以实现高效率与低成本，但无法满足人们的个性化需求。如何以大量生产的效率和成本来生产个性化产品，是生产运作管理要解决的问题。大量定制生产巧妙地将个性化与标准化结合起来，以大量生产的效率和成本，生产个性化的产品。

▷【实 例 9-2】

海尔的消费者自己动手定制冰箱

随着生活水平和信息化水平提高，消费者更加关注家电功能的多样化和个性化。大批量生产一种家电产品的生产方式逐步受到淘汰，而在生产布局、技术工艺管理、组织流程上实行柔性化，进行小批量生产，一条生产线可以生产几十种型号产品的生产方式由于可以满足不同消费者的个性需求而逐渐成为主流。海尔集团率先推出"定制冰箱"，在全国范围掀起一股"定制"冰箱的热潮。

定制冰箱设计上要求对产品进行科学合理搭配、模具要重新制作、生产线要重新调试、配送系统要对好型号等，因此在设计系统、模具制造系统、生产系统、配送系统、支付系统、服务系统等方面对企业提出更高要求，而海尔做到了。在设计科研方面，海尔拥有世界一流的工业设计公司海高设计公司，并在世界各地设立了6个设计分部和10个设计中心，海尔的中央研究院和70个研究所可以整合世界科技资源；在生产制造方面，海尔拥有遍布世界的15条先进生产线；在产品配送方面，海尔进行了大规模的业务流程改造，构建了庞大的物流网络系统。这一切为冰箱定制生产提供了有力保障。

目前，海尔已能够设计生产欧、亚、美、日等全球4种主流冰箱，拥有12大系列5800余种型号产品，可以满足世界各地消费者的不同需求。如今，海尔生产线上的冰箱，有一半以上是按照客户要求进行生产的。

思考：海尔的定制冰箱为何如此受欢迎？定制冰箱反映了生产运作管理的何种发展趋势？

资料来源：http://www.chinaccm.com/09/0904/090402/news/20011121/143324.asp

第二节　现代生产运作管理实务

一、生产计划

生产计划是指既要满足客户要求的三要素（"交期、品质、成本"），又要使企业获得适当利益，而对生产的三要素（"材料、人员、机器设备"）所做的适当准备、分配及使用的计划。

在企业计划体系中，生产计划是一种战术性计划，是生产运作管理的依据，它对企业的生产任务作出统筹安排，规定着企业在计划期内产品生产的品种、质量、产量、产值等指标。制造业企业的生产计划一般由综合生产计划（年度生产计划、年度生产大纲）、主生产计划（生产进度安排计划）和物料需求计划（原材料、零部件生产采购计划）这三个不同层次的计划构成。

（一）生产计划任务

1.为交货日期与生产量提供保证；

2.使企业维持同其生产能力相称的工作量（负荷）及适当开工率；

3.为物料采购提供基准依据；

4.使重要的产品或物料的库存量维持在适当水平；

5.对长期的增产计划作人员与机械设备补充的安排。

（二）生产计划内容

1.生产什么东西——产品名称、零件名称；

2.生产多少——数量或重量；

3.在哪儿生产——部门、单位；

4.什么时候完工——期间、交期；

5.什么时候开始生产。

（三）生产计划常用指标

现代企业的生产计划是由一系列反映企业在计划期内生产经营活动的指标来反映，主要有产品品种、质量、产量、产值、出产期等指标。

1.品种指标

所谓品种指标是企业在计划期内出产的产品品名、型号、规格和种类数，它涉及"生产什么"的决策。确定品种指标是编制生产计划的首要问题，关系到企业的生存和发展。品种指标一般包含企业在计划期内生产的产品名称、规格等的规定和企业在计划期内生产的不同品种、规格产品的数量两方面内容。

2.质量指标。产品质量指标是指企业在计划期内各种产品应该达到的质量标准。产品质量是衡量企业经济状况和技术发展水平的重要指标之一，是衡量产品使用价值的重要标志，它包括产品的内在质量（如性能、工作精度、使用寿命、使用经济性、安全性、可靠性、可维修性等）及外观质量（如产品的外形、颜色、包装等）两方面。产品质量保证和提高产品质量，是企业实现生产任务、满足市场需要的一个十分重要的方面。企业的产品质量，综合反映了企业的技术水平和管理水平,是企业生命力的源泉,也是企业营造核心竞争力的保证。

3.产量指标

产品产量指标是指企业在计划期内根据市场情况生产的可供销售的工业产品的实物数量和工业性劳务数量。产量指标涉及"生产多少"的决策,关系到企业能获得多少利润。产品产量指标通常采用实物单位来计量。例如,钢铁用"吨",机床用"台",发电量用"千瓦·时"表示。产量指标是表示企业生产能力和规模的一个重要指标,是企业进行供产销平衡和编制生产作业计划、组织日常生产的重要依据。

4.产值指标

所谓产值指标是用货币表示的产量指标,它是企业生产成果的综合反映,因为它还受质量因素影响,因此又不同于产量指标。根据具体内容与作用不同,产值指标分为商品产值、总产值和净产值三种形式。

商品产值是指企业在计划期内应当出产的可供销售的产品和工业性劳务的价值。商品产值是反映企业生产成果的重要指标,表明企业在计划期内向社会提供的商品总量。

总产值是用货币表现的企业在计划期内应该完成的工作总量。总产值指标反映一定时期内企业总的生产规模和水平,包括商品产值、在制品、半成品、自制工具、模型的期末期初结存量差额的价值以及订货者来料的价值。

净产值是企业在计划期内新创造的价值。其计算公式为:

$$净产值＝总产值－物质消耗价值$$

其中物质消耗价值是指原材料、燃料、辅助材料、外购动力、固定资产折旧价值以及其他物质消耗费用。

5.出产期

出产期是为了保证按期交货确定的产品出产期限。产品出产期是确定生产进度计划的重要条件,也是编制主生产计划、物料需求计划、生产作业计划的依据。

二、生产作业计划与生产作业控制

(一)生产作业计划

工厂要对每个工人和工作地安排每天的生产任务,规定开始时间和完成时间;医院为病人手术而对手术室、手术器械、医生、护士等进行的安排;学校为每位教师的上课而编排课程表都是生产作业要解决的问题。因此企业生产计划确定后,为了便于组织执行,还要进一步编制生产作业计划。生产作业计划是生产计划的具体执行计划,它根据生产计划,依照一定的期量标准来编制。

在制造企业中,生产作业计划把全年生产任务具体分配到各车间、工段、班组以至每个工作地和工人,规定他们在月、旬、周、日以至轮班和小时内的具体生产任务。如,车间月计划,车间周计划,班组周计划,班组日计划,班组轮班计划。生产计划与生产作业计划的编制与执行,决定着能否充分地利用企业的生产能力和各种资源,能否实现均衡生产,能否按品种、按质量、按期限生产出市场需要的产品,也影响到企业能否取得较好的经济效益。

生产作业计划工作包括制定期量标准、生产作业准备的督促与检查、生产调度、在制品管理、生产作业统计与分析、生产作业计划执行情况考核等内容。

期量标准,又称作业计划标准,是对生产作业计划中的制造对象(产品、部件、零件等)的生产期限和生产数量,经过科学分析和计算而规定的一套标准数据,它是编制生产作业计划的重要依据。

期量标准具有以下作用:有利于保证各个生产环节之间的衔接,从而保证按期出产和交货;有利于建立企业正常的生产秩序和工作秩序,克服前松后紧现象;有利于合理利用人力、物力、财力资源,提高生产效率和经济效益。

不同类型的企业,由于生产过程的组织形式不同,应采用不同的期量标准。

1. 大量生产的期量标准

大量流水生产的期量标准有:节拍、流水线工作指示图表、在制品定额等。

节拍。它是指在流水线上前后出产两件相同制品的时间间隔。

标准指示图表。标准指示图是为便于组织大量生产而对流水线的工作制度、设备数量、工人人数和工序间在制品流动情况进行统筹安排,并把它们之间的相互关系用坐标指示图表的形式固定下来,作为组织生产的依据。

在制品定额。为保证生产正常进行而根据先进可行的原则和生产资金限额对各种形式在制品所规定的数量标准。

2. 批量生产的期量标准

成批生产的期量标准有:批量、生产间隔期、生产周期、提前期、在制品定额等。

批量。批量是一次投入或产出同种产品或零部件的数量。

生产间隔期。生产间隔期是相邻两批产品或零部件投入或产出的时间间隔。批量与生产间隔期有密切的联系。两者的关系可表示为:批量=生产间隔期×平均日产量。

生产周期。生产周期是从原材料或半成品投入生产开始至制品完工入库为止所经历的日历时间。生产周期有产品生产周期、零件或毛坯生产周期之分。产品生产周期是从毛坯制造开始,经零件加工、部件装配、总装配和试验、喷漆和包装直至最后出产为止的全部日历时间的总和。零件或毛坯生产周期是指制品从投入某一生产工艺阶段至工艺阶段结束的日历时间。

提前期。产品的装配、零件的加工、毛坯的制造等在各工艺阶段的投入和产出时间比成品出产应提前的时间,它是以成品出产为起点,按反工艺顺序的方向加以确定的。

成批生产在制品定额:分为车间内和车间之间的在制品定额两种。

3. 单件生产的期量标准

单件生产因品种多、产量少、专业化程度低,它的期量规定直接表示在产品生产周期图表和劳动量日历分配图表上。

生产周期图表:对产品装配、零件加工、毛坯制造等的作业次序和作业日历时间进行总体安排的图表。

劳动量日历分配图表:是把产品的总劳动量按工种和生产日历进度分配到生产周期的各个阶段而编制的图表,用以平衡各车间的生产能力。

(二)生产作业计划编制方法

编制作业计划实质上是要将资源分配给不同的任务,按照既定的优化目标,确定各种资源利用的时间问题。例如如何将某零件的加工任务分配给不同的机器和工人加工,从而使加工的时间最少、误期完工最少或成本最低。作业计划的编制属于任务的分配与排序问题。

根据企业生产类型、生产规模及作业性质等,生产作业计划的编制主要采用在制品定额法、生产提前期法、生产周期法。

1.在制品定额法(又称连锁计算法)

(1)含义

在制品定额法是指运用在制品定额,结合在制品实际结存量的变化,按产品反工艺顺序,从产品出产的最后一个车间开始,逐个往前推算各车间的投入、出产任务。

(2)适用范围

在制品定额主要适用于以制品定额作为调节生产任务量标准的流水线生产或大量大批生产企业。在这类企业中,产品品种比较单一,产量较大,工艺和各车间的分工协作关系比较稳定,各个生产环节所占用的在制品经常能保持较稳定数量。这种生产作业编制法能保证生产过程连续协调进行。

(3)计算公式

①出产量计算公式:

$$某车间出产量=后车间的投入量+本车间半成品计划外销量+$$
$$(车间之间库存半成品定额-车间之间半成品期初预计存量)$$

②投入量计算公式:

$$某车间投入量=本车间的出产量+本车间计划允许废品数量+$$
$$(本车间在制品定额-本车间在制品期初预计存量)$$

例　宏光电动自行车厂3月计划任务为10万辆,油漆车间车架外销半成品1万架,油漆车间、制管车间计划允许废品率均为0.5%,中间库存半成品与各车间在制品车架期初预计存量和定额如表所示。试确定各车间的投入与出产量。

车　间	单　位	在制品或半成品定额	在制品或半成品期初预计存量
装配车间	只	4000	2500
装配车间与油漆车间之间的中间仓库	只	8000	9000
油漆车间	只	20000	18000
制管车间	只	15000	15630

解　(1)装配车间

出产量＝100000(辆)

投入量＝100000+(4000-2500)＝101500(辆)

(2)油漆车间

出产量＝101500+10000+(8000-9000)＝110500(只)

投入量＝110500+553+(20000-18000)＝113053(只)

(3)制管车间

出产量＝113053(只)

投入量＝113053+565+(15000-15630)＝112988(只)

2.生产提前期法

(1)含义

生产提前期法,又称为累计编号法。是指根据预先制定的提前期标准,规定各车间出产和投入应达到的累计号数的方法。这种方法将预先制定的提前期转化为提前量,确定各车间计划及其应达到的投入和出产的累计数,减去计划期前已投入和出产的累计数,以求得各车间应完成的投入和出产数。采用这种方法,生产的产品必须实行累计编号。

(2)适用范围

生产提前期法只适用于需求稳定而均匀,周期性轮番生产的产品。

(3)步骤

采用提前期法规定车间任务的具体方法和步骤是:

①计算各车间在计划期末产品出产和投入应达到的累计号数。

$$某车间出产累计号数＝成品出产累计号数＋该车间出产提前期定额×成品的平均日产量$$
$$＝产品出产累计号数＋出产提前量$$

$$某车间投入累计号数＝成品出产累计号数＋该车间投入提前期定额×成品的平均日产量$$
$$＝成品出产累计号数＋投入提前量$$

②计算各车间在计划期内应完成的投入量和出产量

$$计划期某车间出产量＝计划期末出产的累计号数－计划期初已生产的累计号数$$
$$计划期某车间投入量＝计划期末投入的累计号数－计划期初已投入的累计号数$$

③把根据上式计算出的投入量和出产量,按零件的批量进行修正,使车间出产或投入的数量相等或成整数倍关系。

3.生产周期法

(1)含义

生产周期法是指根据每项订货编制的生产周期图表和交货期要求,用反工艺顺序依次确定产品或部件在各生产阶段投入和出产时间的一种计划方法。

(2)适用范围

此种方法适用于根据订货组织生产的单件小批生产企业。这类企业在编制作业计划时,关键问题是使这一种(或一批)产品在各车间出产和投入时间能够相互衔接起来,保证成品的交货期限。

(3)步骤

①为每一批订货编制一份产品生产周期进度表。

②根据合同规定的交货期限,采用网络计划技术或其他相关技术为每一项订货编制一份订货生产说明书(如下表),其中规定该产品以及产品的各成套部件在各车间投入与出产的时间。

③根据订货生产说明书,编制日度作业计划,将应该投入和产出的部分摘出来按车间归类,并将各批订货的任务汇总起来形成各车间生产任务。

订货编号	交货期限	成套部件编号	工艺路线	投入期	出产期
203	5月31日	110	铸工车间 机械车间 装配车间	3月20日 4月25日 5月15日	4月15日 5月10日 5月28日
		111	铸工车间 机械车间 装配车间	3月15日 4月10日 5月10日	4月5日 5月5日 5月28日

（三）生产作业控制

在制定了作业计划之后，整个作业任务按照计划运转，但在实施过程中，由于市场需求的变化及各种不可预料的原因，也会使得计划与实际产生偏差。为保证整个生产正常进行，必须对生产进行必要的控制。所谓生产控制是在生产计划执行过程中，对有关产品生产的数量和期限的控制。其主要目的是保证完成生产作业计划所规定的产品产量和交货期限指标，包括计划执行过程中的监督、检查、校正等方面的工作。

1. 生产作业控制功能

（1）为每个车间的工作任务进行有限的排序；

（2）维护在制品的数量信息；

（3）将车间的工作任务状态的信息传递到控制中心；

（4）为能力控制提供实际的数据；

（5）根据工作任务和工序点的要求，为在制品的库存提供数量依据；

（6）提供效率、利用率、人员工作效率等方面的数据信息。

2. 生产作业控制步骤及内容

生产作业控制一般包括以下几个步骤：

（1）制定控制标准。对生产过程中的人力、物力和财力，产品的质量、数量等指标制定生产控制工作标准。

（2）生产作业分配。由负责生产控制的调度人员根据生产作业计划及实际生产情况，为各个工作地具体分派生产任务。一般可分为两个步骤：第一步，在计划规定的作业开始前，检查物料、工装、机器设备等准备工作是否已经做好，以确保生产的顺利进行；第二步，根据车间现有的生产能力，核实现有的负荷和加工余力，按照作业计划给操作人员分配具体职责，并发出开始作业的指令。

（3）发现、分析偏差。在生产过程中，由于各方面原因，实际的计划实行情况和预定计划并非完全一致，因此必须收集、记录与传递生产信息，将生产运作过程的实绩与标准进行比较，发现偏差，分析偏差产生的原因。

（4）修正偏差。针对生产运作过程产生偏差或失控的原因，采取控制措施纠正偏差。

（5）总结反馈。评估修正偏差的具体实施结果，根据评估的结果对生产计划和生产过程作出适当的调整。

三、企业资源计划

20世纪90年代，市场竞争加剧，企业竞争的范围与空间在扩大，面对瞬息万变和竞争日益加剧的市场及不断变化的顾客需求,企业只有以市场需求为导向,建立富有弹性的扁平化组织机构,将顾客需求、企业内部资源和上下游供应商资源有效整合,对市场作出敏捷反应才能立于不败之地。此时,企业资源计划应运而生。企业资源计划(Enterprise Resource Planning,称 ERP)是由美国咨询公司 Gartner Group Inc. 在总结当时制造资源计划 MRPⅡ 的基础上,于 1990 年提出的一种先进的现代企业管理模式。ERP 集信息技术与先进管理思想于一身,反映时代对企业合理调配资源,最大化创造社会财富的要求。它是指建立在信息技术基础上,以系统化的管理思想,为企业决策层及员工提供决策运行手段的管理平台。ERP 产生之前,企业物料需求经历了开环的物料需求计划(狭义 MRP)、闭环物料需求计划(广义 MRP)、制造资源计划(简称 MRPⅡ)三个阶段。

ERP 强调的是企业的事前控制能力,它整合企业管理理念、业务流程、基础数据、人力物力、计算机硬件和软件于一体,是一种融合了企业最佳实践和先进信息技术的新型管理工具。它既是一个软件,又是一个管理工具。它以 MRPII 为核心并在 MRPII 基础上增加了设备管理、质量管理、分销管理、固定资产管理、工资管理和人力资源管理。ERP 的基本思想是将企业的管理流程视为一条联接供应商、制造商、分销商和顾客的供应链,它将供应商和企业内部的采购、生产、销售、财务以及客户紧密联系起来,强调对供应链上的所有环节进行有效管理,从而实现对企业的动态控制和各种资源的集成与优化,缩短交货时间,达到企业资源的合理高效利用。所以,ERP 被认为是顾客驱动的、基于时间的、面向整个供应链管理的制造资源计划。而且 ERP 是一个集 IT 技术与管理思想为一体的开放式计算机信息系统,也为市场前沿的商务沟通、业务往来、信息交流业务处理方式等提供了更多功能。

其原理及结构流程如图 9-2 所示。

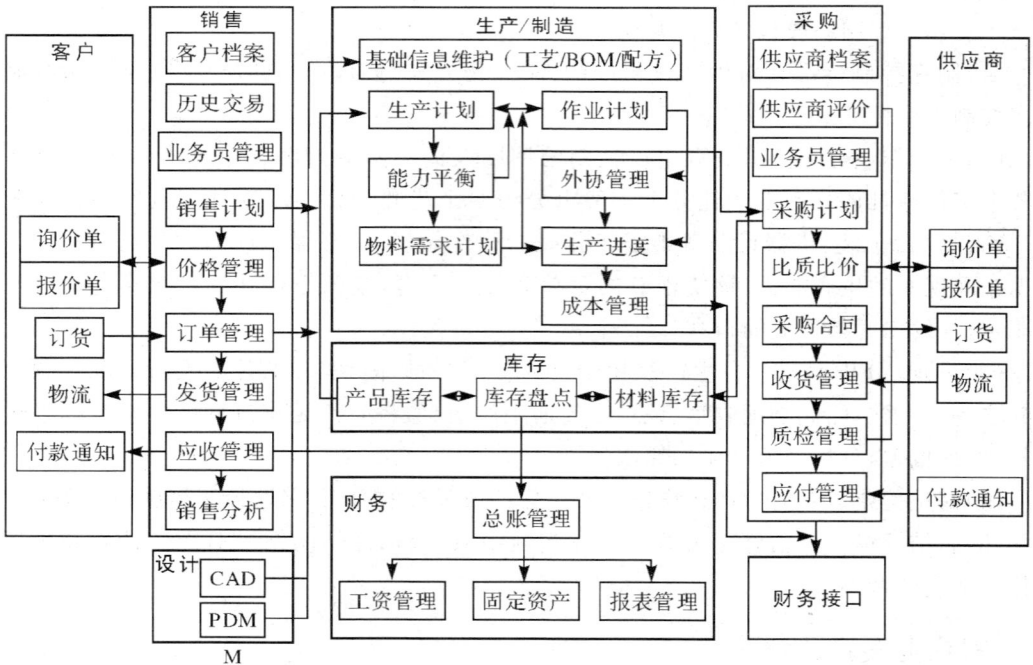

图 9-2　ERP 原理及结构流程

⬆➔【实 例 9-3】

杭州祐康集团的 ERP 应用

祐康集团是浙江省五个一企业和四星级企业。祐康集团产品主要是面向大众的冷饮冷食食品,具有保鲜要求高、季节性强的特殊要求。产品覆盖范围广,销售网络庞大。如何及时合理地组织安排产品的生产和销售是企业经营的关键。随着企业经营规模的逐步扩大,市场和客户的需求日趋个性化、多样化,祐康公司决定实施 ERP 系统。

祐康公司实施 ERP 项目主要进行了以下几项工作:

（一）ERP 软件选型

通过对 ERP 市场的调查研究,祐康选择了北京和佳。

（二）调研和分析

和佳技术人员与祐康的管理人员分析企业的管理现状和存在问题,按照 ERP 的要求对企业的管理业务流程进行了梳理,根据企业管理需求制定了系统调研报告和总体设计方案。

（三）制定实施计划

根据企业管理需求,把祐康的 ERP 实施分成两个阶段。第一阶段实现进销存和财务的一体化管理,完成库存管理、销售业务管理、应收账款管理、采购管理、应付账款管理、账务及报表管理等 11 个子系统的实施;第二阶段实现对生产过程的控制,完成生产计划、物料需求计划、车间作业管理、成本管理、产品管理、工艺管理等 10 个子系统的实施。

（四）建立项目实施机构

祐康为 ERP 项目实施成立了三级实施组织体系。即项目领导小组、项目办公室和各子系统业务组。

（五）抓好企业领导、实施队伍和员工三个层次的培训

（六）业务流程重组

对主要的业务流程进行了深入的剖析和梳理,找出无效作业环节,按照 ERP 管理的要求进行业务流程重组,大大提高了企业的管理水平。

（七）数据规范

祐康集团在实施过程中从三个方面加强对数据的规范化管理。一是基础数据和控制数据;二是各子系统建立时需要的初始化数据;三是从程序控制和管理制度上保证业务操作数据的规范性、可靠性。

祐康公司的 ERP 系统从 2001 年 5 月开始投入使用,经过一年多时间,高效畅通的信息网络已经形成,实现了进销存和财务的一体化管理,从整体上提高了企业对市场的快速反应能力,公司的管理水平和管理手段都有了跨越式的发展。与2000 年相比,2001 年销售额翻了一番,货物履约率提高了 2.2%,库存资金降低7%,库存盘点误差大大减少。

资源来源：http://portal.vsharing.com/print.aspx? id＝481208

思考题：1.祐康集团的 ERP 取得成功的关键在哪儿？

　　　　2.它的成功是否可以用在所有的行业中？

四、先进的生产方式——准时化生产 JIT

（一）JIT 概述

准时化生产（Just In Time，简称 JIT）是由日本丰田公司从上世纪 50 年代开始历经 20 年时间所取得的，它有机结合许多管理思想及方法于一身，用最少库存生产最多的产品，并且把全面质量管理的思想和方法融合在里面，实现了无缺陷生产。它经受住了 1973 年石油危机的考验，被认为是一种具有新的管理哲学的生产方式。JIT 方式的应用，使日本制造商极具竞争力。

⇨【趣味阅读】

JIT 的产生

第二次世界大战后，日本百业待兴。为发展汽车工业，1950 年春天，丰田汽车公司的喜一郎对福特汽车公司设在底特律的鲁奇（Rouge）工厂进行 3 个月仔细考察后，与生产管理专家大野耐一通过研究发现日本国情与美国国情有很大不同：日本无大量资金购买技术、设备与修建大型工厂；日本国内市场对汽车需求量小但品种却多样化；日本劳工法及日本文化与美国不同；日本无美国大量的移民可以雇佣，因而得出大量生产方式不适合日本，决定结合日本国情走自己的路，并取得了成功。这就是著名的"丰田生产方式"。

（二）JIT 的出发点及基本思想

1.JIT 的出发点

JIT 的出发点是：不断消除浪费，进行永无休止的优化改进。

由于利润＝价格—成本，增加企业利润可以通过降低成本实现，因此不断消除浪费，降低成本，是积极进取的经营思想，是企业的求生之路。

JIT 认为凡是超过生产产品所绝对必要的最少量的设备、材料零件和工作时间的部分都是浪费。浪费有七种形式：（1）过量生产造成的浪费；（2）等待时间造成的浪费；（3）搬运造成的浪费；（4）工艺流程造成的浪费；（5）库存造成的浪费；（6）动作造成的浪费；（7）产品缺陷造成的浪费。

2.JIT 的基本思想和核心、特点

（1）基本思想：在需要的时候，按需要的量，生产需要的产品。

JIT 认为库存是恶魔，不仅造成浪费，还将许多管理不善的问题掩盖起来，使问题得不到及时解决，就像水掩盖了水中的石头一样。

（2）核心：追求无库存或库存达到最小的生产系统。

JIT 设置了一个最高标准，即"零库存"极限。实际生产中只有不断追求这个极限，才能达到优化改进的永无止境。并提供了一个无限循环的改进途径:降低库存——暴露问题—降低库存—暴露问题……

（3）特点:①后工序到前工序提取零部件,前工序按后工序的需要量进行生产;②小批量生产,小批量传送,尽量减少在制品储备,从而降低资金占用、减少废品损失、减小库存占用面积;③用最后一道装配工序来控制和调节整个生产系统的运行。

▷【思辨策划 DIY 9-3】

某企业生产 A、B、C、D 四种产品,3 月的定单分别是 400 件、300 件、200 件和 100 件。如何组织混流生产以达到消除库存的目的?

（三）JIT 实现适时适量生产的管理方法——看板管理的应用

20 世纪 50 年代,丰田汽车公司从超级市场按照一定的"看板"来发布和表示生产的信息中获得启示,推出了现代的看板管理方式。

看板管理方法是在同一道工序或者前后工序之间进行物流或信息流的传递。当企业的主生产计划确定后,就会向各个生产车间下达生产指令,而每个生产车间又向前面的各道工序下达生产指令,一直到最后向仓库管理部门、采购部门下达相应的指令。这些生产指令的传递都是通过看板来完成的。没有看板,JIT 是无法进行的。看板,又称传票卡,是传递信号的工具。它的表现形式既可以是卡片,也可以是一种信号,一种告示牌。

▷【实 例 9-4】

快速响应的时装生产

假设你到一家服装商店,要求店主按你的要求进行服装设计与生产。这种现象称为"量体裁衣"。这是一种 JIT 系统在实现准时反应而将零售商和制造商连接起来方面的扩展。有了这种快速反应能力,零售商能够将其销售点的信息直接送到工厂现场,从而使延迟时间实现最小化。服装通过正常的零售渠道送到购买者手中。定制服装技术公司（Custom Clothing Technology Corporation,简称 CCTC）正在开发一种价格比较合理的女式牛仔裤。"量体裁衣"概念的应用可以节约 30% 的生产费用,同时也减少了库存和降价损失。CCTC 由桑帕克（Sung Park）)开办,他认为妇女们是愿意花 48 美元的价格买一条保证合体的牛仔裤。

妇女有电子仪器般灵敏的感觉,她们能够在商店中选择她们喜欢的牛仔裤式样,并与 CCTC 的 JIT 服务部门签下合同。衣服在沃尔蒙特进行裁剪,在德克萨斯缝制,然后在不到 2 周的时间内送到顾客手中。目前女式牛仔装市场的销售额是 20 亿美元,因此桑帕克认为这是一个检验 JIT 服务的巨大市场。

思考题:1.这种快速响应的时装生产方式与传统裁缝店的生产方式有何不同? 它的优点在哪里? 有缺陷吗? 应如何改进?

2.除了上述的牛仔裤以外,其他什么式样或类型的服装也可以从 JIT 定制系统获益?

　　3.这种 JIT 生产方式能否应用到如零售业、卫生保健、餐饮、房屋装修等行业中？

⇨【复习题】

1.生产运作、生产运作管理的含义是什么？

2.简述一般生产运作系统的基本原理。

3.生产运作的类型有哪些？

4.生产运作管理包含哪些基本内容？

5.试述生产运作管理的未来发展趋势。

6.生产计划的含义是什么？

7.生产计划包含哪些内容？

8.试述生产计划常用指标有哪些？

9.生产作业计划的含义是什么？

10.生产作业计划与生产计划的主要区别是什么？

11.生产作业计划工作中常用的期量标准有哪些？

12.试述常用的生产作业计划编制方法。

13.试述生产作业控制的步骤。

14.试述企业资源计划 ERP 的基本原理。

15.准时化生产 JIT 的基本思想、核心、特点是什么？

第十章

企业质量管理

≫ ≫ ≫　　≫

现代企业的质量管理应该具备什么的理念,质量管理需要具备什么样的基础工作,工作是如何来开展的? 质量管理就是狠抓产品质量检验,并且要通过 ISO9001 质量管理体系认证吗? 企业如何不断改进质量呢,常用的质量改进工具有哪些? 这些都是质量管理所要解决的问题。

第一节　质量管理概述

一、质量管理发展历程

质量管理的产生和发展过程走过了漫长的道路,可以说是源远流长。

人类历史上自有商品生产以来,就开始了以商品的成品检验为主的质量管理方法。根据历史文献记载,我国早在 2400 多年以前,就已有了青铜制刀枪武器的质量检验制度。

(一)传统的质量管理阶段

这个阶段从开始出现质量管理一直到 19 世纪末资本主义的工厂逐步取代分散经营的家庭手工业作坊为止。这段时期受小生产经营方式或手工业作坊式生产经营方式的影响,工人既是操作者又是质量检验、质量管理者,且经验就是"标准"。质量标准的实施是靠"师傅带徒弟"的方式口授手教进行的,因此,有人又称之为"操作者的质量管理"。

传统质量管理阶段的特点是:产品的质量标准基本上是该行业实践经验的总结,产品质量主要依靠工匠的实际操作技术,靠手摸、眼看等感官估量和简单的度量衡器测量而定,靠师傅传授技术经验来达到标准。

(二)质量检验阶段

工业革命成功之后,机器工业生产取代了传统的手工作坊式生产,劳动者集中到一个工厂内共同进行批量生产,于是产生了企业管理和质量检验管理。就是说,通过严格检验来控制和保证出厂或转入下道工序的产品质量。检验工作是这一阶段执行质量职能的主要内容。最初,人们对质量管理的理解还只限于质量的检验。质量检验所使用的手段是各种各样的检测设备和仪表,它的方式是严格把关,进行百分之百的检验。

1918年前后,美国出现了以泰勒为代表的"科学管理运动",提出了在人员中进行科学分工的要求,于是执行质量管理的责任就由操作者转移给工长,有人称它为"工长的质量管理"。

该阶段产品质量管理的主要手段是:通过非常严格的质量检验来控制产品质量,产品质量检验工作是质量管理的核心内容,即通过对产品对照质量标准进行检验,严格把关的方式来达到控制质量的目的。

1940年以前,由于企业的规模扩大,这一职能又由工长转移给专职质检人员,大多数企业都设置专职的检验部门,并直属厂长领导,负责全厂各生产单位的产品检验工作,有人称它为"检验员的质量管理"。

专职检验的特点是三权分立:设计、制造和检验分属三个部门,即有人专职制定标准(立法),有人负责生产制造(执行),有人专职按照标准检验产品质量(司法)。这样产品质量标准就可以得到严格有效的执行,质量检验员从产成品中挑出废品,保证出厂产品的质量,这在当时是很大的进步。

这种检验有其明显的弱点:其一,出现质量问题时容易扯皮、推诿,缺乏系统优化的观念;其二,只注重结果,因为它属于"事后检验",无法在生产过程中完全起到预防、控制的作用,一经发现废品,就是"既成事实",很难补救;第三,它要求对成品进行百分之百的检验,因此对于检验批量大的产品,这样做会大大增加检验费用,延误出厂交货期限,在经济上并不合理,有些需要进行破坏性检验的产品也不可行。

▷【思辨策划 DIY 10-1】

目前,浙江许多家庭作坊式的民营企业质量管理的特点是什么?

(三)统计检验阶段

由于第二次世界大战对军需品的特殊需要,单纯的质量检验不能适应战争的需要。因此,美国就组织了数理统计专家在国防工业中去解决实际问题。这些数理统计专家在军工生产中广泛应用数理统计方法进行生产过程的工序控制产生了非常显著的效果,保证和改善了军工产品的质量。后来又把它推广到民用产品之中,这给各个公司带来了巨额利润。

统计检验阶段的特点:利用数理统计原理在生产工序间进行质量控制,预防产生不合格品并检验产品的质量。在管理方式上,责任者也由专职的检验员转移到由专业的质量控制工程师和技术人员。这标志着事后检验的观念改变为预测质量事故的发生并事先加以预防的观念。在这个阶段,质量控制图被广泛应用于企业的质量控制中。

统计质量管理阶段也存在可能出现的问题:由于这个阶段过于强调质量控制的统计方法,使人们误认为"质量管理就是统计方法,是统计学家的事情",因而在一定程度上限制了质量管理统计方法的普及推广,也不利于广大工人参与质量管理,不利于调动工人对质量管理的积极性、责任感。

(四)全面质量管理阶段

全面质量管理阶段最先起源于美国,后来一些工业发达国家开始推行。20世纪60年代后期,日本又有了新的发展。

所谓全面质量管理,就是企业全体人员及有关部门同心协力,把专业技术、经营管理、数理统计和思想教育结合起来,建立起产品的研究设计、生产制造、售后服务等活动全过程的质量保证体系,从而用最经济的手段,生产出用户满意的产品。

基本核心是强调提高人的工作质量,保证和提高产品的质量,达到全面提高企业和社会经济效益的目的。

基本特点是从过去的事后检验和把关为主转变为预防和改进为主;从管结果变为管因素,把影响质量的诸因素查出来,抓住主要矛盾,发动动员全部门参加,依靠科学管理的理论、程序和方法,使生产的全过程都处于受控状态。

基本要求:要求全员参加的质量管理;范围是产品质量产生、形成和实现的全过程;是全企业的质量管理;所采用的管理方法应是多种多样。

它是在统计质量控制的基础上进一步发展起来的。它重视人的因素,强调企业全员参加,全过程的各项工作都要进行质量管理。它运用系统的观点,综合而全面地分析研究质量问题。它的方法、手段更加丰富、完善,从而能把产品质量真正地管起来,产生更高的经济效益。

当前,世界各国的大部分企业都在结合各自的特点运用全面质量管理思想,各有所长、各有特点。

▷【思辨策划 DIY 10-2】

全员质量管理思想与以前的管理思想相比,它的最大特点体现在什么地方?

二、现代质量管理的原则

(一)以顾客为关注焦点

以顾客为关注焦点的目的是理解并满足顾客当前和未来的需求,争取超越顾客的期望。

对企业外部而言,客户就是市场。企业生存依靠市场,为顾客提供满意的产品是企业的天职。因此,应当了解顾客当前和未来的需求,满足顾客要求并争取超越顾客期望,然后根据市场需求确定生产什么。只有制造出令人满意的产品,才能吸引顾客的购买兴趣。如果不以市场为导向,按照自己的愿望生产,顾客不认可,企业就等于在市场经济的竞争中自取灭亡。要不遗余力地通过满足顾客要求,增强顾客满意度。

对企业内部而言,应该以市场关系对下一道工序负责、服务。比如,供应部将按计划采购的原料移交车间生产使用,那么供应部采购的原料一定要满足生产车间的需求,在移交过程中要严格按质量控制体系运行。

▷【思辨策划 DIY 10-3】

怎么理解满足顾客未来的需求和超越顾客的期望?

☞【实 例 10-1】

三洋公司的产品顺序

日本三洋公司认为,要想生产销售成功的商品,必须具备五个条件,并且这五个条件的顺序不能颠倒。一是这种商品对顾客来说,使用是不是方便?二是顾客是不是能够买得起该商品?三是对经销商来说,能不能相对容易卖出去?四是如果出现故障,保修或维修是否容易?五是工厂是否容易生产质量稳定的商品?

(二)领导作用

领导是组织的关键,确立选择组织统一的方向后,应当创造并保持使员工能充分参与实现组织目标的内部环境。为满足各相关方的利益,在组织的管理活动中,领导者起着重要作用。领导者应建立本组织的方针、目标,并创造一个实施方针和目标的内部环境。

☞【实 例 10-2】

狄罗伦的香蕉

美国管理专家麦考梅克在其《经营诀窍》中讲了这样一个故事:他的一位朋友在担任通用汽车雪佛莱车工厂的总经理后不久,有一次他去达拉斯出席一项业务会议,当他抵达旅馆之后,便发现公司的人已经送来了一大篮水果到他的房间。他看后幽默地说:"咦,怎么没有香蕉呢?"从此以后,整个通用汽车公司都流传着"狄罗伦喜欢香蕉"的说法,尽管他向人解释那只不过是随便说的,但在他的汽车里、包机中、旅馆里,甚至会议桌上,总是摆着香蕉!可见,企业领导的一个行为会产生多大的作用。

(三)全员参与

只有全员充分参与,才能使他们的才干为组织带来收益。全员充分参与是组织良好运行的条件。当每个人的能力、才干得到充分发挥时,将会为组织带来最大的收益。组织应用"全员参与"原则的主要目的是:

(1)发挥自己的特长,定准自己的位置,为自己成为组织的一员而感到自豪。

(2)正确地行使职权,及时协调解决各种问题。

(3)对每个人的目标进行考核评估。

(4)努力学习,提高素质,总结经验。

(5)分工明确,资源共享,为组织创造更好的形象。

总之,各级人员都是组织之本,只有大家都充分参与,组织的事业才有希望。

(四)过程方法

一个过程的输出将直接成为下一个过程的输入。系统地识别和管理组织所应用的过程,特别是这些过程之间的相互作用,可称之为"过程方法"。

应用"过程方法"的原则是:

（1）识别并确定为达到预期目标所需的过程。

（2）明确职责和权限。

（3）识别并确定过程间相互关联和相互作用关系。

（4）评估过程风险及对相关方的影响。

（五）管理的系统方法

将相关的过程作为系统加以识别、理解，有助于组织提高实现目标的有效性和效率。

识别、理解过程间的相互关联和相互作用，按某种方式或规律将这些过程有效地组合成一个系统，管理这一系统，使之能协调运行。那么，管理组织如何使系统协调运行？应注意四点：

（1）建立一个系统的结构以最有效方法实现组织的目标；

（2）了解系统过程之间的相互关联和相互作用关系；

（3）通过测量和评估以持续改进；

（4）明确必要的资源。

（六）持续改进

持续改进的核心是提高有效性的效率，更好地实现组织的质量方针和目标，不断地满足顾客要求，提高组织自身的效率。所在的内部管理上必须使每个成员都将产品、过程和体系的持续改进作为目标，领导要为员工提供有关持续改进的方法和手段的培训。技术检查职能部门根据明确的验收准则，评估、跟踪过程，及时发现改进机会，大力提倡以预防为主的方针，建立一套指导和跟踪改进的方法和目标，识别、通报持续改进情况。

⊡➡【实 例 10-3】

WPS 市场的丢失

WPS 曾经是中国人最熟悉的文字处理软件，金山公司最先推出的基于 DOS 版本的 WPS 因为简单易用，很快取得了较大的市场份额，成为汉字处理方面的老大。但随着微软公司推出 Windows 视窗操作系统，金山公司却没有及时地对 WPS 进行改进，而微软公司的办公软件却进行了汉化，并且具有"所见即所得"的特点，很快占领了大部分中国市场。虽然后来金山公司推出了 WPS2000，但已无力回天，几乎已经没有市场份额。

（七）基于事实的决策

在做出决策前，要认真地对数据和信息进行综合分析，从而了解组织的现状和发展趋势，做出合乎逻辑的判断和行之有效的决策。

▷【实 例 10-4】

阿迪达斯被抢占市场

在耐克公司崛起前,全球运动产品几乎是阿迪达斯一家的天下。1954 年世界杯足球赛,阿迪达斯生产的球鞋能帮助运动员提高运动速度,增加稳定性而一战成名,当时世界上约有 85% 以上的运动员穿的是阿迪达斯的运动产品。阿迪达斯公司的三叶标志成了成功运动员的象征。面对骄人的战绩,阿迪达斯却沾沾自喜,没有面对现实的变化,根本没有重视耐克公司的迅速成长,也没有采取有效的措施,结果造成后来眼睁睁看着竞争对手以 18 个百分点的优势超过自己,在运动品牌市场独领风骚。

(八)互利的供方关系

供方提供的产品将对组织向顾客提供满意的产品产生重要的影响,因此处理好与供方的关系,影响到组织能否持续稳定地提供顾客满意的产品。对供方不能只讲控制,不讲合作互利,特别对关键供方,更要建立互利关系。这对组织和供方都是有利的。

▷【实 例 10-5】

奶制品中的三聚氰胺

国内著名的奶制品企业的牛奶产品被查出含有过量的三聚氰胺,其中一大原因是缘于牛奶供应商迫于厂商要求的成本与竞争压力的"杰作",如果某些大厂商能给予供应商一定的利润空间和严格的质量控制,也许这种事就会少发生一些。总之,只有你的供方有利润空间,才会有一个平等、互利的合作。组织与其供方是相互依存的,互利的关系可增强双方创造价值的能力,同时可共同规避风险。

三、质量管理的基础工作

(一)质量教育工作

质量教育是质量管理重要的一项基础工作。通过质量教育不断增强职工的质量意识,并使之掌握和运用质量管理的方法和技术;使职工牢固地树立质量第一的思想,明确提高质量对于整个国家、企业的重要作用,认识到自己在提高质量中的责任,自觉地提高管理水平和技术水平,以及不断地提高自身的工作质量。

(二)标准化工作

标准化分为两大类:技术标准和管理标准。前者包括产品系列化、零部件标准化、通用化,材料的规格化等内容,后者包括工作程序、工作要求等方面的内容。标准化工作主要指制定标准、组织实施标准和对标准的实施进行监督检查。对于企业来说,从原材料进厂到产品生产、销售等各个环节都要有标准,不仅有技术标准,而且还要有管理标准、工作标准等。要建立一个完整的标准化体系。

（三）计量工作

计量工作包括计量器具的选择、使用、修理、检定,测量方法、测量程序的确定与动用,及量值的获得、计算、传递与贮存等。计量工作是保证产品质量的重要手段。做好计量工作,保证计量的量值准确和统一,确保技术标准的贯彻执行,保证零部件互换,是质量管理的一项重要基础工作。计量工作要求必需的量具和化验,分析仪器仪表等要配备齐全,完整无缺,质量稳定,示值准确一致修复及时,根据不同情况选择正确的测定计量方法。因此,企业应建立健全计量机构和配备计量人员,建立必要的计量管理制度,以充分发挥其在质量管理中的作用。

（四）质量信息工作

质量信息工作是指反映产品质量和产、供、销以及服务等各个环节质量活动中的各种数据、报表、资料、文件以及企业外部的有关情报资料等。质量信息是质量管理的耳目,也是一种重要的资源。通过收集有关质量信息情报,可以及时掌握产品质量或服务质量的各种因素和生产技术、经营活动的动态,产品的使用状况,国内外产品质量及市场需求的发展动向。它是改进产品质量、改善各环节工作质量最直接的原始资源和信息来源。要组织好内外两个信息反馈,正确认识人影响质量各因素变化和质量波动的内在联系,掌握和提高产品质量（或服务质量）的规律。要使质量信息工作在质量管理中发挥其应有的作用,首先,应建立企业的信息中心和信息反馈系统。其次,质量信息要实行分级管理,而且要有专人负责,特别要抓好最基层的信息管理,认真做好原始记录并及时上报。再次,要有一定的考核制度,才能保证信息系统的正常运行。

（五）企业内部的质量责任制

质量责任制是为了获得最佳的质量效益,根据质量目标,建立纵向衔接、横向协调的质量责任体系,运用激励机制对系统过程进行有效管理的一种模式。质量责任制的实质是职、权、利三者的统一,质量责任制的责权依存,权责必须相当,同时要和职工的利益挂钩,以起到鼓励和约束的作用。质量责任制是上级有关质量和质量管理的方针、政策、条例和规定的具体体现。它是企业经济责任制的重要组成部分,要求明确规定企业每一个人在质量工作中的具体任务、职责和权限,以便做到质量工作事事有人管,人人有专责,办事有标准,工作有检查、有考核。要把与质量有关的各项工作和广大职工的积极性结合起来,组织起来,形成一个严密的质量体系。因为质量工作关系到企业的各个部门、各个岗位和每个人,若没有明确的责任制度,职责不清,不仅不能保持正常的生产秩序,而且会出现质量无人负责的现象。因此,要搞好质量,就要有一个明确的职责和权限,要建立一套相适应的质量责任制度,并与经济责任制紧密结合起来,使每个职工都明确自己该做什么,怎么做,负什么责任,做好的标准是什么。做到人人心中有数,为保证和提高产品质量（或服务质量）提供基本的保证。

第二节　质量管理实务

一、ISO9000 质量管理体系

（一）ISO9000 系列标准

ISO9000 系列标准是国际标准化组织（international standard organization）所制定的关于质量管理和质量保证的一系列国际标准。它可以帮助组织建立、实施并有效运行质量保证体系，是质量保证体系通用的要求或指南。它不受具体行业或经济部门的限制，可广泛适用于各种类型和规模的组织，在国内和国际贸易中促进理解和信任。

（二）ISO9000 的产生和发展

第二次世界大战期间，军事工业迅速发展，美国等工业发达国家采购军品时，开始对供应商提出了质量保证的要求。50 年代末，美国发布了 MIL-Q-9858A《质量大纲要求》，此为国际上最早的质量保证标准。之后，一些工业发达国家，如英国、美国、法国和加拿大等国在 70 年代末先后发布了质量管理和质量保证标准。由于各国实施的标准不一致，给国际贸易带来了壁垒，质量管理和质量保证的国际化成为当时世界各国的迫切需要。

国际标准化组织（ISO）于 1979 年成立了质量管理和质量保证技术委员会（TC176）。随后若干年，发布了一系列质量管理标准体系，并不断修订。经过多年众多专家的努力，于 2000 年 12 月 15 日，ISO/TC176 发布了 2000 版 ISO9000 族标准。目前，最新的是 2008 版的 ISO9000 族标准。

▷【思辨策划 DIY 10-4】

ISO9000 质量管理体系是在怎么样的时代背景下产生的？

（三）ISO9000 质量管理体系的作用

1.强化品质管理，提高企业效益；增强客户信心，扩大市场份额

负责 ISO9000 品质体系认证的认证机构都是经过国家认可机构认可的权威机构，对企业的品质体系的审核是非常严格的。这样，对于企业内部来说，可按照经过严格审核的国际标准化的品质体系进行品质管理，真正达到法治化、科学化的要求，极大地提高工作效率和产品合格率，迅速提高企业的经济效益和社会效益。对于企业外部来说，当顾客得知供方按照国际标准实行管理，拿到了 ISO9000 品质体系认证证书，并且有认证机构的严格审核和定期监督，就可以确信该企业是能够稳定地生产合格产品乃至优秀产品的信得过的企业，从而放心地与企业订立供销合同，扩大了企业的市场占有率。可以说，在这两方面都收到了立竿见影的功效。

2.获得了国际贸易"通行证"，消除了国际贸易壁垒

许多国家为了保护自身的利益，设置了种种贸易壁垒，包括关税壁垒和非关税壁垒。

其中非关税壁垒主要是技术壁垒。技术壁垒中,又主要是产品品质认证和 ISO9000 品质体系认证的壁垒。特别是在世界贸易组织内,各成员方之间相互排除了关税壁垒,只能设置技术壁垒,所以,获得认证是消除贸易壁垒的主要途径。(在我国"入世"以后,失去了区分国内贸易和国际贸易的严格界限,所有贸易都有可能遭遇上述技术壁垒,应该引起企业界的高度重视,及早防范。)

3.节约了第二方审核的精力和费用

在现代贸易实践中,第二方审核早就成为惯例,又逐渐发现其存在很大的弊端:一个供方通常要为许多需方供货,第二方审核无疑会给供方带来沉重的负担;另一方面,需方也需支付相当的费用,同时还要考虑派出或雇佣人员的经验和水平问题,否则,花了费用也达不到预期的目的。唯有 ISO9000 认证可以排除这样的弊端。因为作为第一方的生产企业申请了第三方的 ISO9000 认证并获得了认证证书以后,众多第二方就不必要再对第一方进行审核,这样,不管是对第一方还是对第二方都可以节约很多精力或费用。还有,如果企业在获得了 ISO9000 认证之后,再申请 UL、CE 等产品品质认证,还可以免除认证机构对企业的品质保证体系进行重复认证的开支。

4.在产品品质竞争中永远立于不败之地

国际贸易竞争的手段主要是价格竞争和品质竞争。由于低价销售的方法不仅使利润锐减,如果构成倾销,还会受到贸易制裁,所以,价格竞争的手段越来越不可取。70 年代以来,品质竞争已成为国际贸易竞争的主要手段,不少国家把提高进口商品的品质要求作为限入奖出的贸易保护主义的重要措施。实行 ISO9000 国际标准化的品质管理,可以稳定地提高产品品质,使企业在产品品质竞争中永远立于不败之地。

5.有效地避免产品责任

各国在执行产品品质法的实践中,由于对产品品质的投诉越来越频繁,事故原因越来越复杂,追究责任也就越来越严格。尤其是近几年,发达国家都在把原有的"过失责任"转变为"严格责任"法理,对制造商的安全要求提高很多。例如,工人在操作一台机床时受到伤害,按"严格责任"法理,法院不仅要看该机床机件故障之类的品质问题,还要看其有没有安全装置,有没有向操作者发出警告的装置等。法院可以根据上述任何一个问题判定该机床存在缺陷,厂方便要对其后果负责赔偿。但是,按照各国产品责任法,如果厂方能够提供 ISO9000 品质体系认证证书,便可免赔,否则,要败诉且要受到重罚。(随着我国法治的完善,企业界应该对"产品责任法"高度重视,尽早防范。)

6.有利于国际间的经济合作和技术交流

按照国际间经济合作和技术交流的惯例,合作双方必须在产品(包括服务)品质方面有共同的语言、统一的认识和共守的规范,方能进行合作与交流。ISO9000 品质体系认证正好提供了这样的信任,有利于双方迅速达成协议。

▷【思辨策划 DIY 10-5】

目前在我国 ISO9000 质量标准体系在国际贸易中的作用是怎样体现出来的?

(四)2008 版 ISO9000 族标准的构成

ISO9000 族标准为国际标准化组织 ISO/TC176 技术委员会(质量管理和质量保证技术

委员会)制定的标准。2008 版 ISO9000 族标准的构成如下。

核心标准：

ISO 9000：2005 质量管理体系——基础和术语

ISO 9001：2008 质量管理体系——要求

ISO 9004：2000 质量管理体系——业绩改进指南

ISO 19011：2002 质量和环境管理审核指南

其他标准：

ISO 10012：2003 测量控制系统

技术报告：

ISO/TR 10006 项目管理指南

ISO/TR 10007 技术状态管理指南

ISO/TR 10013 质量管理体系文件指南

ISO/TR 10014 质量经济性指南

ISO/TR 10015 教育和培训指南

ISO/TR 10017 统计技术在 ISO9001 中的应用指南

小册子：

质量管理原理

选择和使用指南

ISO 9001 在小型企业中的应用指南

（五）ISO9000 质量管理体系审核

1. 质量审核定义

确定质量活动和有关结果是否符合计划的安排，以及这些安排是否有效地实施并适合于达到预定目标的、有系统的、独立的检查。

2. 质量审核活动的特点和内容

质量审核活动的特点有二：第一为系统性，即活动的正式和有序；第二为独立性，即审核的独立性和公正性。

质量审核的内容包括：质量活动和有关结果是否符合计划的安排、这些安排是否能有效贯彻、贯彻的结果是否适合于达到目标。

3. 质量体系审核的分类

评价质量体系三个涉及基本问题：过程是否被确定并形成符合约定标准或合同的文件、过程是否被充分展开并按文件要求贯彻实施、过程实施的客观证据是否证明能达到质量方针和预期的质量目标。

质量体系审核的类型包括：第一方审核，由企业内部人员进行的质量体系审核，审核的对象为企业自身的质量体系。第二方审核，由用户或其代表对其供应商进行的质量体系审核，审核的对象为供应商的质量保证体系（某种质量保证模式）。第三方审核，由独立于供需双方之外的认证机构对企业进行的质量体系审核。

⏎→【思辨策划 DIY 10-6】

　　由国家注册的专业审核机构对企业进行审核,审核通过后颁发 ISO9000 质量管理体系认证证书,这种审核是属于哪种类型的审核?

二、质量改进

（一）质量改进的含义

质量改进是指为本组织及其顾客提供更多的收益,在整个组织内所采取的旨在提高活动和过程的效益、效率的各种措施。因此,质量改进是为向本组织及其顾客提供增值效益,在整个组织范围内所采取的提高活动和过程的效果与效率的措施。质量改进是消除系统性的问题,对现有的质量水平在控制的基础上加以提高,使质量达到一个新水平、新高度。

（二）质量改进的组织形式

QC 小组是指在生产或工作岗位上从事各种劳动的职工,围绕企业的经营战略、方针目标和现场存在的问题,以改进质量、降低消耗,提高人的素质和经济效益为目的而组织起来,运用质量管理的理论和方法开展活动的小组。QC 小组是企业中群众性质量管理活动的一种有效组织形式,是职工参加企业民主管理的经验同现代科学管理方法相结合的产物。从 QC 小组活动实践来看,它有以下几个主要特点:

1.明显的自主性

QC 小组以职工自愿参加为基础,实行自主管理,自我教育,互相启发,共同提高,充分发挥小组成员的聪明才智和积极性、创造性。

2.广泛的群众性

QC 小组是吸引广大职工群众积极参与质量管理的有效形式,不包括领导人员、技术人员、管理人员,而且更注重吸引在生产、服务工作第一线的操作人员参加。广大职工群众在 QC 小组活动中学技术、学管理,群策群力分析问题,解决问题。

3.高度的民主性

QC 小组的组长可以民主推选,QC 小组成员可以轮流担任课题小组长,人人都有发挥才智和锻炼成长机会;内部讨论问题、解决问题时,小组成员不分职位与技术高低,各抒己见,互相启发,集思广益,高度发扬民主,以保证既定目标的实现。

4.严密的科学性

QC 小组在活动中遵循科学的工作程序,步步深入地分析问题,解决问题;在活动中坚持用数据说明事实,用科学的方法来分析与解决问题,而不是凭想当然或个人经验。

（三）质量改进的运行方式——PDCA 循环

PDCA 循环就是全面质量管理的思想方法和工作步骤。由于是美国人戴明博士首先提出来的,所以也称"戴明环"。（见图 10-1）P 是计划,D 是实施,C 是检查,A 是处理。任何一个有目的有过程的活动都可按照这四个阶段进行。

第一阶段是计划,包括方针、目标、活动计划、管理项目等。

第二阶段是实施,即按照计划的要求去做。

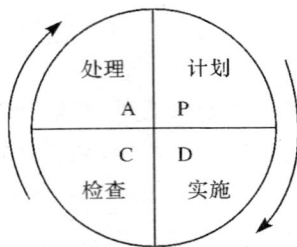

图 10-1 PDCA 环

第三阶段是检查,检查是否按规定的要求去做,哪些做对了,哪些没有做对,哪些有效果,哪些没有效果,并找出异常情况的原因。

第四阶段是处理。就是说,要把成功的经验肯定下来,变成标准。以后就按照这个标准去做。失败的教训也要加以总结,使它成为标准,防止以后再发生。没有解决的遗留问题反映到下一个循环中去。

计划、实施、检查、处理这个过程,不断反复进行,一个循环接着另一个循环,每一次循环都赋予新的内容,好像车轮一样,转动一次工作就前进一步。如图 10-2 所示。

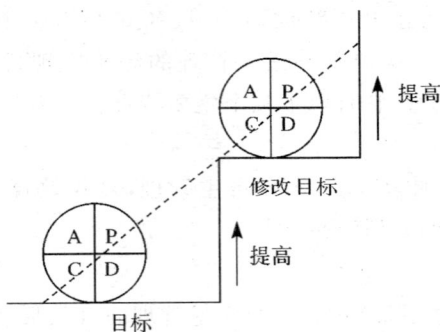

图 10-2 PDCA 改进

整个企业的工作要按 PDCA 循环进行,企业各部门、车间、班组直到个人的工作,也要根据企业的总目标、总要求,具体制定出自己单位和个人的 PDCA 工作循环,形成大环套小环,一环扣一环;小环保大环,推动大循环。PDCA 循环作为质量管理的一种科学方法,适用于企业各个环节、各方面的质量工作。

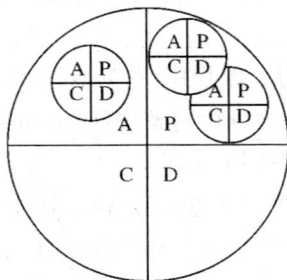

图 10-3 PDCA 的层层循环

⟿**【思辨策划 DIY 10-7】**

　　PDCA 循环如何应用在学习质量的改进中？

（四）质量改进的常用方法简介

1. 检查表

检查表又名核查表、调查表、统计分析表，是利用统计表对数据进行整体和初步原因分析的一种表格型工具，常用于其他工具的前期统计工作。以下为不合格品分项检查表。

表 1　不合格项检查表

不合格项目	检查记录	小计
表面缺陷	正正正正	20
砂眼	正	5
形状不良	一	1
裂纹	正正正一	16
其他	正正	10

2. 因果图

因果图由日本质量学家石川馨发明，是用于寻找造成质量问题的原因、表达质量问题因果关系的一种图形分析工具。一个质量问题的产生，往往不是一个因素，而是多种复杂因素综合作用的结果。通常，可以从质量问题出发，首先分析那些影响产品质量最大的原因，进而从大原因出发寻找中原因、小原因和更小的原因，并检查和确定主要因素。这些原因可归纳成原因类别与子原因，形成类似鱼刺的样子，因此因果图也称为鱼刺图。下图是在制造中出现次品后，寻找其原因形成的因果图。从图中可以看出，原因被归为工人、机械、测试方法等 6 类，每一类下面又有不同的子原因。

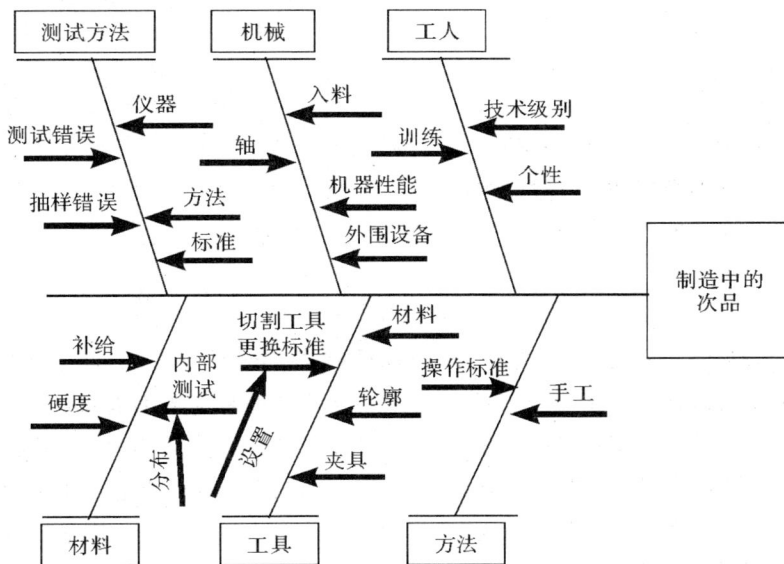

图 10-4　制造中次品出现原因的因果分析

3.直方图

直方图是将质量数据按顺序分成若干间隔相等的组,以组距为底边,以落入各组的数据频数为依据,按比例构成的若干矩形条排列的图。直方图的典型作用包括:观察与判断产品质量特性分布状况;通过直方图形状,判断生产过程是否正常,判断工序是否稳定,并找出产生异常的原因;计算工序能力,估算生产过程不合格品率。

直方图典型形状包括:正常型、偏向型、双峰型、锯齿型、平顶型和孤岛型。通过已总结出的不同形状常见质量原因,为迅速发现和解决质量问题提供了重要途径。对正常型直方图再进一步与公差限的结合,可直观快速地判断工序能力和质量状况,直观发现工序异常。

4.散布图

散布图又称散点图、相关图,是表示两个变量之间相互关系的图表法。横坐标通常表示原因特性值,纵坐标表示结果特性值,交叉点表示它们的相互关系。相关关系可以分为:强正相关、弱正相关、强负相关、弱负相关、不相关。

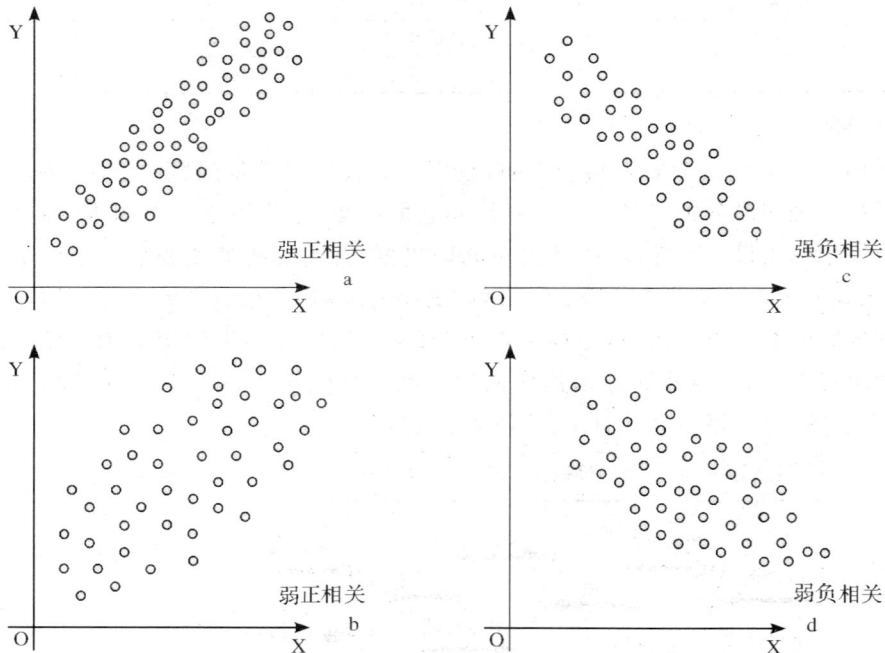

图 10-5　散布图

5.排列图

排列图也叫巴雷特图、主次因素分析图和 ABC 法。排列图法,又称主次因素分析法、帕累托(Pareto)图法,它是找出影响产品质量主要因素的一种简单而有效的图表方法。

1897 年意大利经济学家柏拉图(1848—1923)分析社会经济结构时,发现 80% 的财富掌握在 20% 的人手里,后被称"柏拉图法则"。1907 年美国经济学家劳伦兹使用累积分配曲线描绘了柏拉图法则,被称为"劳伦兹曲线"。20 世纪 60 年代,日本品管大师石川馨在推行自己发明的 QCC 品管圈时使用了排列图法。它是用来找出影响质量的主要因素的一种方法。它一般由两个纵坐标、一个横坐标、几个长方形和一条折线组成。左边的纵坐标表示频数(如件数、金额、时间等);右边的纵坐标表示频率;横坐标表示影响质量的各种因素,按频数大小自左至右排列;长方形的高度表示因素频数的大小;折线由表示各因素的累计频率的点连接而成。

通常累计百分比将影响因素分为三类:占 0%～80% 为 A 类因素,也就是主要因素;80%～90% 为 B 类因素,是次要因素;90%～100% 为 C 类因素,即一般因素。由于 A 类因素占存在问题的 80%,此类因素解决了,质量问题大部分就得到了解决。即将质量影响因素分类之后,重点针对 1—2 项主要因素进行改进提高,以解决质量问题。实践证明,集中精力将主要因素的影响减少比消灭次要因素更加有效。

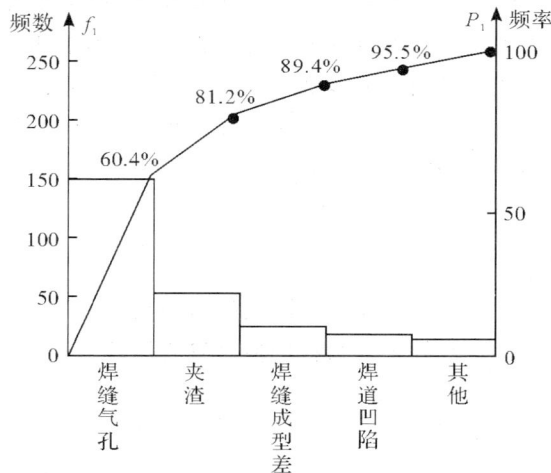

图 10-6　焊缝质量缺陷排列

6.头脑风暴法

头脑风暴法(Brainstorming)从 20 世纪 50 年代开始起。常用在决策的初级阶段,以解决组织中的新问题或重大问题。头脑风暴法一般只用来产生方案,而不是进行决策。头脑风暴法对于解决问题具有强大的威力。在一般遇到的问题中,只有少量的问题需要借助专家来解决,绝大部分的问题都可以自己解决。而这些问题中,大约有 80% 可以借助于同一方法来解决,这个方法就是头脑风暴法。

(1)头脑风暴法的基本指导思想

第一,面对任何难题,千万别说不可能。因为不是不可能,最多只是我们暂时还没有找到方法而已。

第二,全力以赴,专注于找方法,而坚决删除掉一切借口。

第三,最快、最有效的方法是,随时随地习惯地运用"头脑风暴法",它将能帮助我们在最短的时间内找到解决问题的方法。

(2)头脑风暴法操作

实施头脑风暴法,参加的人员可以是同一行业的专家,也可以是不同行业的人员,甚至可以是毫不相关的人员。人数在 6～12 人之间为好,如果人数太多,建议分成两个小组。

主持人需具备以下条件:了解召集的目的;掌握头脑风暴法的原则;善于引导大家思考

和发表观点；自己不发表倾向性观点；善于阻止相互间的评价和批评。

选择的地点应该具备下列条件：一间安静、温度适宜、光线柔和的办公室或会议室，也可以是户外，如草地上、假山旁、树荫下；严禁电话或来人干扰；最好有一台性能良好的录音机，能够把全过程都录下来，几块白板以及相应的书写工具。

Tips

头脑风暴法可广泛地应用于各类问题的讨论交流和决策，有效克服个体心理障碍和思维局限，避免个人屈于权威或大多数人意见，以自由开放的氛围来激发集体的创造性。其中体现了以人为本的管理理念，操作的基本原则是鼓励自由发言、禁止批评、延迟评判。其激发思维的机理在于精神开放、促使联想反应、热情感染、竞争意识、个人欲望等。同时，头脑风暴法的组织者必须保持清醒，一方面鼓励自由与发散，但同时又要避免离题太远。

【复习题】

1. 质量管理的发展经过哪几个阶段，有什么样的特点？
2. 我国大多数中小民营企业处于什么样的质量管理阶段？
3. 质量管理的八项原则是什么？
4. 质量管理的基础工作有哪些？
5. 什么是 ISO9000 质量管理体系，是在什么样的背景下发展起来的？
6. 我国企业接受 ISO9000 认证的主要目的是什么？
7. 质量改进的方法常用的有哪些？
8. 直方图图形如何判断？
9. 排列图是如何进行分析的？

第十一章

企业营销管理

>>>> >

　　市场营销管理可能是几项职能管理中相对容易理解的一章,因为现代营销理念主张以消费者为中心,而我们每一个人,无论什么职业和身份,在生活中都扮演着消费者这一角色。所不同的是,原来我们作为消费者被关注,而从事营销工作则需要关注消费者,并主张消费者导向。通过本章的学习,你能了解企业市场营销的含义和理念、企业营销管理的一般过程,并对企业营销管理的分析市场机会、市场细分、目标市场选择、市场定位、营销组合和营销的计划、组织和控制等一系列过程的管理及运作有一个初步的认识。所谓"外行看热闹,内行看门道",通过本章的学习,希望你开始理解市场上充满诱惑、令人眼花缭乱的商品、广告、促销背后的"门道"。

第一节　市场营销概述

一、市场营销含义

　　市场营销由英文 marketing 一词翻译而来,被誉为"现代营销之父"的美国营销学家菲利普·科特勒将其定义为:个人和群体通过创造并同他人交换产品和价值以满足需求和欲望的一种社会和管理过程。

　　综合各国学者的定义,现代市场营销也可表述为:在符合社会利益的前提下,以消费者利益为中心,由个人和组织通过创造产品和价值并同他人进行交换以获得所需所欲的一种社会商务活动过程。

Tips

　　　不知你是否有这样的误解,认为市场营销就是推销商品,即把商品卖出去,营销人员的任务就是不择手段地利用各种方式将产品卖给顾客,仅此而已。事实上现代市场营销是一个极为复杂的综合过程,它贯穿于企业经营管理全过程,包括市场调查、市场细分、目标市场选择、产品开发、定价、促销、售后服务等一系列活动。推销或销售只是市场营销的一部分。如果片面地认为销售就是一切,继而不择手段地推销,那么这种销售也是不可持续的,这就违背了企业"追求长远利益最大化"的经营目的。

更有人进一步提出,如果前期的市场调查、产品设计等决策成功,产品受到顾客欢迎,反而不需要特别的推销。所以营销不仅不是推销,好的营销反而使推销成为多余。

不过客观地讲,在市场竞争激烈的今天,必要的推销还是需要的。

二、市场营销观念演变

市场营销观念是企业从事市场营销活动的指导思想,它不仅直接影响着企业的组织结构、经营决策和经营成果,对整个社会经济发展也有着重要影响。市场营销观念是在一定社会经济环境下形成的,并随着社会经济发展变化而变化。近百年来,西方国家工商企业的市场营销观念经历了一个逐步演变的过程,大致为以下几个阶段。

（一）生产观念

生产观念产生于20世纪初,是一种以生产为中心的营销观念,表现为企业管理和营销以生产为中心和重点,致力于扩大产量、提高质量、降低成本。企业主张"以产定销",它与我们现在所熟知的"以销定产"思想显然有着本质不同。它的适用条件有两个:一是卖方市场,产品供不应求,买方争购;二是产品成本和售价过高,企业通过提高(生产)效率,降低成本,能够降低销售价格,从而扩大产销量,为企业赢得更多利润。随着科技进步、社会生产力的发展,以及市场供求的变化,生产观念的适用范围必然越来越小。

⇨【实 例 11-1】

福特生产策略

流水线之前,汽车工业完全是手工作坊型的。每装配一辆汽车要728个人工小时,当时汽车的年产量大约12辆,这一速度远不能满足巨大的消费市场的需求,所以使得汽车成为富人的象征。1913年,福特应用创新理念和反向思维逻辑提出在汽车组装中,汽车底盘在传送带上以一定速度从一端向另一端前行。前行中,逐步装上发动机,操控系统,车厢,方向盘,仪表,车灯,车窗玻璃、车轮,一辆完整的车组装成了。第一条流水线使每辆T型汽车的组装时间由原来的12小时28分钟缩短至10秒钟,生产效率提高了4488倍!他在一年之中生产几十万辆汽车,这个新的系统既有效又经济,结果他把汽车的价格削减了一半,降至每辆260美元。1913年,美国人均收入为5301美元;1914年,一个工人工作不到四个月就可以买一辆T型车。据说20世纪初,美国福特汽车公司制造的汽车供不应求,亨利·福特曾傲慢地宣称:"不管顾客需要什么颜色的汽车,我只有一种黑色的。"

（二）产品观念

产品观念是与生产观念并存的一种市场营销观念,认为消费者喜欢高质量、多功能和具有某些特色的产品,因此,企业管理的中心是致力于生产优质产品,并不断精益求精。但这种产品改进并没有听取消费者的意见,企业往往陷入自己对产品的自我迷恋而不能自拔,脱离了消费需求,很可能导致销售失败,将自己引入困境。

（三）推销观念

大约在 20 世纪 30 年代,由于产品供过于求,企业开始重视销售和推销,认为销售环节是企业的中心工作,具体体现为扩大销售部门,增加销售人员。相比较而言,销售观念已由单纯的以生产为中心,转移到兼顾市场的方向上来,是一大进步。但仍然是"生产什么、销售什么",存在很大局限,甚至出现硬性推销、不负责任的事例。

⯈【实例 11-2】

福特的推销

20 世纪 30 年代,福特汽车公司面临其他汽车公司生产的不同品种、规格、颜色汽车的竞争,销量锐减。于是他们一反过去的傲慢态度,在美国各地设立的大量的汽车陈列间,雇佣了大量推销员,只要顾客一进门,就上前推销,甚至"疲劳轰炸",而一旦推销出去,就概不负责。

（四）市场营销观念

上世纪 50 年代,随着竞争的日益激烈和社会进步,企业开始树立以消费者需求为中心的现代市场营销观念,企业站在消费者立场考虑所有的营销活动,市场需要什么,企业就生产什么,"顾客至上"、"顾客永远是对的"、"顾客是企业真正的老板"等成为企业主导思想。市场营销观念的出现是企业经营思想史上的一次革命,是新旧营销观念的分水岭,具有重大进步意义。

⯈【实例 11-3】

马云对顾客的理解

阿里巴巴公司自建立以来,将目标顾客锁定中小企业,致力于为中国中小企业提供方便可靠的贸易平台。在一次论坛上,公司创始人马云又一次表明,阿里巴巴坚持认为,顾客第一、员工第二、股东第三,公司要为客户创造真正的价值。"阿里巴巴在成立的头几年,几乎分文不赚,几乎每年亏损,但支持我们的是顾客的感谢信,说,谢谢你们,因为你们,我们活了下来","股东买了我们的股票,金融危机一来,跑得最快的是他们,留到最后的是我们的员工,我们坚持下来为顾客创造价值"。马云幽默风趣的语言事实上在更高层次上诠释了顾客导向的现代市场营销理念。

（五）社会市场营销观念

从 20 世纪 70 年代起,随着全球环境破坏、资源短缺、人口爆炸、通货膨胀和忽视社会服务等问题日益严重,要求企业顾及消费者整体利益与长远利益的呼声越来越高。在西方市场营销学界提出了一系列新的理论及观念,如人类观念、理智消费观念、生态准则观念等。其共同点都是认为,企业生产经营不仅要考虑消费者需要,而且要考虑消费者和整个社会的长远利益。这类观念统称为社会营销观念。

社会营销观念的基本核心是:以实现消费者满意以及消费者和社会公众的长期福利作为企业的根本目的与责任。理想的营销决策应同时考虑到:消费者的需求与愿望的满足,消费者和社会的长远利益,企业的营销效益。

总而言之,社会市场营销观念是以社会公众(而非仅仅顾客)长远利益(而非仅仅眼前利益)为中心的营销观念,是对市场营销观念的补充和修正。

Tips

或许有些人会认为社会市场营销观念只适合于经济发展水平较高的西方国家,中国由于经济社会发展的阶段性还不需要社会营销。但事实上如果你仔细观察,就会发现许多跨国公司在中国也大力度地实施社会营销理念,更有优秀的中国企业也进行社会市场营销并为企业带来成功。

请自己观察中国国内市场上企业社会营销的案例。

三、企业营销管理的含义及职能

企业营销管理(marketing management)是指企业分析、规划、执行和控制各种营销方案,以便与目标市场的顾客建立和保持互惠交易以实现组织的目标。它是把管理(即组织、分析、执行和控制等)技术应用到企业整个营销活动中的过程。其管理对象包含理念、产品和服务。其基础是交换,目的是满足各方需要。

分析、规划、执行和控制是营销管理的四个主要职能。营销的分析和规划包括考察企业的市场和营销环境,以发现有吸引力的市场机会,然后确定可以协助企业实现其整体战略目标的营销战略。良好的营销分析与规划只是使企业达到卓越绩效的起点,营销计划的执行才是企业营销管理的关键。营销系统中的各阶层人员必须互相合作来执行营销战略和计划,营销部门的人员必须和财务、采购、制造以及企业其他部门的人员协调行动,企业外部人员和组织可以协助执行企业的市场营销计划。实施营销计划的过程中,可能会发生许多意想不到的情况,所以还需要必要的控制手段,以确保实现营销目标。

第二节　企业营销管理实务

企业营销管理的一般过程,可以概括为以下环节(如图11-1所示):分析市场机会、选择目标市场、拟定营销组合、营销组织与控制。

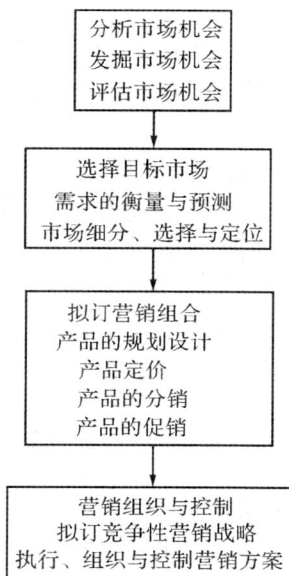

图 11-1　企业营销管理的一般过程

一、分析市场营销机会

企业营销的管理始于对企业情况的全面分析。企业必须分析市场营销环境,以找到有吸引力的机会和避开环境中的威胁因素。

（一）营销环境分析

所谓营销环境,是指与企业营销活动有关的所有力量和影响因素的集合。营销环境是企业营销活动的约束力量,其影响主要表现在两个方面:一是为企业营销提供机会;二是对企业营销造成障碍和威胁。因此,企业应通过对营销环境深入持续的研究,自觉地识别和利用市场机会,规避环境威胁,充分发挥自身的优势,克服劣势,制定正确的营销决策,以实现营销目标。

企业的营销环境可以划分为微观环境和宏观环境两大方面。微观环境主要包括企业内部环境、同盟者、顾客、竞争者和公众等因素。宏观环境由能够对企业产生重要影响的几大社会力量形成,反映了一个国家和社会发展变化状况,包括人口、政治法律、社会文化、经济、技术、自然等环境。

（二）市场机会分析

市场机会是指在某种特定的营销环境条件下,企业可以通过一定的营销活动获得利润的机会。市场机会的产生来自营销环境的变化,如新市场的开发、新产品新工艺的采用等,都可能产生新的需求,从而为企业提供营销机会。

为了在千变万化的营销环境中找出价值最大的市场机会,企业需要对市场机会的价值进行更为详细具体的分析。

1.市场机会价值因素

市场机会的价值大小由市场机会的吸引力和可行性两方面因素决定。

（1）市场机会的吸引力

市场机会对企业的吸引力是指企业利用该市场机会可能创造的最大利益。反映市场机会吸引力的指标主要有市场需求规模、利润率、发展潜力等。

（2）市场机会的可行性

市场机会的可行性是指企业把握住市场机会并将其化为具体利益的可能性。从特定企业角度来讲，只有吸引力的市场机会并不一定能成为本企业实际上的发展良机，具有较强吸引力的市场机会必须同时具有较强可行性才会是企业高价值的市场机会。市场机会的可行性是由企业营销的微观环境和宏观环境两方面共同决定的。

2.市场机会价值的评估。确定了市场机会的吸引力与可行性，就可以综合这两个方面对市场机会进行评估。按吸引力大小和可行性强弱组合可构成市场机会的价值评估矩阵。会出现以下四种情况。

（1）吸引力大、可行性弱的市场机会

一般来说，该种市场机会的价值不会很大。除了少数好冒风险的企业，一般企业不会将主要精力放在此类市场机会上。但是，企业应时刻注意决定其可行性大小的内外环境条件的变动情况，并做好当其可行性变大的准备。

（2）吸引力、可行性俱佳的市场机会

该类市场机会的价值最大。通常，此类市场机会既稀缺又不稳定。企业营销人员的一个重要任务就是要及时、准确地发现有哪些市场机会进入或退出了该区域。该区域的市场机会是企业营销活动最理想的经营内容。

（3）吸引力、可行性皆差的市场机会。

通常企业不会去注意该类价值最低的市场机会。

（4）吸引力小、可行性大的市场机会。该类市场机会的风险低，获利能力也小，通常稳定型企业、实力薄弱的企业以该类市场机会作为其常规营销活动的主要目标。对该区域的市场机会，企业应注意其市场需求规模、发展速度、利润率等方面的变化情况，以便在该类市场机会增大时可以立即有效地予以把握。

需要注意的是，市场机会价值评估是针对特定企业的。同一市场形势对不同企业表现为不同的机会。这是因为对不同经营环境条件的企业，市场机会的利润率、发展潜力等影响吸引力大小的因素状况以及可行性均会有所不同。

二、选择目标市场

营销大师科特勒曾说："现代营销的中心，可定义为 STP 市场营销——就是市场细分（Segmentation）、目标市场（Targeting）和市场定位（Positioning）"。所以，企业选择目标市场的过程可以概括为市场细分、目标市场和市场定位三个衔接的环节。

（一）市场细分

现代市场营销主张顾客导向，即在分析顾客需求的基础上满足顾客需求。但在现实中，企业往往会发现人的需求各不相同，似乎令商家无所适从，比如服装，男女老少、不同场合及用途、不同支付能力、不同职业身份、不同性格及消费观的人，对服装都有着不同甚至相反的需求。这时，市场细分就是一个有效的解决问题的方法。所谓市场细分，就是指在市场调查的基础上,按不同的标准,将整个市场分为若干群体,每个群体是一个子市场,每个子市场内部有相似的欲望和需要。

市场细分的标准(依据)包括地理、人口、心理、行为等,每一个标准下又有若干不同表现形式。地理因素包括地理区位、气候、城乡等。人口因素包括性别、年龄、收入、家庭生活周期、职业等。心理因素包括社会阶层、生活方式、个性等。行为因素包括购买时机、追求利益、忠诚程度、消费态度等。

需要强调的是,市场细分不是对产品的分类,而是对需求的分类。

市场细分有助于营销管理者确定市场开发重点,制定有效的营销策略,从而在激烈的市场竞争中取得优势地位;另一方面,市场细分也有助于企业降低营销成本。当然,这一切的实现需要依靠科学的市场细分方法。

(二)目标市场的选择

所谓目标市场的选择,就是企业在市场细分的基础上,选择一个或若干个子市场(细分市场)作为自己产品的销售对象即目标市场。目标市场选择的原则是内外结合,即市场吸引力和企业资源(有形、无形)、优势、价值观念等因素的协调一致。

(三)市场定位

所谓市场定位,就是企业在市场细分、目标市场选择的基础上,紧密结合目标市场的需求和喜好,全方位地设计、强化产品特点,强有力地塑造出本企业产品与众不同的、给人印象鲜明的个性或形象,并把这种形象生动地传递给顾客,从而使该产品在市场上确立适当的位置。产品的特色或个性,有的可以从产品实体上表现出来,如形状、成分、构造、性能等;有的可以从消费者心理上反映出来,如豪华、朴素、时尚、典雅等;有的表现为价格水平,有的表现为质量水准等等。企业在进行市场定位时,一方面要了解竞争对手的产品具有何种特色,另一方面要研究顾客对该产品的各种属性的重视程度(包括对实物属性的要求和心理的偏好),然后根据这两方面进行分析,再选定本企业产品的特色和独特形象,从而完成产品的市场定位。

⤷【实 例 11-4】

麦当劳在中国和美国的区别

互联网上,有人这样调侃麦当劳在中国和美国的区别:

价格:中国麦当劳里一个麦香鱼汉堡套餐要人民币 18.5 元,在美国只要 4 美元。对于一个月薪 3000 元人民币的中国人来说,这顿饭花去了一个月收入的 0.6%;对于一个月薪 3000 美元的美国人来说,这顿饭花去了一个月收入的 0.1%。

产品质量和数量:中国麦当劳汉堡的个头只相当于美国麦当劳同样汉堡的 80%,中国的中杯可乐比美国小杯还要小。中国可乐不能续杯,美国管够。

服务:中国麦当劳总是不断向你推荐所谓的超值套餐,废话太多。美国的只需要问两句:may I help you? 和 anything else? 中国吃完拍屁股走人,美国还得自己倒盘子,并把盘子放好。美国人多数会选择 DRIVE UP 取餐;中国人不知道什么叫 DRVIE UP,也没见过,喜欢坐在麦当劳里看书,写作业,甚至摆弄笔记本。

消费人群:中国的多是小孩,所谓的白领,大人奖励小孩。在美国是图便宜,节约时间,卡车司机、图方便人士的好去处。

店面装修:中国的整得相当豪华,一般都位于一个城市的中心地带,面积一般都在 300 平方米以上,甚至楼上楼下,还附带儿童乐园。美国荒郊野外的加油站的一个角落也会有麦当劳。

人们心目中的地位:在中国人心目中麦当劳就是"白领"、"档次"的代名词。在美国人心目中,麦当劳就是一路边"包子店"。

⇨【思辨策划 DIY 11-1】

请分析麦当劳在中国和美国为什么会有这些区别。以上区别中哪一项是核心的区别?

三、拟订营销组合

营销组合又称 4Ps,4P 分别指产品(product)、价格(price)、渠道(place)、促销(promotion)。

(一)产品策略

产品策略包括产品策划、产品组合策略、产品生命周期策略等等。在此介绍产品策划。市场营销将产品概念分解为三个层次:核心产品、形式产品、延伸产品。

1.核心产品

核心产品是指产品提供给顾客的核心内容,通俗地说,是对产品效用的抽象性描述。营销人员需要敏锐地发现顾客对产品需求的本质,并作为产品策划的基础和基本思路。

⇨【实 例 11-5】

几种不同产品的核心产品

针对不同的目标市场,核心产品有不同内容。试举几例:

- 汽车

代步工具;

代步工具、体现财富和社会地位等;

代步工具、体现不同的个性和审美;

方便快捷地运输某种特定产品(如冷冻食品、高档服装、化学品等等)。

- 护肤品

护肤美容

护肤美容、追求奢华生活、满足生活成就感

护肤美容、作为礼品传达特定信息

⊞→**【思辨策划 DIY 11-2】**

　　　　请指出上述不同核心产品所对应的目标市场,观察生活中的各种消费品,并描述其核心产品。

2.形式产品

以上核心产品需要通过一定的具体形式来体现,这就是形式产品。形式产品是核心产品的物质承担者,表现为选材、设计、质量、功能、款式、包装、品牌等。

3.延伸产品

顾客在购买产品时所得到的附加服务或利益就是附加产品。如提供信贷、送货上门、安装、维修、质量保证等。企业在延伸产品层面的竞争拓展了竞争领域,促进了市场营销的发展。

(二)价格策略

价格策略包括定价目标策略、定价方法、定价策略等内容。

不同企业、不同产品、不同时期、不同市场条件有着不同的定价目标。定价目标包括以获取利润为定价目标、以争取产品质量领先为定价目标、以提高市场占有率为定价目标、以应付和防止竞争为定价目标、以维持企业生存为定价目标等。

定价方法的确定,是指企业在特定定价目标指导下考虑企业产品的成本、市场需求状况和市场竞争状况,确定产品价格计算方法,包括成本导向定价法、需求导向定价法、竞争导向定价法。

在市场竞争中,企业还需善于根据市场环境和企业内部条件,选择正确的定价策略,以确定产品最终价格。定价策略即企业在特定经营环境下采取的定价方针和价格竞争方式,具体包括新产品定价策略(包括撇脂定价策略、渗透定价策略、满意定价策略)、产品组合定价策略(包括产品线定价、单一价格定价、选择产品定价、俘虏产品定价)、地区产品定价策略(包括产地定价、统一交货定价、基点定价、区域定价)、心理定价策略(包括尾数定价、整数定价、声望定价、招徕定价)、折扣与让利定价策略(包括现金折扣、数量折扣、功能折扣、季节折扣、推广让价)、价格调整策略(主动降价策略、主动提价策略、竞争者提价后的价格调整策略、竞争者降价后的价格调整策略)等。

(三)渠道策略

绝大部分生产企业并不直接把生产出来的商品输送到最终消费者手中,而是需要一系列中间环节的配合协调活动,这些中间环节就构成了企业的分销渠道。分销渠道是企业重要的无形资产。

按分销渠道中间环节的多少可将渠道分为长渠道和短渠道,按同一层次中间商的多少可将分销渠道分为宽渠道和窄渠道。

可供企业选择的分销渠道策略有广泛性分销渠道、选择性分销渠道、独家经营分销渠道。广泛性分销渠道策略指生产者尽可能通过许多适当的中间商来销售其产品,一般而言日常消费品、工业生产中经常耗用的产品适合此渠道策略,厂商关系比较松散。选择性分销渠道策略是指生产者在某一地区仅通过少数几家经过精心挑选的、合适的中间商来销售其产品,消费品中的选购品,由于消费者对产品或品牌的偏好,适合此渠道策略,厂商关系比较紧密。独家分销是在生产者在某一地区,一定时间内,只选择一家中间商销售其产品,消费品中的特殊产品适合此类渠道策略,厂商关系十分紧密。

企业在进行渠道决策时,主要的考虑因素有产品因素、市场因素、企业自身条件、客观环境因素等。

生产商需要对渠道(中间商)进行评估、选择、激励和扶持、调整等工作。

Tips

　　我们日常生活中经常光顾的超市、百货商厦、各类专业市场、专卖店、路边的小杂货店,以及菜场、饭店等等,都是商品的流通渠道的具体表现形式。请注意观察各种销售渠道的特点,不同渠道之间的区别,这对于你理解渠道十分有益。

(四)促销

促销是指企业通过人员推销或非人员推销的方式,向目标顾客场地商品或劳务的存在及其性能、特征等信息,帮助消费者认识商品或劳务所带给消费者的利益,从而引起消费者的兴趣,激发消费者的购买欲望和购买行为的活动。促销的本质是传递和沟通信息。

从促销活动运作的方式来看,促销分为推式策略和拉式策略。推式策略又称从上而下的策略,以人员推销为主,辅之以中间商销售促进,兼顾消费者的销售促进,把商品推向市场,其目的是说服中间商与消费者购买本企业产品,并层层渗透,最后达到消费者手中。拉式策略又称从下而上式策略,以广告促销为主,通过创意新、高投入、大规模的广告轰炸,直接诱发消费者的购买欲望,由消费者向零售商、零售商向批发商、批发商向制造商求购,由下而上,层层拉动购买。

企业的促销活动往往以促销组合形式进行。促销组合是指履行营销沟通过程的各个要素的选择、搭配及其运用。促销组合的主要要素包括广告促销、人员促销、营业推广、公共关系。这些因素能否有效地运用,对不同消费者和行业市场来说各不相同。消费品生产企业往往在广告上投入大笔资金,其次是促销活动、人员推销、公共宣传,工业生产用品企业在人员推销上投入大笔资金,其次是促销、广告、公共宣传。

Tips

　　4Ps有其丰富的内涵,要想真正理解并理性运用4Ps策略,必须系统化学习市场营销课程,此处只是皮毛知识的介绍。尽管如此,我们仍建议同学们要尝试理解营销组合这一概念。

(五)营销组合

营销组合是指企业针对选定的目标市场,综合运用4Ps的营销策略和手段,组合成一个系统化的整体策略,以达到企业的经营目标,并取得最佳的经济效益的过程。

以上四项策略是市场营销组合的四个可变的基本项目,在动态的市场营销环境中,它们互相依存,处于同等地位。虽然它们单独说来每一策略都是重要的,但真正重要的意义在于它们因势而异的配套组合,亦即它们结合起来的独特方式。也正是它们结合起来的独特方式使每一个企业的市场营销战略和战术成为一种独特的战略和战术。在现代企业的实践活动中,围绕4Ps建立企业的市场营销组合策略已愈加成熟,并成为一种模式化的决策方法(见图11-2)。

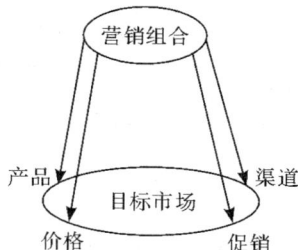

图 11-2　市场营销组合及四个基本策略

四、营销的组织、执行与控制

营销组织、执行与控制是营销管理过程的一个重要步骤。营销计划需要借助一定的组织系统来实施,需要执行部门将企业资源投入到营销活动中去,需要控制系统考察计划执行情况,诊断产生问题的原因,进而采取改正措施,或改善执行过程,或调整计划本身使之更切合实际。因此,在现代市场经济条件下,企业必须高度重视营销的组织、执行与控制工作。

（一）营销组织

企业的营销部门是执行营销计划、服务顾客的职能部门。营销部门的组织形式,主要受宏观营销环境,企业营销管理哲学,以及企业自身所处的发展阶段、经营范围、业务特点等因素的影响。

为了实现企业目标,企业必须选择合适的营销组织。在现代企业中,其组织形式主要有以下类型:

1. 职能型组织。企业中最常见的职能型组织是在营销副总裁领导下由各种营销职能专家构成的职能型组织。具体结构如图11-3所示。

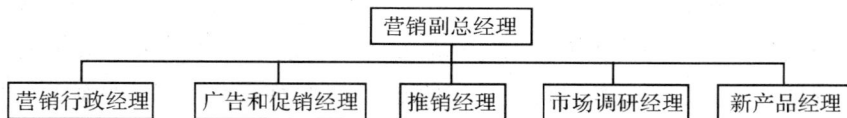

图 11-3　职能型组织

除了这五种营销职能专家外,还可能包括的营销职能专家有顾客服务经理、营销计划经理和产品储运经理等。

职能型组织的主要优点是行政管理简单。但是,随着产品的增多和市场扩大,这种组织形式会失去其有效性。原因是:①由于没有一个人对一项产品或一个市场负全部的责任,因而没有按每项产品或每个市场制定的完整计划,有些产品或市场就很容易被忽略;②各个职能部门为了获取更多的预算和比其他部门更高的地位而竞争,使营销副总裁经常面临调解纠纷的难题。

2.地区管理型组织。在全国范围内组织营销的企业往往按地理区域组织其推销人员。在推销任务复杂、推销人员的工资很高、并且推销人员对利润影响很大的情况下,这种分层是必要的。

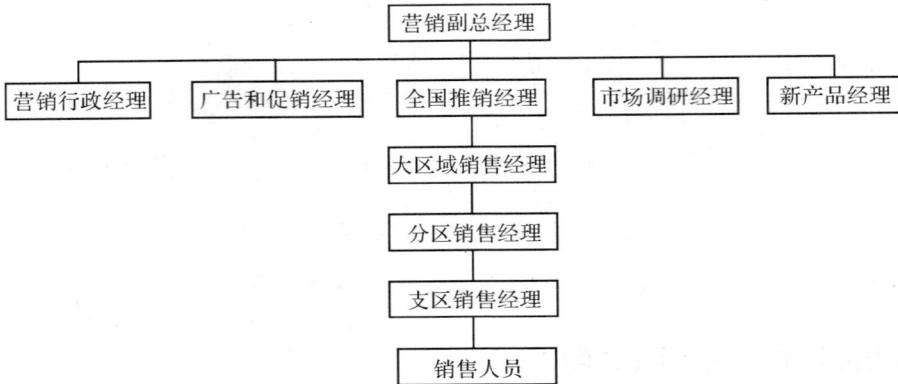

图 11-4　地区管理型组织

3.产品管理型组织。生产多种产品或多种不同品牌的企业,往往按产品或品牌建立管理组织,即在一名产品经理的领导下,按每类产品分设一名经理,再按每个具体的品种设一名经理,实行分层管理。其组织结构形式如图 11-5 所示。

该结构适合生产的产品之间差别很大,并且产品的绝对量又多,超过了职能组织所能控制的范围的企业。其中产品经理的职责是制定产品计划,监督产品计划的执行,检查执行结果,并采取必要的调整措施。此外,还要制定竞争策略。

产品管理型组织的优点是:①可以很方便地协调其所负责产品的营销组合策略;②能及时反映该产品在市场上出现的问题;③由于产品经理各自负责销售自己所管的产品,因而即使不太重要的产品也不会被忽视掉。

产品管理型组织的缺点是:①产品管理造成了一些矛盾冲突。由于产品经理权力有限,他们不得不依赖于同广告、促销、制造部门之间的合作,而各部门往往不予配合;②产品经理较易于成为他所负责产品的专家,但不容易熟悉其他方面的业务;③产品管理系统的成本往往比预期的组织管理费用高。因为产品管理人员的增加导致人工成本的增加,同时企业还要继续增加促销、调研、信息沟通方面的开支,结果使企业承担了巨额的管理费用。

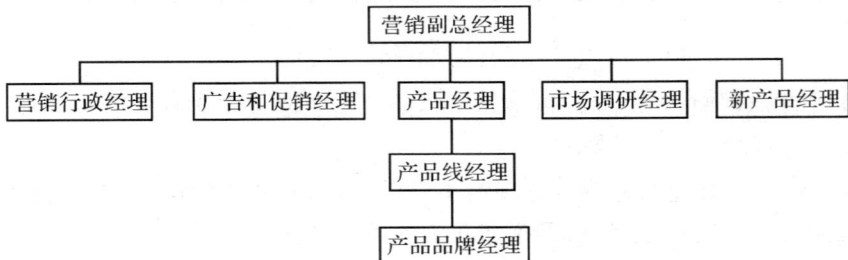

图 11-5　产品管理型组织

（二）营销执行

1.营销执行的含义

营销执行是将营销计划转化为行动方案的过程，并保证这种任务的完成，以实现计划的既定目标。分析营销环境、制定营销战略和营销计划是解决企业营销管理活动应该"做什么"和"为什么要这样做"的问题；而营销执行则是要解决"由谁去做"、"在什么时候做"和"怎样做"的问题。

营销执行是一个艰巨而复杂的过程。美国的一项研究表明，90％以上被调查的计划人员认为，他们制定的战略和战术之所以没有成功，是因为没有得到有效的执行。管理人员常常难以诊断营销工作执行中的问题，营销失败的原因可能是由于战略战术本身有问题，也可能是由于正确战术没有得到有效的执行。

2.营销执行的基本程序

（1）制定行动方案。行动方案应该明确营销战略实施的关键性决策和任务，并将执行这些决策和任务的责任落实到个人或小组。另外，还应包含具体的时间表，定出行动的确切时间。

（2）建立组织结构。企业的正式组织在营销执行过程中产生决定性的作用，组织将战略实施的任务分配给具体的部门和人员，规定明确的职权界限和信息沟通渠道，协调企业内部的各项决策和行动。组织结构必须同企业战略相一致，必须同企业本身的特点和环境相适应。组织结构具有两大职能，首先是提供明确的分工，将全部工作分解成管理的几个部分，再将它们分配给各有关部门和人员；其次是发挥协调作用，通过正式的组织联系沟通网络，协调各部门和人员的行动。

（3）设计决策和报酬制度。这些制度直接关系到战略实施的成败。就企业对管理人员工作的评估和报酬制度而言，如果以短期的经营利润为标准，则管理人员的行为必定趋于短期化，他们就不会有为实现长期战略目标而努力的积极性。

（4）开发人力资源。营销战略最终是由企业内部的工作人员来执行的，所以人力资源的开发至关重要。这涉及人员的考核、选拔、安置、培训和激励等问题。在考核选拔管理人员时，要注意将适当的工作分配给适当的人，做到人尽其才；为了激励员工的积极性，必须建立完善的工资、福利和奖惩制度。此外，企业还必须决定行政管理人员、业务管理人员和一线工人之间的比例。许多美国企业已经削减了公司一级的行政管理人员，目的是减少管理费用和提高工作效率。

应当指出的是，不同的战略要求具有不同性格和能力的管理者。"拓展型"战略要求具有创新和冒险精神的、有魄力的人员去完成；"维持型"战略要求管理人员具备组织和管理方面的才能；而"紧缩型"战略则需要寻找精打细算的管理者来执行。

（5）建设企业文化和管理风格。企业文化是指一个企业内部全体人员共同持有和遵循的价值标准、基本信念和行为准则。企业文化对企业经营思想和领导风格，对职工的工作态度和作风，均起着决定性的作用。不同的战略要求不同的管理风格，具体需要什么样的管理风格取决于企业的战略任务、组织结构、人员和环境等因素。企业文化和管理风格一旦形成，就具有相对稳定性和连续性，不易改变。因此，企业营销管理执行措施通常是适应企业文化和管理风格的要求来制定的，而不宜轻易改变企业原有的文化和风格。

　　为了有效地实施企业营销战略,企业的行动方案、组织结构、决策和报酬制度、人力资源、企业文化和管理风格这五大要素必须协调一致,相互配合。

　　(三)营销控制

　　1.营销控制的含义

　　所谓营销控制,是指营销经理经常检查营销计划的执行情况,看看计划与实绩是否一致,如果不一致或没有完成计划,就要找出原因所在,并采取适当措施和正确行动,以保证营销计划的完成。

　　2.营销控制的一般过程

　　营销控制过程一般包括四个步骤,即:(1)管理部门设定具体的营销目标;(2)衡量企业在市场营销中的实际业绩;(3)分析营销目标和实际业绩之间的差异大小,并寻找存在差异的原因;(4)最后管理部门采取正确的行动,以此弥补目标与业绩之间的差距。

　　3.营销控制的主要类型

　　营销控制有四种主要类型,即年度计划控制、赢利能力控制、效率控制和战略控制。

　　(1)年度计划控制。所谓年度计划控制,是指企业在本年度内采取控制步骤,检查实际绩效与计划之间是否有偏差,并采取改进措施,以确保市场营销计划的实现与完成。企业营销管理者一般可运用五种绩效工具以核对年度计划目标的实现程度,即销售额分析、市场占有率分析、市场营销费用与销售额比率分析、财务分析、顾客态度追踪等。

　　(2)赢利能力控制。除了年度计划控制之外,企业还需要运用赢利能力控制来测定不同产品、不同销售区域、不同顾客群体、不同渠道以及不同订货规模的赢利能力。由赢利能力控制所获取的信息,有助于管理人员决定各种产品或营销活动是扩展、减少还是取消。赢利能力控制一般通过营销成本和赢利能力的考察指标等进行分析。

　　(3)效率控制。效率控制主要是分析企业在营销管理中,有没有高效率的方式来管理销售人员、广告、销售促进及分销等活动。其分析方法一般采用定性分析和定量分析相结合。

　　(4)营销审计。营销审计是对一个企业营销环境、目标、战略、组织、方法、程序和业务等作综合的、系统的、独立的和定期性的核查,以便确定困难所在和各项机会,并提出行动计划的建议,改进营销管理效果。营销审计实际上是在一定时期对企业全部营销业务进行总的效果评价,其主要特点是不限于评价某一些问题,而是对全部活动进行评价。

　　营销审计的基本内容包括营销环境审计、营销战略审计、营销组织审计、营销系统审计、营销赢利能力审计和营销功能审计等。

⇨【复习题】

　　1.企业营销管理的含义是什么? 它的实质是什么?

　　2.市场营销理念的演变经历了哪几个阶段?

　　3.企业营销管理的一般过程包括哪几个环节?

　　4.企业的微观营销环境包括哪几个方面? 宏观营销环境包括哪几个方面?

　　5.什么是市场机会? 如何评估市场机会?

　　6.什么是市场细分? 市场细分的基本依据有哪些?

　　7.营销部门的组织形式有哪些,它们各有什么优缺点?

思辨策划 DIY 参考答案

第一章 企业概述

1.学校、医院是否属于企业范畴？超市、商场是否属于企业范畴？

参考答案：由于学校、医院没有企业应具备的经济性特征，所以不应属于企业范畴。超市、商场具备企业所有的特征，所以属于企业范畴。

2.个体工商户是否是企业？它与个人独资企业有何区别？

参考答案：虽然成立个体工商户必须到工商行政管理机构进行登记注册，但因为它可以没有固定的经营场所，缺乏稳定性特征，因此不属于企业范畴。它与个人独资企业在企业名称是否合法、生产经营场所是否固定、所有权与经营权是否分离、是否可以设立分支机构、法律地位是否相同、财务税收政策是否相同等方面存在一定区别。

3.公司制企业与非公司制企业的区别是什么？

参考答案：公司制企业与非公司制企业在遵循的法律依据、登记机关、登记注册资金及驻所等方面存在区别。

4.公司相对于合伙企业而言，实质性的进步是什么，对企业经营管理有何实际意义？

参考答案：公司是法人，在法律上具有独立人格，并对外承担有限责任，这是公司相对于合伙企业而言的实质性进步。这有利于企业稳定，有利于企业扩大资金来源。

5.有些企业并不缺钱，尤其是一些经营良好的民营企业，在国内完全可以筹集到资金，却宁肯花费更高成本到海外融资或上市，为什么？

参考答案：主要是为企业扩大在海外的知名度，同时学习国外先进管理技术及适应国外的法律法规，为自身产品打入国际市场并能站稳脚跟奠定基础。

6.公司是否等同于企业？

参考答案：企业的范围更广，公司只是企业的一个范畴。

7.有限责任公司与股份有限公司的异同点。

股份有限公司与有限责任公司基本情况比较表

组织形式 具体项目	股份有限公司	有限责任公司
1.股份特征	股份等额，责任有限，股票可上市	股份不等额，责任有限，出资证明书不上市

续表

具体项目 \ 组织形式	股份有限公司	有限责任公司
2.设立方式	资合(认购,募集)	资合(认购),并具有人合因素
3.设立操作	要求严格,程序较复杂	要求宽松,程序较简单
4.出资方式	发行股票或签发股权证	签发出资证明书
5.股东人数	无具体要求,但发起人应当是 2 人以上 200 人以下	有上下限(1~50 人)
6.注册资本最低限额	最低限额为 500 万元人民币	最低限额为 3 万元人民币,一人有限公司最低限额为 10 万元人民币,咨询和服务性公司 10 万元
7.筹资范围	社会	公司
8.筹资规模	大	小
9.出资转让	股票可以转让,没有严格限制	出资证明的转让须经公司同意,并向原登记机关办理变更登记和公告
10.出资管理	复杂	简单
11.股东的权利与义务	按所持股份类别或份额享受权利,承担义务,每一股都拥有同等权利和义务	按出资额享受权利,承担义务,并拥有表决权
12.股东承担债务责任	仅以其所认购的股份为限对公司承担有限责任	仅以其所认缴的出资额为限对公司承担有限责任
13.经营规模	大	小
14.受外部影响和冲击	大	小
15.机构设置	必须设股东会,董事必须由股东选举	可不设股东会,董事可以由股东委派
16.信息披露	公开	保密

8.公司分立或合并后的债务应如何处理?

参考答案:除公司在分立前与债权人就债务清偿达成的书面协议另有约定外,公司分立前的债务由分立后的公司承担连带责任。

公司合并时,合并各方的债权债务,应当由合并后存续的公司或者新设的公司承继。

第二章 管理概述

1.管理概念多元化这一现象说明了什么?

参考答案:说明管理内涵的丰富性、管理科学的不成熟性。

2.日本的管理和美国的管理孰优孰劣?

参考答案:没有最好的,只有最适合的。管理要适应环境,因地制宜,不能教条,也就是管理要讲求艺术性。

3. 有人说管理、当官就是弄权、人际斗争。你如何看，为什么？

参考答案：这种说法十分片面。

首先，"当官"即从事管理工作，管理首先应表现为科学性，管理者要认真学习管理科学，在实践中遵循管理的科学规律，并仔细观察研究具体的管理环境，采取相应的管理对策，更好地实现组织目标。

其次，由于"责权利对等"的管理原理，管理者承担责任，也享受权力和利益，人为了得到权力和利益，可能会争夺管理职位，会有一定的人际斗争。

4. 如果你想成为一名管理者，现在应做什么准备？

参考答案：首先，充分认同、尊重管理的科学性，系统地学习管理的科学知识。

同时，培养良好的品格，准备用光明、正当的方法处理管理中的人际关系和人际矛盾。

5. 管理究竟是经验和方法还是一门完整的科学？为什么有人没有念过 MBA，不是管理专业毕业，甚至文化水平很低，也能胜任管理工作，成功地创业、守业；而有些人拿着管理专业的高级文凭，也未必能成为优秀的管理者？

参考答案：管理既是实践的经验方法，也有完整的概念、理论体系，是一门（不精确的）科学。

没有受过良好教育的人能创业、守业的原因：

（1）具有较好的品德、心理及相应的能力素质。

（2）尊重知识，在实践中学习。

企业早期创业时规模小，管理简单，能够胜任，只要凭借艰苦勤奋、诚信等道德品质就有可能成功。随着企业的扩张，环境的复杂，他们一边在实践中积累经验，一边学习管理科学，提高自己的管理能力。

（3）承认、尊重管理科学，招贤纳士。

受过良好教育却不能在实践中成功经营的原因：

良好的教育背景只代表管理者的知识素质，不代表品德、心理、能力等综合素质。

6. 请思考"优秀员工"和"有管理能力的人"之间有何区别。

参考答案：普通员工只对一个相对简单的本职工作负责，一般拥有诚信、勤劳、谦虚、友善等品质的人就能成为优秀员工。

管理者要对组织和他人负责，要妥善权衡、协调各种矛盾关系，要进行复杂的决策，因此除了以上优秀员工应具备的品质，还需要丰富的知识面、洞察判断能力、协调能力等等，应该说在道德上管理者也有更高的要求。

7. 为什么西方管理理论在世界上处于绝对优势，而作为文明古国的中国没有系统化的管理思想？

参考答案：管理科学的研究是大规模共同合作的要求和产物，西方在经历工业革命后，生产规模极大提高，实践中产生管理的问题，所以就有学者专门研究管理并产生系统化的管理科学，并且管理理论随着社会进步、科技进步相应发展。

8. 请将西方经验管理模式与我国民营企业的管理模式作一对比，会得出怎样的结论？

参考答案：经验管理最大的特点是没有规范、随意性。我国民营企业在发展初期，由于规模小,缺乏管理积累,所以管理状况常常体现为西方早期的经验管理模式。

9.为什么同一个人在不同的企业可能会有完全相反的表现?

参考答案:行为科学告诉我们,人在企业内的行为方式,包括积极或消极,是由其工作动机以及动机的满足程度决定的。同一个人,如果在企业中动机受到良好的引导、得到较好满足,就会表现出积极的行为方式,反之则反。

10.如果一位部门领导向你抱怨,下属工作不负责任,经常出差错,你将怎样从建设性的角度为他分析问题、提出建议。

参考答案:一味地抱怨员工不能解决问题,没有任何意义。管理者只能从自身找原因和对策。

员工不负责任是人性中的一部分(X理论),管理者当制定严格的工作规范和检查、基督制度,以抑制人性中"恶"的一面。这位管理者很可能没有这方面的措施。

11.以行为科学为指导的管理对管理者提出了怎样的要求?

参考答案:首先要求管理者对人性的全面认识(物质精神双重需求、性善性恶的双重表现),善于观察人,洞察人性;

同时要有和善温良的个性、良好的个人修养,使管理者位居高层、承受较大的工作压力、有较强的能力,仍能尊重、关爱员工,提倡平等、人道主义,理解员工的精神需求。

第三章　企业管理的职能与方法

1.如果责权不对等,会出现什么问题?

参考答案:责任小于权利,权利失去责任的约束,导致滥用权利;责任大于权利,无从负责,导致责任流失。

2.如果一个组织频繁地进行调整和创新,会出现怎样的负面影响?

参考答案:员工失去工作的安全感,不利于调动员工工作积极性,不利于部门在部署工作时从长计议,新旧组织在交替、磨合中出现混乱。

3.你如何看待这一形象。如果你是这位实习生,你会采取什么态度和行为?

参考答案:第一,统一指挥、直线领导是一项组织的原则,原则上应当遵循,否则会给管理带来混乱。但在具体实践中,也有例外,对于一些较重要、紧急的事务,如安全管理等,可以直接行使职能管理权利,所以,防损管理人员对卖场人员直接指挥也属正常情况。统一指挥的目的是为了避免企业内部关系的混乱,如果局部的多头指挥并不会给企业带来混乱,员工还是应当服从、配合。实习生不服从防损部负责人的做法是不对的。

第二,本次冲突发生的主要原因是学生个性太强,计较管理人员态度不好,从而导致争执。对实习生而言,对企业情况了解很少,所以重要原则之一就是谦虚、学习、服从。此外,在卖场发生内部员工的争吵对企业形象十分不利,员工应考虑到这一点。

4.公司组织结构

参考答案:公司实行的是直线职能制,除了财务部、管理部,其他都是业务部门,管理部工作囊括了人力资源、办公室、行政管理等多项职责。

5.尝试以你所在学校或系部为对象,画出它的组织结构图,并根据组织原则对其合理性进行评估。

参考答案:略

6.请分析上述案例中怎样体现了马云拥有的非职位权力?并结合第二章所提到的管理者的素质,加深理解、融会贯通。

参考答案:体现了马云的模范权、魅力权等非职位权力。这种权力是建立在劳动者良好的个人品德素质基础之上的,对员工有非常强大的激励作用。

第四章　企业文化管理

1.请大致说出一些文化现象有些什么具体内容,并尝试分析这些文化形成的原因。

参考答案:如江南人普遍有优越感、情感比较细腻,形成大量此类风格的建筑、文学作品等文化财产,其主要形成原因有江南的农牧生产生活方式、湿润的气候、较发达的经济发展水平等。西北有粗犷豪放的文化风格,这和游牧经济、大漠地理和气候等因素有关。

即使是狭义、微观的文化,也有很深很广的内涵,难以简单描述,但还是可以通过观察,发现文化的大致脉络、基本风格。

2.请根据上述信息,总结出微软沟通文化的三个层次。

参考答案:企业文化核心层:交流共享、平等尊重、求真优化、不斤斤计较、不患得患失的价值观念。

企业文化中间层:同事之间友好相处,对待技术问题的兴趣,投入地争论的员工行为方式。

企业文化表层:白板这一物化形式。

3.请自行搜集当代中国优秀企业的企业文化,并解释企业文化如何发挥作用。

参考答案:阿里巴巴、新东方等知名企业都有着自己的优秀企业文化。企业文化主要通过对员工的环境熏陶产生作用。

4.尹同耀说担心公司没有文化是什么意思,是指公司没有企业文化吗?

参考答案:尹同耀的意思是公司没有优秀的企业文化,目前的企业文化存在庸俗的倾向,会对员工产生消极导向、对企业产生不利影响,需要消除和改变。这就是管理者刻意干预自然而然形成的企业文化的表现。

5.劳动密集型的加工制造企业、知识密集型的软件公司、创新性极强的网络公司、宾馆服务业的企业文化各有何特点?

参考答案:积极的企业文化应符合行业发展的要求和规律。

加工制造业应有遵循规范、不过于提倡个性的文化;知识密集型、研发型企业应有宽松、自由、探索和尝试的文化;服务业企业应有与人为善、热情周到、耐心细致的文化。

6.请你分析一下为什么高层领导的价值观念和行为方式对企业文化建设有重大影响,尤其是要建立积极向善的企业文化,必须要高层领导起到实实在在的示范作用的原因。

参考答案:第一,由于高层领导所处地位,天然对员工有一种示范作用。第二,领导会不自觉地选择重用与自己文化倾向一致的人,从而形成企业内的文化氛围。第三,为得到上级肯定,员工会刻意观察领导的喜好和文化倾向,并接受、模仿上级的文化意识。第四,积极向善的企业文化、价值理念往往需要牺牲一些自身利益、更多地顾全其他人的利益,所以特别需要高层领导的带头、示范,当员工看到企业高层领导真的信奉所标榜的文化,肯为捍卫这种文化理念付出代价,员工才会受到感动并跟随,从而形成企业文化。

7.尝试选择一家你熟悉或感兴趣的企业,如茶馆、美容院、快递公司、幼儿园、贸易公司、花店等等,并为其设计一套较完整的企业文化建设方案。

参考答案:企业文化按照价值理念、规章制度、物化形式三方面进行设计,三个层次要统一协调;文化设计要体现行业特色和要求、目标市场需求等,例如美容院应倡导服务意识、对美的追求,幼儿园要提倡对孩子的爱心和耐心,花店提倡对提升生活品质的追求等等。

8.企业文化的推展与传播在时间上会体现怎样的特点,为什么?

参考答案:文化传播和建设在时间上体现出一个长期性的特点,因为文化建设的关键是人的价值观念,是精神层面的范畴,要影响人的价值观念是一个长期的过程,文化建设是引导,不能立竿见影;相反,如果只是制度化建设,只要奖惩措施到位,短时间就会有明显效果。

第五章　企业战略管理

1.5p 模型中的五个方面有内在联系吗?

参考答案:企业战略是由五种规范的定义阐述的,即计划(Plan)、计策(Ploy)、模式(Pattern)、定位(Position)和观念(Perspective),这构成了企业战略的"5P"。5P 是人们从不同的角度对战略特征的解释和认识,它们是独立的,都是战略的一部分,之间是平等关系。一个事物是否属于战略,取决于它所处的时间和情况。

2.S、W、O、T 分别是什么意思? 请列出某房地产公司的 SWOT 分析矩阵。

参考答案:略

3.用波特的"五力"模型全面分析耐克和阿迪达斯。

参考答案:阿迪达斯,如何挑战领导者:产品实施本土化;巩固质量优势,完善产品系列;发挥专利优势;借鉴耐克的订货与分销战略。

耐克,如何维护统治地位:保持在本土市场的竞争力;隔离机制;路线与时俱进。

4.你认为战略评价的标准还有哪些? 试举例说明。

参考答案:例如还有企业外部环境的必要性标准。即根据企业外部环境的客观需要进行某些战略选择。

第六章　人力资源管理

1.你能否用通俗的语言简要说说人力资源与物质资源相比有何不同。

参考答案:人力资源具有生物性、动态性、智力性等特点。

2.企业如何才能从传统的人事管理转向现代人力资源管理?

参考答案:首先改变观念,进而从对待员工的态度、工作导向、职责和内容、管理者的定位等角度入手强化人力资源管理各环节工作。

3.从事员工投诉接待、处理工作的人力资源工作者应有哪些素质和能力?

参考答案:中年以上,有较丰富的阅历;较强的亲和力、语言表达能力、沟通能力和人际关系能力;有较强的发现问题、判断真相的能力。还需要一定的威严。

4. 请你尝试分析青年员工、中年员工、老年员工分别有怎样的特点,人力资源管理应分别采取怎样的措施,进行人性化管理?

参考答案:针对青年员工刚刚开始工作,企业应进行导向培训和提供有挑战性的工作;针对中年员工进取心强,职业竞争力增强,应帮助员工实现自身的价值,建立内部晋升规划,实施促进员工发展的企业策略;针对老年员工即将退休,应帮助员工认识和接受结束职业生活的客观现实,做好退休员工的职业工作衔接,尽力安排好员工退休后的生活。

5. 你即将作为某企业的青年员工,你觉得企业应对青年员工采取怎样的管理措施?

参考答案:为青年员工进行相应的职业生涯规划,将员工的发展与企业发展紧密联系起来,为青年员工提供尽可能多的培训机会,提供富有挑战性的工作。

6. 通过上面对人力资源规划含义的介绍,你认为人力资源规划到底是为了解决哪些问题呢?

参考答案:在人力资源现状盘点的基础上,对企业人员的需求和供给状况进行预测并制定切实可行的人力资源政策。

7. 请同学们调查了解一个企业,然后根据企业的具体情况对其人力资源的需求进行预测。

参考答案:根据企业发展战略及内外部环境进行人力资源数量及质量的预测。略。

8. 请同学们思考工作分析在企业人力资源管理工作中起到什么作用呢?

参考答案:是各项管理工作的基础。

9. 请你选择一个职务,可以是企业销售人员、秘书,或者是学校的班长、体育委员等等,选择恰当的方法收集相关信息,结合工作说明书的基本内容,设计一份较完整、规范的工作说明书。

参考答案:工作说明书应包括工作概况、工作职责、工作权限、工作环境、聘用条件、任职资格等内容。工作说明书的编写应该清楚、准确、完整并前后统一。略。

10. 人员配备原理中,体现"知人善任"思想的是哪个原理?

参考答案:用人之长原理。

11. 假如你是某企业人力资源部的招聘专员,现企业出现了两个职位的空缺:一名生产部经理和一名保洁员,你将分别选择何种招聘渠道进行?

参考答案:生产部经理首先考虑内部招聘,当内部没有可供选择的人选时可以考虑外部招聘;保洁员可以考虑熟人推荐或者到劳动力市场进行招聘。

12. 你认为企业员工培训还有哪些具体方法?

参考答案:员工培训的方法还包括工作轮换法、研讨会法、案例分析法等等。

13. 你认为哪一种企业薪酬形式比较适合销售部经理的薪资确定? 为什么?

参考答案:结构工资制比较适合销售部经理的薪资确定。结构工资由几部分构成,分别是基本工资、职务工资、部门绩效工资(这部分与部门业绩直接挂钩)等。

14. 企业与员工签订劳动合同时,应重点规定哪些方面的内容? 同时还可以约定哪些方面的内容呢?

参考答案:应重点规定劳动合同的期限;工作内容和工作地点;工作时间和休息休假;劳动报酬;社会保险;劳动保护劳动条件和职业危害防护等方面。同时还可以约定培训、保守秘密等方面的内容。

15.当劳动者不能胜任原工作,企业为其调整工作岗位后需要变更劳动合同吗?

参考答案:劳动者不能胜任工作的,用人单位可以适当地调整其工作岗位,这种情况下岗位的变更可以暂不变更劳动合同。

第七章　财务管理

1.在现实生活中,为什么人们常说今天的钱不如昨天的钱值钱,为什么?

参考答案:资金在不同时点上会产生不同的价值,即资金在周转使用中产生的增值额,即资金的时间价值。

2.通过以上两个小案例,你能说出单利与复利的区别吗?

参考答案:单利只是本金生息,利息绝不生息,但复利是本金和利息都能生息。因此会产生量上的差异。

3.你从财务报表中读懂了什么?

参考答案:了解企业财务状况、经营成果和现金流量的情况;了解企业资本结构;了解企业资金的安全性。

第八章　企业信息管理

1.请思考"技术手段在何种程度上发挥作用仍取决于人的观念或组织文化"的具体表现。

参考答案:人对于运用技术手段改进工作的主观愿望;人对各种设备使用的熟练程度、学习信息技术的热情;人对于计算机网络公平、透明、信息规范化精神的理解和接纳;等等。

2.作为消费者,企业信息管理系统为我们的日常生活带来了哪些便利?

参考答案:购物时的银行卡支付、在就近的网点购买火车票和长途汽车票等等,在互联网发达的今天,似乎已司空见惯,但在基于网络的 MIS 诞生之前,这一切都不可想象。

3.请你再列举出一些你所知或使用的基于 DSS 技术的软件或系统。

参考答案:比如在销售管理方面,DSS 每日按地区、部门、销售员和产品生成销售情况的汇总,这些汇总标识了丢失的业务、挽回的业务和新的业务,为经理决策提供支持。DSS融计算机技术、信息技术、人工智能、管理科学、决策科学、心理学、行为科学和组织理论等学科与技术于一体,是依靠现代科学技术设备和方法建立的定量决策分析支持系统。

第九章　现代生产运作管理

1.制造业与服务业生产的区别是什么?

参考答案:制造业生产是通过物理或化学作用将有形材料转化为有形产品的过程,它以制造产品为特征,都是看得见摸得着的实物。

服务业生产基本特征是提供劳务而不制造有形产品,如汽车洗车、电脑修理。而且不制造有形产品不等于不提供有形产品,如日用品零售商店。服务业有时也从事一些制造性生产,但制造生产处于从属地位,如餐饮店制作各种菜肴。

2.学校、酒店、医院、工厂等不同类型组织的生产运作系统,其输入、转换及输出的是否一样？请举例说明。

参考答案：输入是由输出决定的，生产什么样的产品和提供什么样的服务决定需要什么样的原材料和其他投入，因此不同组织生产运作系统的输入、转换和输出是不一样的。如学校、酒店、医院属于服务业生产，其投入是无形的，通过教学活动、酒店接待、医生诊治转化为人才、客人所需服务、疾病治愈等无形的产品。而工厂是输入有形的原材料，通过机器加工等方式转化为市场所需的产品。

3.某企业生产 A、B、C、D 四种产品，3 月的定单分别是 400 件、300 件、200 件和 100 件，如何组织混流生产以达到消除库存的目的？

参考答案：编排多品种混流生产投产顺序的基本原理是生产平准化问题，因此安排生产如下：A100—B100—C100—A100—B100—C100—A100—B100—A100—D100。

第十章　企业质量管理

1.目前浙江许多家庭作坊式的民营企业质量管理的特点是什么？

参考答案：目前浙江许多家庭作坊式的民营企业在质量管理中主要采用事后质量检验的方式来控制质量，通过非常严格的质量检验来控制产品质量。

2.全员质量管理思想与以前的管理思想的最大特点体现在什么地方？

参考答案：全员质量管理思想与以前的管理思想的特点是特别重视人的因素，特点体现在全员、全范围和全过程的质量管理。

3.怎么理解满足顾客未来的需求和超越顾客的期望？

参考答案：市场竞争激烈，顾客的要求是在不断地变化的，为了使顾客满意，营造竞争优势，组织还应通过各种方法和渠道了解顾客未来的需求，并尽力超越顾客的需求，创新出顾客没有想到而顾客却很需要的产品。

4.ISO9000 质量管理体系是在怎么样的时代背景下产生的？

参考答案：由于各国实施的标准不一致，给国际贸易带来了壁垒，质量管理和质量保证的国际化成为当时世界各国的迫切需要。

5.目前在我国 ISO9000 质量标准体系在国际贸易中的作用是怎样体现出来的？

参考答案：通过 ISO9000 的产品和企业，在国际贸易中可以增强外商对产品质量的信心，相当于获得了国际贸易"通行证"；有利于双方迅速达成协议，为企业赢得国际市场；可以有效避免产品质量。

6.由国家注册的专业审核机构对企业进行审核，审核通过后颁发 ISO9000 质量管理体系认证证书，这种审核是属于哪种类型的审核？

参考答案：第三方审核，由独立于供需双方之外的认证机构对企业进行的质量体系审核。

7.PDCA 循环如何应用在学习质量的改进中？

参考答案：在学习过程，可以应用 PDCA 循环不断改进学习。首先对自己的学习作出合理的计划，然后按计划进行学习实施，再对自己的学习实施情况和效果进行检查，根据检查结果总结后进行改进。计划、实施、检查、处理这个过程，不断反复进行，改进自己的学习质量。

第十一章　市场营销管理

1.请分析麦当劳在中国和美国为什么会有这些区别。以上区别中哪一项是核心的区别?

因为麦当劳在中国和美国的目标顾客不同,在中国主要是城市儿童、青年学生、白领的餐饮消费或朋友聚会场所,在美国则是普通百姓的日常简单消费。

以上区别中核心的一项是"消费人群"。

2.请指出上述不同核心产品所对应的目标市场,观察生活中的各种消费品,并描述其核心产品。

参考答案:

●汽车

代步工具:中等收入家庭,出入不便必须有私家车的人群,生活简朴的人。

代步工具、体现财富和社会地位等:中上收入家庭,注重物质层面的生活品质的人,愿意表现自己的人,希望借助车辆提高自信心的人,希望借助车辆宣传公司形象的人(商务车)。

代步工具、体现不同的个性和审美:中高收入人群,有独特爱好和个性的人,讲究物质消费的人。

方便快捷地运输某种特定产品(如冷冻食品、高档服装、化学品等等):生产企业或商家。

●护肤品

护肤美容:中低收入、生活简朴的人。

护肤美容、追求奢华生活、满足生活成就感:中上收入,希望借助护肤品享受生活的人,希望感受生活成就感的人。

护肤美容、作为礼品传达特定信息:将护肤品作为礼品赠送亲友、中上收入的人。